U0369834

哲 学 教 育 丛 书

推理与决策

经由心理实验的
逻辑思维训练

张留华　陆静怡◎著

华东师范大学出版社

·上海·

图书在版编目(CIP)数据

推理与决策：经由心理实验的逻辑思维训练／张留华，陆静怡著. -- 上海：华东师范大学出版社，2024. (哲学教育丛书). -- ISBN 978-7-5760-5320-3

Ⅰ. B80

中国国家版本馆 CIP 数据核字第 2024G34C83 号

哲学教育丛书

推理与决策：经由心理实验的逻辑思维训练

著　　者　张留华　陆静怡
责任编辑　王海玲
特约审读　蔡添阳
责任校对　江小华
装帧设计　卢晓红

出版发行　华东师范大学出版社
社　　址　上海市中山北路 3663 号　邮编 200062
网　　址　www.ecnupress.com.cn
电　　话　021 - 60821666　行政传真 021 - 62572105
客服电话　021 - 62865537　门市(邮购)电话 021 - 62869887
地　　址　上海市中山北路 3663 号华东师范大学校内先锋路口
网　　店　http://hdsdcbs.tmall.com

印　刷　者　上海展强印刷有限公司
开　　本　787 毫米×1092 毫米　1/16
印　　张　15
字　　数　219 千字
版　　次　2024 年 11 月第 1 版
印　　次　2024 年 11 月第 1 次
书　　号　ISBN 978 - 7 - 5760 - 5320 - 3
定　　价　59.80 元

出 版 人　王　焰

(如发现本版图书有印订质量问题,请寄回本社客服中心调换或电话 021 - 62865537 联系)

丛书序

　　这是一个英雄的时代，一个过渡的时代，一个需要哲学也必定会产生哲学的时代，一个召唤哲学教育应运而起的时代。哲学者何？爱智慧是也。过渡者何？转识成智，从"知识就是力量"的现代转向"智慧才有力量"的当代是也。英雄者何？怀抱人类最高的希望，直面人类最根本的困境和有限性，在虚无和不确定中投身生生不息的人化洪流是也。

　　自有哲学以来，它便与教育有着不解之缘。哲学史上的大哲学家往往也是大教育家，如孔子、苏格拉底，如王阳明，如雅斯贝尔斯，如杜威。我们身处一个前所未有的新时代。在这样一个时代，哲学教育的重要性亦是前所未有。在这个时代，科学技术迅猛发展，既带给我们无穷的想象空间，又让我们真切感受到大地与天空的承载包容极限，感受到人与自然的相处之道亟待改善。在这个时代，世界文明新旧交替，它既是波谲云诡的，又是波澜壮阔的，人与人、群与群、国与国的相处之道亟待改善。一言以蔽之，社会生活的彻底变革逼迫我们作出哲学的追问：我们关于人与世界的基本观念和理想需要进行哪些调整？易言之，我们需要在基本观念和理想层面反思现代性，开创出与新的时代相匹配的当代哲学。然而，基本观念和理想的"调整"显然不能局限于理论层面，它必然要求从理论走向实践：通过教育调整人们的基本观念和理想，进而通过人的改变实现社会的改变。在这里，哲学、教育和社会改造携手并进。此套"哲学教育"丛书，其立意正在于此。

　　华东师范大学以教育为本，自立校以来便追求"智慧的创获，品性的陶熔，民族与社会的发展"。华东师范大学以哲学强校，其哲学系自创立以来便追寻智慧。哲学学科奠基人冯契先生早年从智慧问题开始哲学探索,晚年复以"智慧"名其说,作《认识世界和认识自己》等三篇,以"理论"为体,以"方法""德性"为翼,一体两翼,化理论为方法,化理论为德性,最终关切如何通过转识成智的飞跃获得关于性与天道的认识以养成自由人格。理想人格或自由人格如何培养,既是一个哲学理论问题,也是一个哲学教育实践问题。在几代人探索育人的过程中,"化理论为方法,化理论为德性"逐渐成为华东师范大学哲学学人自觉的教育原则:在师生共同探究哲学理论的过程中,学习像哲学家那样思想(化理论为方法),涵养平民化的自由人格(化理论为德性)。我们深信,贯彻这样的哲学教育原则,有助于智慧的创获,理想人格的培养,以及中国和世界文明的发展。

是为序。

华东师范大学哲学系

2021 年,岁在辛丑

目 录

导论
不确定世界的理性决策

罗素(Bertrand Russell)在《西方哲学史》绪论中提到："在鲜明的希望与恐惧之前而不能确定，是会使人痛苦的；可是如果在没有令人慰藉的神话故事的支持下，我们仍希望活下去的话，那末我们就必须忍受这种不确定。……教导人们在不能确定时怎样生活下去而又不致为犹疑所困扰，也许这就是哲学在我们的时代仍然能为学哲学的人所做出的主要事情了。"①这段话的有趣之处是，正如我们决心达成一个理想目标时不应忘记内外有各种阻力，罗素提示我们：要学会"在不能确定时怎样生活下去而又不致为犹疑所困扰"，在此过程中，我们时常受"鲜明的希望与恐惧"的驱使，并面对着"令人慰藉的神话故事"所带来的诱惑。罗素是一位大逻辑学家(事实上是现代逻辑的主要奠基人之一)，而且经常从逻辑分析的角度做哲学，因此我们有理由从逻辑学的角度对他的这些话作些引申：我们要学会在不确定的世界作合乎逻辑的理性决策，尽管有诸多因素诱使我们不这样做。如果说罗素本人仅仅提到而未对这些"诱因"进行专门研究的话，那么当代认知心理学家的大量实证性工作已提供了各种具体证据。依此来看当前大学通识教育中的逻辑教学工作，所带来的一个观念上的重要转变是：理性判断和决策，要求我们提升逻辑思维能力，但这并不是单靠逻辑学就能完成的任务，至少还必须紧密结合当代认知心理学的相关工作。这可谓本书主要的写作动因。

---

① ［英］罗素：《西方哲学史》，何兆武、李约瑟译，北京：商务印书馆，1963年，第13页。

一、判断、决策和推理

当代认知科学对人类认知行为的关注多聚焦于判断和决策。这或许是因为判断和决策是最能体现人之作为理性动物的根本特征的地方。如果判断(judgment)主要是说行为主体辨别**实际**情况如何的话,决策(decision-making)则主要是说行为主体辨别事情**应该**如何去做。决策之前,我们通常会先形成一些判断,涉及什么是真的或假的,什么是很可能或不大可能的,什么是你真正想要的或不太喜欢的,等等。从逻辑的视角看,不论判断还是决策,之所以关乎人的理性,主要是因为它们背后经常有推理。必须承认,人类并非只能依靠推理来下判断、作决策,在很多涉及推理的事务上也不是一开始就选择推理(inference/reasoning)①的方法,但是,哲学家更关注那些依靠推理的判断和决策,因为只有意识到我们是在推理之时,我们最能感受到行为主体是有控制的、能负责任的、自我改善的"自由存在"。这种有意识的、受控制的思维过程,也正是很多关注判断和决策的心理学家的聚焦点。②

在与推理相对的认知活动中,最常提到的是知觉(perception)。知觉是我们认识世界和我们自身的最初也是最常用的方式,我们的很多日常判断都可视作一种知觉判断,即对于感官所得信息的一种直接把握,那种一看或一听就有的瞬间判断。我们往往是先有一些知觉判断,然后在此基础上进行推理,以便拓展知觉。不过,知觉与推理的界限并非总是容易分清的,尤其是当我们反思自己的知觉时这种困难愈发明显。为什么要反思我们的知觉?当然是因为我们意识到了可能出错的情况。这样的例子很多,例如各种典型的视错觉或其他

---

① 关于何谓推理,历史上以及当代教科书上曾有不同定义。不过,通常认为,典型的推理现象都是有意识的可控过程。本书倾向于将此作为"推理"一词的核心用法,同时相信:人类的很多所谓"无意识"思想活动都可以重构为有意识的推理过程。

② 参看 Reid Hastie & Robyn M. Dawes, *Rational Choice in an Uncertain World: The Psychology of Judgment and Decision Making* (Los Angeles: SAGE, 2010), 24。

幻觉,也不一定非要凭借心理实验才能发现。走在校园里,看到前面一个身影和步态都很熟悉的人,刚想要呼唤你一位朋友的名字时,你又止住了。这时,你到底看到了谁?知觉给你的判断似乎是:他是你的某某朋友,但当你仔细看时,又发现他的衣服和背包不太像。这时,你或许在想:我仅凭这样的身影和步态就能推断他是我的某某朋友吗?是不是另一位朋友或其他某个同学也有这样的身影和步态?如此考虑某某前提和某某结论之间的关系,显然已涉及推理重构。

我们的知觉活动大都是这样的,经常看上去像是无意识的、不受控制的,但每当我们试着将其"慢动作回放"时,很快发现其中涉及某种正确或不当的快速推理。或许正是因为这样,不少心理学家在从外部观察和评价被试时认为我们的知觉活动具有某种"选择性"(selective),它受到我们此前已有信念和期望的强烈影响,因此我们倾向于看到我们想要看到的东西。[1] 甚至有心理学家提出所谓的"透镜模型"(the Lens Model)以解释此种"选择性"何以存在:我们无法直接接触感官之外的世界,只能借助一种信息"透镜"间接地知觉世界。[2] 从哲学上讲,这并不意味着知觉本身可通过谨慎选择而避免一切错误,也不意味着人类可以选择不让知觉受到已有信念和期望的影响。因为,当代主流哲学所谓的知觉本来就不同于照镜子或在一张白纸上感知世界,不管你是否意识到可能出错,也不管你是否愿意这样,任何知觉活动都不可避免地成为某种既包含被动性"所与"(the given)又包含主动性"所受"(the taken)的"初始建构":没有既定的某些信念和期望,我们的知觉压根就不会发生。不过,心理学家关于知觉活动"选择性"的研究成果至少表明,若脱离开推理,单纯基于知觉,我们往往无法作出足够明智的判断和决策。

除了知觉,有时我们也通过非推理性的联想进行判断和决策。我们联想时,往往也超出了感官所给了的信息,就此而言可视作知觉的拓展,但是,倘若

---

[1] Scott Plous, *The Psychology of Judgment and Decision Making* (New York: McGraw-Hill, 1993), 18, 21.

[2] 参看 Hastie & Dawes, *Rational Choice in an Uncertain World*, 46 – 8。

只是依赖纯粹的联想,完全脱离开推理,则往往会"误入歧途"。譬如,包括 6 个字母的英文单词有多少具有"＿ ＿ ＿ ＿ n ＿"的形式,又有多少包括 6 个字母的英文单词具有"＿ ＿ ＿ ing"的形式? 看到这两个形式之后,很多英语学习者都会联想到更多具有后一形式的英文单词。但是,由于后一形式(最后三个字母为 ing 的单词)只是前一形式(倒数第二个字母为 n 的单词)的一种特殊情形,稍加推理便可知,具有前一形式的 6 字母单词只会比具有后一形式的 6 字母单词更多。① 这当然不是说联想完全无助于我们的认知活动,问题的关键在于:若要改善我们的判断和决策水平,无法抛开推理而只靠联想,②因为,正如知觉一样,联想也有明显的局限性。③

　　在我们试图指出推理对于改善认知的重要性时,有人或许还想说,推理耗时费力,现实的很多决策都来不及推理,真正高明的决策都是靠直觉或感觉完成的。若要回应此种说法,需稍作分析。"直觉"(intuition)一词使用广泛,但意义比较模糊。哲学家们经常用"直觉"指某种被认为不可解释的直接知识,譬如时间的流逝,上帝的存在,很多人相信它们是真实的,却无法弄清其源头。④ 这种"直觉"类似于我们平常所说的"第六感"或"内心直观"。倘若单靠此来决策,要么走向神秘主义,要么会面临跟普通感官知觉相似的"易错性"。不过,在诺贝尔奖得主卡尼曼(Daniel Kahneman)等心理学家那里,"直觉"被用来统指以各种"启发式"(heuristics)为范例的"系统 1"思维方式:它们既不同于知觉,也不同于依照逻辑和概率等专门理论所作的"系统 2"思

---

① 参看 Hastie & Dawes, *Rational Choice in an Uncertain World*, 94 – 5; Amos Tversky and Daniel Kahneman, "Judgment under Uncertainty: Heuristics and Biases," *Science* 185, no. 4157 (1974): 1124 – 31。

② 关于联想与推理的联系与差别,可以这样来理解:由 A 联想到 B,只是"B follows after A";由 A 到 B 的推理则不仅是"B follows after A",而且要求"B follows from A"。

③ 我们经常说有"联想记忆法",但联想在回忆中所扮演的角色并非总是积极的,想象力经常扭曲我们的记忆。参看 Hastie & Dawes, *Rational Choice in an Uncertain World*, 133 – 7。

④ Simon Blackburn, *The Oxford Dictionary of Philosophy* (Oxford: Oxford University Press, 1996), 197.

维。① 这里的名词"启发式"（区别于"启发式教学"中作为形容词的用法），源于数学和计算机科学，最初是指相比机械性算法（algorithm）而言更有效率却不够精确的那种接近常识策略的问题求解法（problem-solving）。②国内学界多将其译为"启发式"，可能主要是参照"三段式""招式""程式"等所谓的"式"，意在凸显其作为生活经验法则的快捷易用。由于它们大多利用了代表性或可得性联想，③倘若单靠此种"启发式"直觉来决策，如前面提到"联想"时所指出的那样，尽管在较为常见和熟悉的场景下可能有更高的效率，但在很多其他"困难"场景下会致使我们掉入陷阱。

至于"凭感觉"一语，也颇有歧义。如果它是指凭借五官所获得的感官知觉，那么"全凭感觉决策"时不免带有前述依靠知觉决策时所带有的局限性。或许在有些人那里，这话的意思是全凭"高兴"来判断。在涉及很多个人价值方面的决策场景下，当事人的苦乐经常是最为重要的决定因素，即怎么做能让我高兴，我就选择怎么做。不过，即便是以如此"功利主义"的方式看待事情，也经常离不开推理。因为，我们在决策之际所考虑的大多不是当下实际体验到的苦乐，而是预期会体验到的情绪：卡尼曼把后者称作"决策效用"（decision utility），把前者称作"体验效用"（experienced utility）。④ 但我们如何预期哪一种结果（即哪一种"决策效用"）会让我们高兴呢？对于预期的苦乐（即"决策效用"），人们经常有一些错觉。用哲学家的话说，认识你自己，包括知道你自己真正想要什么或不

---

① D. Kahneman, "A Perspective on Judgment and Choice：Mapping Bounded Rationality," *American Psychologist* 58, no. 9（2003）：697‐720. 这里的"系统 1"与"系统 2"之分，并不是指人脑的确有两个彼此独立的区域或角色，更多是指人脑加工处理信息的两种不同方式，所以，有心理学家用"1 型加工法"（Type 1 processing）和"2 型加工法"（Type 2 processing）取而代之。这方面最经典的一个例子是：球拍和球一共 1.1 元，球拍比球贵 1 元，请问球多少钱？倘若直接调用"系统 1"，很多人会快速回答"0.1 元"。不过，若是调用"系统 2"慢慢分步骤计算，会发现正确答案是"0.05 元"。

② Judea Pearl, *Heuristics: Intelligent Search Strategies for Computer Problem Solving*（London：Addison-Wesley, 1984），vii.

③ 结合实例对于"可得性"和"代表性"的讨论，参看本书第一章第一节和第三章第一节。

④ 参看 Hastie & Dawes, *Rational Choice in an Uncertain World*, 194。

想要什么,并不是单凭感觉就行的。对此,当代认知心理学家提供了很多有趣的实验证据。譬如,"美食""金钱""假期"等一些好东西,我们倾向于认为多多益善,但实际上,它们带给我们的"快乐"存在"边际效用递减"现象,甚至会出现"生腻"现象(即毫无快乐可言)。而且,不同个体对于同一种东西表现出"边际效用递减"或"生腻"的临界点也经常不同。① 经常给全凭"高兴"决策之人带来困扰的,还有心理学家们所谓的"享乐跑步机"现象,即你原以为自己拥有某个好东西便会感到幸福,但当实际上抓到那个好东西时,你发现自己已经踏上了一台跑步机,那个好东西很快被抛诸脑后,而你则又因为追求另一个好东西而感到不快乐,如此循环,以至于你永远无法令自己高兴。②

不打算借助推理作判断和决策的人,或许还想诉诸实践检验。毫无疑问,实践结果是我们决策时的重要参考,而且它体现在多个方面,甚至科学实验也是一种受控的实践经验。但是,指望抛开推理而单靠所谓的"实践检验",以为"实践"能直接告诉我们什么是对的,显然是幼稚的。最明显的一点是,很多事情之所以要谨慎决策,正是因为其代价巨大而必须在"具体实施"之前决定是否有必要以及如何开展,事情发生之后的"决策"是没有意义的。另外,即便可以在实测之后再作决策,也要想到当前"测试"的成功并不意味着今后每一次具体实践都一定成功,因为情境等外部环境很有可能出现"意外"变化,从而带来不确定性。

二、从书本推理到日常决策

在表明推理之于我们的理性判断和决策的重要性后,可以进一步指出:人类对正确推理的重要性其实早有共识。逻辑学作为一门关于如何正确推理

---

① C. H. Coombs & G. S. Avrunin, "Single-peaked Functions and the Theory of Preference," *Psychological Review* 84, no. 2 (1977): 216-30.

② 1971 年,布里克曼(Philip Brickman)和坎贝尔(Donald T. Campbell)提出了"享乐跑步机"(hedonic treadmill)理论,也被称作"享乐适应"(hedonic adaptation)理论。这种理论所标识的是这样一种趋势:尽管生活起伏不定,但人们最终仍然会回到最初的主观幸福水平上。

的科学在古希腊的诞生,就是明证。亚里士多德(Aristotle)的"对当方阵"和三段论学说为我们提供了关于直言命题推理的早期理论,斯多葛学派(The Stoics)提供了复合命题推理的相关理论;在整个欧洲中世纪,逻辑学作为"三艺"(The Trivium)之一,是当时学院教育的必修科目;近代以来,培根(Francis Bacon)、密尔(John Stuart Mill)等人把归纳、溯因和类比等或然性推理纳入逻辑学的研究视域,弗雷格(Gottlob Frege)、罗素等人则借用数学方法重塑了现代演绎逻辑。如今,在国内外很多知名大学的通识课中,"逻辑导论"是最为常见的设置科目之一。

正如大学通识课中所有其他理论知识一样,逻辑学习的目的主要在于实践应用,①即促进我们的逻辑思维,更进一步讲,促进理性的判断和决策。为顺利完成此种由理论到实践的"转化",逻辑学教师在"逻辑导论"课堂上通常会提供大量"浅显的"应用实例。譬如:

> 所有生物都是可朽的,人是生物,所以,人是可朽的。
>
> (对应三段论有效式 Barbara,即第 1 格 AAA 式)
>
> 如果天下雨的话,地面会湿。天在下雨,所以,地面是湿的。
>
> (对应假言命题推理规则 Modus Ponens,即肯定前件式)
>
> 至今我们看到过各式各样的乌鸦,它们全都是黑色的,所以,天下乌鸦一般黑。
>
> (对应不完全归纳推理的一般结构)

但是,不应忘记,这些例子大多只是某一**逻辑公式**的"例示"或"替换实例"。即便有教师会安排一些面向实际生活的练习题,引导学习者应用逻辑知识,它们也顶多算作"模拟"实例。如:

———————————

① 这种实践应用,不同于生产物质、改变工艺等直接功用,重在改进我们思考问题的方式。这是典型的"人文学科之用"。

A、B、C 三位大学生从哲学系毕业后，其中一位做了中学教员，一位当了公务员，还有一位成为公司职员。但每一位究竟从事什么具体职业，并不清楚。曾经出现过三种猜测：（1）A 做了中学教员，B 当了公务员；（2）A 当了公务员，C 做了中学教员；（3）A 成为公司职员，B 做了中学教员。后来证实，这三种猜测都只对了一半。

请问：A、B、C 各自从事什么具体职业？

逻辑课本上的这种推理实例，相比于真实生活中所涉及的推理难题，有着重要的差别。如果说前一类"例示"过于简单而显得不足道的话，那么，后面那种"模拟实例"则过于理想化。因为在真实生活中，当事态发展已经显示结果或某猜想已得到时间的证实，决策的必要性就消失了，无须在上面浪费时间。[①] 换言之，逻辑课本上的推理实例并非真实生活中经常困扰我们的那一类典型难题。在忽视了此种差别的情况下谈论逻辑的应用，容易在学习者那里滋生两种极端倾向：一是日常决策跟书本推理一样简单，只需套用一些逻辑公式即可；二是书本上的推理知识在日常决策中用不上，因为他们在现实世界很少会遇到那么纯粹或理想的生活情境。

以上强调指出逻辑课本上的推理练习题与日常决策中的真实困境之间的差别，关乎我们对推理本性认识的深化。人类推理是自控性的，而自控主要指向尚未发生之事，所以推理的典型情境应该是面向未来行为的，即"接下来我要怎么做"。在这方面，日常生活中备受关注的那些通常称作"决策"（或"下决心""抉择"）的场景无疑最有可能调动人的自控力，因为我们在这些场景下清醒地意识到自己是第一责任人，即那个要对"接下来所做之事"承担失败风险和代价（或曰惩罚）的人。其中或许也涉及"判断"，但那一定是足够严肃的判断，是那种能用作决策基础的判断。倘若行

---

① 除了"理想化"，上述猜测具体职业的"模拟题"，对大多数关注实际推理问题的人而言，还显得过于琐碎。不必借助专门的逻辑知识，很多中学生也能通过试错法找到答案，因而对于大多数人并不构成真正的"难题"。

为人判断实际情况如何时仅仅是说说而已,没有需要承担什么切实责任的后果,就像做游戏或课堂习题一样,此种作为推理之行为过程的自控性将大为削弱。

当然,我们并不是说逻辑课本上的推理练习毫无用处,也不是说那些题目设计是不恰当的。它们或许能达到特定的教学目的(如通过例子强化所学的知识点或使得某些知识显得更生动一些),但由于没有让学习者意识到逻辑知识在自己实际生活中不可取代的**特别**价值,或者没能切身感受到逻辑知识在个人决策中的用场,它们沟通"理论与实践"的尝试似乎是半途而废的,至少是不彻底的。一种真正面向人类思维实际的逻辑通识教育,不能仅仅满足教授学习者他原本不会的东西——这种东西每一门学问都有太多太多——更重要的是教授学习者他能用得上的知识以及启发他们如何具体应用这些知识。相比逻辑课本上常见的那些推理技巧,以下来自美国政治家、科学家富兰克林(Benjamin Franklin)的"慎思代数法"或许更有助于学习者在真实生活中提升决策水平:

> [在很多重大事情上的决策困难]之所以困难,主要是因为:在我们要好好考虑时,所有那些支持和反对[某一方案]的理由并非能同时为我们所想到;时而某一组理由出现,时而又有另一组理由出现,第一组理由随之消失。因此,有各种不同的意图或倾向轮番支配我们的头脑,这种不确定性让我们感到困惑。为摆脱此种困惑,我的办法是:画条线把一张纸分作两栏,在一栏中写上"支持",在另一栏中写上"反对"。接下来,在经过三四天的考虑之后,我把我在不同时间所想到的各种支持或反对该方案的动机以简短提示的方式写在不同名目下。如此可以把所有东西放在一起看,然后试着评估它们各自的权重。当发现两边各有一项的权重看起来相等时,我就把它们二者全都划掉。如果我发现有一条支持理由等于某两条反对理由时,我就把它们三个划掉。如果在我看来有两条支持理由权重等于某三条反对理由,我就把它们五个都划掉。如此继续下去,我最

终可找到一个平衡点。倘若再经过一两天考虑后两边仍未想到其他什么重要理由,我便据此作出决定。尽管这些权重或理由无法以代数值精确表示,但是,在每一项均经过单独考虑并作出比较之后,整体面貌已呈现于眼前,我认为此时我能作出更好的判断,不大容易轻率做事。事实上,我个人从此种方法获益很大,已将其称作"道德代数法"或"慎思代数法"(moral or prudential algebra)。①

读者在本书中将看到,类似富兰克林这样的决策方法的提出和应用,其背后的基本动因正是严密推理,或曰好的推理方式。尽管我们都知道逻辑学教导我们要追求好的推理方式,但对普罗大众来说,一种推理方式称得上好,得能体现在对于我们日常决策的助益上才行。我们认为,后者是当前国内外很多逻辑导论课的薄弱环节,也是本书致力于填补和夯实的地方。

三、逻辑思维训练的新路径:逻辑学 + 心理学

逻辑学之所以有可能促进理性决策,通常被认为是因为其聚焦推理所作的逻辑思维训练。但公允地讲,逻辑思维训练,并非只有逻辑学课程可以做到。任何足够深入的专业知识训练,持之以恒,都能达到很好的效果,难点在于"足够深入"。如果说逻辑教科书有什么特别的话,或许它算是促进逻辑思维训练的一个快捷门径。但是,关于如何通过逻辑学快速促进逻辑思维训练,在当前逻辑教学领域存在不少误区。其中一个是上文提到的对书本推理与日常决策情境之间差别的忽视,而另一个更为重要的则是对学习者逻辑思维能力的误判。

公众推理能力不足,时常发现有所谓的"谬误"(fallacy)。对此,学术界似乎可以达成某种共识。但是,由于很多时候单是评判"不足"或"有谬误"而不

---

① 转引自 Hastie & Dawes, *Rational Choice in an Uncertain World*, 220。

讨论根源究竟是什么,当前逻辑教学中似乎有一种倾向,即认为只要学点逻辑知识就能提高推理能力,如果在学完导论型课程之后仍感觉推理能力不够强,还可以学更高阶的逻辑知识。显然,这种倾向背后的一个预设是:逻辑学家们因为拥有完备的逻辑知识而不会或很少有什么谬误,一个人的推理错误都是由逻辑知识贫乏所导致的。也正是受此"预设"的驱动,一种常见的逻辑教学方式就是:逻辑教师单向地把"推理规则"传授给学习者,同时还把常见的"谬误清单"列出来,要学习者在推理活动中予以避免。然而,所有这一切均包含着对于学习者逻辑思维能力的误判。

首先,一个人为提高推理能力而学习逻辑知识,这并不意味着他在接触逻辑知识之前毫无逻辑思维能力。为了强调逻辑知识的规范性,有一种非常强硬但极易误导人的说法是:天塌下来,逻辑上的排中律和矛盾律也是成立的。在某种意义上说,逻辑知识是普遍适用的,就像二加二永远等于四那样;但是,这绝不意味着任何一个人只要不掌握逻辑知识就一定或经常会违背矛盾律或排中律。须知,不能说在逻辑学诞生之前人类就无法称作"理性动物"。事实上,在这门学科由亚里士多德创立之前,我们人类同样能在大多数时候做到正确推理。一个人在习得母语①的过程中自然而然地掌握了一定的逻辑思维能力,有哲学家将这种逻辑思维能力称为"逻辑本能"(logica utens),以区别于逻辑课堂上所教授的作为科学理论的"学院逻辑"(logica docens)。这种作为语言习得伴生物的逻辑思维能力,是我们日常生活中赖以开展很多工作的东西,甚至可以说,倘若没有事先养成一定的逻辑思维能力,一个人压根儿就无法修读逻辑课程。换言之,一个人在学习逻辑知识时,并不是从一片空白开始的,他之所以选择修读逻辑课程,也不是因为他比其他人缺乏逻辑思维能力,更多地则是出于一种自觉,即他不满足于自己天然习得的逻辑思维能力而选择通过更为系统的逻辑学问进一步提升逻辑思维能力。

其次,一个人推理会出错,或被人指责有思维"谬误",就此而言无法称其为

---

① 当然,"母语习得"作为一自然过程,绝非局限于封闭教室中的某种纯语言教学,与之相伴的是个人的经验生活,尤其是个体与外部世界及他人的遭遇。

所谓的"理想推理者"（ideal reasoner）①，但这并不是因为他不了解逻辑知识或了解得不够多。其他更有可能的原因是：（1）受注意力、记忆力等生物条件所限，人注定无法成为宗教神学上那种被认为能在不确定世界里具有全知预见力的上帝。（2）人是有情感的社会性动物，时常在推理时遭受各种诱惑或干扰，无法像计算机那样完全按照预定的程序思考和做事。在这两个方面，当代心理学为我们提供了大量颇为重要的实验证据。譬如，我们个人的工作记忆或短时记忆容量有限，储存能力平均为7±2个信息块。② 在每一个体那里，"注意力"或心理学家所谓的"带宽"（bandwidth，即"心力"）非常有限，在特定的时间内只能关注很少（通常只有一个）的东西，否则就会像计算机一样因为"后台运行程序"过多而被拖慢。③ 至于各种诱惑或干扰因素所造成的心理偏差，著名心理学家特沃斯基（Amos Tversky）曾坦率地表达过一种观点：任何通过未经训练的大学生作为被试所证明的推理错误，也都会以某种更为微妙的形式在训练有素的科学家身上得到证明。④ 之所以会这样说，是因为一系列心理实验结果告诉我们，在日常决策情境下，经常有被我们严重低估的"诱因"。譬如，人们倾向于怀有"我比你聪明"（smarter-than-thou）或"我比你高尚"（holier-than-thou）的心态，以为自己在面对性挑逗、饥饿、毒品等诱惑时不会像别人那样被击倒，但实验表明这往往都是错误的预见，这种现象被心理学家称作"冷热共情差距"（hot-cold empathy gap）。⑤

① 对逻辑学"理想推理者"假定的反思，一开始出现在逻辑哲学领域（如"逻辑全知问题"），后来在逻辑理论改进上也有体现（如"认知逻辑"）。参看 Daniel Cohnitz and Luis Estrada-González, *An Introduction to the Philosophy of Logic* (Cambridge: Cambridge University Press, 2019), 193–201。

② G. Miller, "The Magical Number Seven, Plus or Minus Two: Some Limits on Our Capacity for Processing Information," *Psychological Review* 101, no. 2 (1994): 343–52.

③ S. Mullainathan & E. Shafir, *Scarcity: The True Cost of Not Having Enough* (London: Penguin, 2013), 39–66.

④ R. E. Nisbett & L. Ross, *Human Inference: Strategies and Shortcomings of Social Judgment* (Englewood Cliffs, NJ: Prentice Hall, 1980), 14.

⑤ G. F. Loewenstein, "Out of Control: Visceral Influences on Behavior," *Organizational Behavior and Human Decision Processes* 65, no. 3 (1996): 272–92.

再如,在金融行业里被认为高智商的很多富有经验的专业人士那里,也发现有所谓的"锚定效应",即人们倾向于以某种任意的东西作为决策的参考框架。① 类似的很多诱惑,对凡身肉胎的人类而言如此难以抵抗(且不说无法抵抗),以至于有心理学家将其比作古希腊神话中的海妖(the Siren):我们无法预料自己面对海妖的诱惑会作出什么样的惊人反应,因此为安全起见,我们有时宁愿束缚手脚,蒙眼塞耳。②

在认识到一个人推理出错可能不只是因为逻辑知识的匮乏后,本书的作者提出一种"逻辑学+心理学"的逻辑思维训练新路径。③ 逻辑课本上列出的推理规则的确是为正确思维所做的规范,我们人类推理也需要规范,但是,任何规范要想成为一种"合理"的要求,必须是行为主体经过努力能够做到的才行,否则就会成为空洞之物,就像要求一位刚出生的婴儿背诵古诗那样。那么,究竟哪些是人类经过努力才能做到的呢? 在这方面,以描述人类实际认知

---

① 参看 Hastie & Dawes, *Rational Choice in an Uncertain World*, 78－9。关于"锚定效应",本书第一章第一节会有专门讨论。类似的各种"效应"(如罗森塔尔效应、安慰剂效应、达克效应、聚光灯效应、巴纳姆效应、跑步机效应、框架效应、沉没成本效应等),我们在心理学文献中经常看到。为避免望文生义而产生不必要的误解,这里作两点澄清。(1)"效应"(effects)是心理学实验中被观察到经常发生、似乎是自动产生的一些现象,被认为揭示了人类身上的某些系统性特征,可称作"行为规律",但不同于自然规律(natural laws),它们并非不可违背,也并非必然发生在每一个人身上。(2)除了"效应",心理学文献中还常用"偏差"(biases)和"错误"(error 或 fallacy)来指代某种普遍现象。不过,"效应"是中性的描述词,后者则带一种负面评价(至少是揭示某种限度)。

② 参看 Hastie & Dawes, *Rational Choice in an Uncertain World*, 157。

③ 这里提出"逻辑学+心理学",我们不曾忘记,在历史上逻辑学和心理学的发展曾紧密联系在一起。作为现代科学的逻辑学和心理学,均诞生于 19 世纪中后叶,在此之前它们也都像其他科学一样包含在哲学之中。历史上很多逻辑学家同时也都是著名的心理学家,不过,在 19 世纪末,在哲学家中间兴起了一场"反心理主义"运动,主张把逻辑学研究同心理学研究严格区分开来。之后,逻辑学跟哲学保持一种若即若离的关系,即虽然现代逻辑被宣称为独立的一门科学,但它在学科建制上大都仍归在哲学系。相比之下,心理学则完全从哲学中独立出去了。当今社会,随着学界对交叉科学研究的呼声高涨,尤其是认知科学的出现,人们重新发现:虽然逻辑学和心理学研究方法和侧重点不同,但由于所关注主题的交织重叠,它们有必要重新结合在一起。

方式为主的当代认知心理学(尤其是推理心理学)为逻辑学的规范性研究提供了有益的补充,它可以让我们知道有哪些推理规则执行起来毫不费力因而没有或很少有人违反,有哪些推理规则的执行经常面临哪些强烈诱惑因而需要作出努力才能不违背规则,又有哪些规则可能是超出人力能及范围因而无法完全得到执行的。

相比于形式逻辑学家直接列出形式规则然后说你作为理性动物应该无条件遵循否则就是"不合逻辑",关注人类实际决策行为的心理学家对很多认知"失败"现象(包括未能按照某某规范开展推理)给出的诊断更为具体或更为"人性化"(humane)。他们通过种种实验表明,人的决策行为的确存在许多"偏差"(biases),不过,这并非只是因为没有掌握足够的经验或知识,甚至不是因为人不懂或不愿意遵守逻辑法则,而很可能是因为那些在人类长期进化过程中形成的偏差具有系统性因而难以根除。譬如,很多心理治疗师可能仅仅因为他们接诊的抑郁症患者无一例外全都无法自行好转而坚信任何有抑郁症状的人都无法自行好转,并以此作出一些决策(譬如呼吁社区或学校看到有抑郁症状的人必须建议他去心理诊所接受治疗)。从外部进行"逻辑评价",这里的"匆忙下断言"似乎是明显的,因为并非所有显示抑郁症状的人都能被心理治疗师观察到,尤其是,那些曾显示抑郁症状但后来自行好转的人往往不会去看心理医生,也没必要接受专门针对"抑郁症患者"的心理治疗。如此"匆忙下断言",无疑是需要避免的不理性行为。但是,如若不是仅作为局外人去评点和指责,而是设身处地,置于实际生活场景来看,我们应该意识到事情的"另一面",即我们每一主体自身都有可能在这些或其他某些场景下呈现出类似的"草率"倾向。认知心理学家提示我们,之所以如此,是因为:身为当事人,当我们迫切需要作出决定,而自己身边正好有相关的经验证据时,我们通常都会优先考虑这些可以轻易获得的经验证据,倘若当时(由于记不起来或某些偶然因素)又没有得到来自其他渠道的相关信息,我们通常还会把当时能获得的经验证据当作穷尽一切的经验证据。这可以称作"可得性偏差",但需要引起重视的是,这是一种系统性的、看似自动产生的偏差,很难仅仅因为你身为某方面专家或掌握某种逻辑知识而自然免疫。①

之所以建议逻辑学教师在开展面向日常决策的逻辑思维训练时借鉴心理学家的成果,还有一层可以考虑的原因是:决策学已经借助心理学完成了由"最优化"(optimizing)到"满意型"(satisficing)②决策的转型。其发展历程及对人类理性的重新界定,可以启发今天的逻辑学家更好地思考什么样的逻辑理论才是更值得追求的以及如何把人类推理的规范与描述融为一体。

经典决策理论是一种纯规范性的"期望效用理论"(expected utility theory),决策心理学领域一开始尝试直接将其用作一种描述性理论,即认为每一位决策者作为理性行动者都追求自身利益或效用的最大化,并在此过程中遵循"恒常性"(Invariance,不论备选项以何种方式呈现,理性的决策应该保持不变的选择)、"占优性"(Dominance,理性主体只应该选择那种占优性的策略,即相比其他策略在某一方面具有明显优势而且在其他方面至少也不逊色的策略)、"传递性"(Transitivity,如果在 A 和 B 之间偏好 A,在 B 和 C 之间偏好 B,那么,在 A 和 C 之间应该偏好 A)、"抵偿原则"(Cancellation,即如果两个备选项在某一方面具有相同的效用,就应该忽视这一方面的效用,依照其他方面的效用来选择)等公理型法则。但是,决策研究者很快发现,某些公理似乎无法在实际决策过程中得到遵守,于是考虑对原先理论中的某些公理作局部调整。后来,当观察到有太多的公理存在不必被遵守的情形时,更多决策心理学家转而追求其他更合适的描述性模型。最早提出替代模型的是诺贝尔奖得主西蒙(Herbert Simon),他用"剪刀"作为隐喻来形容人类理性的"双重限制":

① 参看 Hastie & Dawes, *Rational Choice in an Uncertain World*, 3–4。

② "Satisfice"一词是由 satisfy(满足)和 suffice(足够)合并而成的术语。从构词法上可以看出,所谓满意型决策并非一种理想的最优化状态,而是代表当时能达到某种期望标准的、有关收益与成本衡量的较好结果。古典经济学上的"理性行为人模型"或"经济人"假设,可谓"最优化"决策的典型例子:行为主体作为思想者,不带任何偏见,拥有极强的分析和推断能力;他极其冷静,不为情感所动;他对周遭世界的情况掌握完备的信息;他很清楚自己喜好什么,而且自己的喜好稳定不变;他永远只追求自身经济利益的最大化。然而,我们是拥有血肉之躯的凡夫俗子(mortals),往往无法成为如此理想的决策者,只能追求"足够满意"的结果。

"人的理性行为(以及所有物理符号系统的理性行为)是由一把剪刀塑造出来的:该剪刀的一片是任务环境的结构,另一片是行为人的计算能力。"①对此,他解释说:"由于计算速度和能力的限制,各个智能系统都必须使用近似方法(approximate methods)。最优化(optimality)超出了它们的能力之外,它们的理性都是有限的。要解释有限理性系统的行为,我们必须既刻画该系统的过程,同时又刻画它所要适应的环境。人类短时记忆只能装下五六块东西,再认行为要花费近一秒钟时间,而且人最简单的反应也要花费几十甚至几百个毫秒的时间,而非以微秒、纳秒或皮秒计算的。这些限制属于有关智力问题的最为重要的常量。"②此后各种其他试图把描述与规范融为一体的决策模型也陆续被提出来,而在今天最有影响的当属由卡尼曼和特沃斯基共同提出的"前景理论"(prospect theory)。③ 相比经典决策理论,前景理论提出了"损失和收益的价值函数不同""问题框架会影响行为主体是偏好风险还是规避风险"等诸多新观点,不论对于金融决策等经济行为还是对于婚姻、教育等更为一般的人类行为均有很好的解释和预见作用。今天的决策心理学家大都已达成共识:不论是看起来多么精致的规范理论,倘若我们人在"反复省察之后"(upon reflection)仍不愿或不会按照其指示作选择,这种规范对于人类决策也没有多大价值。这不仅是各路决策学家所面对的挑战,同时也是向来以规范人类推理为主要任务的逻辑学家所面临的重大挑战。不回应这一点,逻辑学所承诺的逻辑推理能力提升等功用将成为一种空谈。

四、决策失误与逻辑知识的用场

从诸多关于人类认知的实验发现来看,面对自己曾多次经历的比较熟悉的事情,人们(不一定得是什么专家)的决策往往不会出错;但是,在一些陌生场景

---

① H. A. Simon, "Invariants of Human Behavior," *Annual Review of Psychology*, 41 (1990): 7.
② Simon, "Invariants of Human Behavior," 17.
③ Plous, *The Psychology of Judgment and Decision Making*, 77 – 105.

下,人们的决策经常遇到困难或出现决策失误。毫无疑问,后面这些研究结果更容易获得人们的关注。通常也认为,从教学基本原理上看,借助"决策失误"(尤其是那些意想不到的失误)实证案例,更能增长学习者的见识,对于逻辑思维训练也具有更直接的指导价值。因为,人类学习的一个常见方式就是在自己或别人的错误中学习,正所谓"前车之鉴,后事之师也"。学习者在真正形成学习动机之前需要先意识到自己有过类似错误或也可能会犯类似的错误。正如一个人在意识到存在缪勒-莱尔错觉(Müller-Lyer illusion)之类的视错觉后会促使他反思自己的认知结构进而有助于日后提高辨别力一样,当一个人透过认知实验意识到某些决策失误不仅实际发生在很多人那里而且连自己也无法完全避免时,他也会对自己的日常决策方式进行反思,包括反复审视其中所涉及的推理过程,从而有可能提升日后的决策水平。

因此,不难理解,当下几乎所有决策理论都建基于有关各类偏差的研究成果之上。① 心理学家聚焦人们意想不到的那些"失误",借助控制变量的实验,试图揭示是什么因素使得被试的决策变得困难,进而对于如何避免或减少类似的失误给出一些实用性建议。这方面的文献汗牛充栋,很多成果的应用价值已通过近些年的畅销书《思考,快与慢》《可预测的非理性》《助推》等获得更广泛关注。② 这些成果,对于满足很多人的普通目的(譬如获知专家对某种决策行为的改进建议),或许是所需要的全部东西了。尤其是他们或认为不需要再专门学习一些逻辑知识来提升自己的决策能力,毕竟,如上所述,即便不修读逻辑课程,我们借助每个人自然习得的"逻辑本能",照样可以开展总体上合乎逻辑的思维活动。

然而,本书作者认为,在充分认可当代认知心理学有关判断决策的研究成

---

① Plous, *The Psychology of Judgment and Decision Making*, 109.
② 这三本书的中文版为:[美] 丹尼尔·卡尼曼:《思考,快与慢》,胡晓姣、李爱民、何梦莹译,北京:中信出版社,2012 年;[美] 丹·艾瑞里:《怪诞行为学:可预测的非理性》,赵德亮、夏蓓洁译,北京:中信出版社,2017 年;[美] 理查德·塞勒,[美] 卡斯·桑斯坦:《助推:如何做出有关健康、财富与幸福的最佳决策》,刘宁译,北京:中信出版社,2018 年。

果的实用价值的同时，逻辑知识完全可以而且有必要发挥其独有的功能。

首先，逻辑知识可以紧接着心理学建议给出某些更为一般性的指导。的确，我们人作为理性动物或"逻辑动物"，其伴随言语习得的"逻辑本能"能在日常的逻辑思维活动中发挥重要作用，但它并非总能令人满意，经常显示有进一步提升的空间。正如罗素借一篇小说的主人公之口所言，"我们自认为凭借思考力而区别于猿猴。我们不记得的是，这一点区别就是一岁孩子的步行能力。确实，我们能思考，但我们思维能力很差，以至于我经常觉得倘若我们不思考或许会更好一些"①。用美国哲学家和逻辑学家皮尔士（Charles S. Peirce）的话说，"无疑，我们基本上算是逻辑动物，但我们在这方面并不完美"②。因此，从古到今，对于如何正确而高效地思考，人类一直希望获得更为系统和可靠的反省性知识，也正是这种追求，催动了逻辑学这一分支科学的诞生和发展。当代认知心理学所开展的关于人类推理和决策的实验性研究为我们探究人类理性提供了大量新鲜而有趣的资料，但它并不否定逻辑知识的价值，其中所提示的那些易于出现决策失误的地方，倒是为我们集中思考何谓正确的推理方式提供了契机。假若正如心理学家所揭示的那样，很多人仅能在自身熟悉的场景下作出正确决策却无法将此种能力推广至更为广泛的场景下，这很可能意味着他们对推理规则的认识并不到位，甚至并不是真正如主体所声称的那样是通过推理作决策的。此时，通过引入逻辑知识，指示决策者从"慢思考"的角度，依照规则重构推理，能够更有效地让人领会逻辑知识何以能在天然逻辑思维能力受挫时提供校正作用。有句话说得好，"理性仅在感官不够用时出场"；同样我们可以说，"逻辑知识的出场，是在意识到逻辑本能和启发式不够用时"。

必须承认，当代越来越多的认知心理学家不愿仅仅"描述"人们针对各类题

---

① Bertrand Russell, "Faith and Mountains," in *Nightmares of Eminent Persons and Other Stories* (London: The Bodley Head, 1954), 143.

② C. S. Peirce, *Collected Papers of C. S. Peirce*, vol. 5, eds. Charles Hartshorne and Paul Weiss (Cambridge, MA: Harvard University Press, 1934), 227.

材或情形的认知程序,同时还渴望作出评判。"实际上,在这一传统下工作的一些心理学家已经承担起批评家(critic)的角色。"①也正是基于此种批评家的角色,他们希望在阐述完实验发现之后提出一些建议(譬如,多作记录,利用线性模型),以改善读者的决策和选择技能。不过,这些建议大都是零敲碎打的,通常是对每一类实验分别提出不同的建议,更没有深及正确推理的原理性层面。倘若在此时紧接着引入一些逻辑知识,往往可以帮助学习者获得有关如何正确推理的更为一般性的领会。尽管并非所有的决策失误都一定可归因于推理错误,但是一切决策失误都可以从逻辑推理的角度去解释,从而帮助学习者理解它们何以是一种"推不出"或"不严密"。更重要的是,针对心理学家所提供的建议,也可以通过逻辑知识,帮助学习者从推理的基本原理上理解那些建议何以奏效,从而改善认知。譬如,心理学家之所以强调记录的重要性或引入线性模型,很多时候正是为了帮助我们更好地(尽管可能有些慢)开展合乎逻辑的推理。毋庸讳言,任何逻辑知识都无法确保一个人今后决策不再出错,但在逻辑本能和心理学家建议之后掌握一些专门的逻辑知识,有助于决策者更为自觉和及时地从自己以及他人的错误中学习推理技能。

其次,逻辑知识的二阶功能可以帮助我们更好地从认知实验中学习方法论。作为哲学的一个部门,逻辑学的工作具有典型的"二阶"特点,即对于来自认知心理学等具体学科关于人类推理的研究成果,在更为整全的视域下开展批判性反思。这倒不是说心理学家们的具体建议一定有什么不恰当的地方,重点是:读者要理解这些建议为什么合理以及如何适用于自身,尤其是当需要评估和比较来自各路心理学家的彼此并非完全一致的建议时,逻辑知识往往能提供一种冷静而稳健的分析,以帮助读者在听从心理学家的建议之后作出真正属于自己的理性决策。从二阶的观点看,一位关注思维能力提升的读者,可以从心理学家身上学到的不仅是具体的决策建议,更重要的是他们用以发现"决策失误"的方法论,这种方法论不仅体现在实验设计上,也体现在他们在呈现实验数据

---

① Nisbett & Ross, *Human Inference*, 4.

(data)之后、总结实验发现(finding)或提示(message)并给出建议(suggestion)之前的"讨论"(discussion)①环节中,而这些也显示出心理学家们审慎严密的推理方式。事实上通过本书,我们可以了解到,心理学家共同体并非单靠一个实验就匆忙下结论,早期的实验经常在后来得到调整、改进或补充,以便得出更有说服力的结论。这其中经常涉及某些逻辑知识的运用。最简单的例子是,设计调查问卷时,要避免"复杂问题"或"不完全划分的选项"所可能带来的偏差。②可以说,优秀心理学家通过心理实验所提供的结论之所以重要,首先是因为他们严谨的研究方法论。通过引入逻辑知识,向读者揭示这些研究方法论的运行机制,有助于读者从一系列认知实验中领会到更为根本的东西,即如何才算是合乎逻辑的分析论证。

练习与讨论

1. 查阅资料,了解何谓"敌意媒体效应"(hostile media effect)。③ 不同受众看似有知觉上的不同,它们是如何造成的? 除了双方受各自不同的先前信念影响,是否还有可能是:双方对何谓"偏向一方"的理解不同于主试? 或许,双方掌握的信息量原本就不对等,被试可能更了解自己一方,所以一旦发现报道中跟自己的认知有所偏差的,便认定报道未实事求是而在偏向对方。你认为这些猜测合理吗? 我们如何能还原自己对过去事件的知觉过程?

2. 人们日常决策时,大都尽量避免或减少"认知失调"(dissonance),尤其是言行不一致。④ 这似乎暗合逻辑学上的"矛盾律"——"不矛盾"通常被认为是最低的逻辑要求。你认为"认知失调"和"逻辑上自相矛盾"是一回事吗? 如果不是,二者有何联系或差别? 一个人在心理上固执己见而另一个人朝三暮四,

---

① 通常而言,一篇典型的实验性研究论文包括"摘要""引论""方法""结果""讨论""参考文献"等六个部分,论文作者希望传达给读者的总体建议往往出现在"讨论"部分。

② 参看 Plous, *The Psychology of Judgment and Decision Making*, 64。

③ 一种简要的介绍,可参看 Plous, *The Psychology of Judgment and Decision Making*, 20-1。

④ 参看 Plous, *The Psychology of Judgment and Decision Making*, 22-3,也可参看本书第二章第一节。

或者一个人言行一致而另一个言行不一致,他们哪一个更为理性,哪一个违背了逻辑要求?

3. 回忆你生活中使用"系统1"(即"启发式"或"直觉")进行决策判断的经历,以及依据"系统2"(即逻辑和理性思考等)进行决策判断的经历。你什么时候容易使用"系统1",什么时候容易使用"系统2"? 你对自己曾用"系统1"或"系统2"作出的决策满意吗? 为什么?

4. 你有没有遭遇过这样的情况:别人指责你的某种言行不合逻辑,而你觉得自己并未违背逻辑,倒是别人明显误会了你的言行? 是否还曾有这样的情况:你尽管非常努力但是最终仍没做成某件事,你承认结果是失败的,但并不认为自己当初的判断和决策有什么违背逻辑的地方? 遇到这些情况,你通常是怎样设法向他人解释的?

第一章
决策时拿什么作为推理前提

本章以及接下来的各章,围绕推理决策的核心议题,分设两节,每节各有侧重。通常而言,第一节先引入一些带有冲击力的认知实验,并借助心理学概念作初步的释疑解惑,为我们强化逻辑思维训练营造直观背景和现实动力。第二节重在从逻辑学上对相关实验结果的启示和教益作整理、扩展和提升,并延伸探讨一些可能在现实决策场景下出现的开放问题。本书第一章将从推理的构成要素前提和结论讲起。推理前提的选择,将直接决定我们从中可以得出以及不可以得出什么逻辑结论,关乎人类认知诸多关键节点上的理性决策。

第一节　认知实验及心理分析

工欲善其事,必先利其器。开始推理之前,你需要先明白什么信息该用于推理,什么信息不该用于推理,这才是合理推断的第一步。然而心理学研究表明,人们常常在推理之前就掉入思维陷阱。有时,人们采纳错误的前提;有时,忽视本应重视的前提;有时,固着于己身当下,殊不知不同的人、时间点对应于不同的前提。这些准备工作中的错误常常使得推理失准。

一、使用不当前提

推理时,摆在人们面前的信息浩如烟海。但这些信息良莠不齐,其中不少不应成为推理的前提,它们可能派生自印象流记忆、偷懒的思维、巧妙的修辞手法,而与事实真相不相干。麻烦的是,人们总是容易被此类信息打动,将其作为推理的前提。

(一)可得性启发式:想到什么用什么

阅读本段之前,请你先思考如下问题:坐飞机更危险,还是坐汽车更危险?记住你的答案,我们稍后再作分解。现在,让我们在推理之前先回顾人类关于理性的思考历史。

经济学家曾经笃信"理性人"假设,认为人总是理性分析信息、权衡利弊,并由此构建起各种精巧的经济学模型。然而,20 世纪 70 年代,以卡尼曼和特沃斯基为代表的心理学家打破了"理性人"假设,在经济学模型上戳了个窟窿。他们指出,人常常因为心理因素而作出不理性的判断与决策。这一思想最终帮助卡尼曼、塞勒(Richard H. Thaler)等人获得诺贝尔经济学奖,展现出心理学的价值。

和"理性人"假设一样锐利,哲学中的严密推理也是强大的思维武器。然而,正如曾经对经济学模型发出警告,心理学家也对思辨推理发出了警告。卡尼曼和特沃斯基在探索人类非理性行为的历程中,发现了可得性启发式(availability heuristic)这一心理规律,这是一处让推理思维武器哑火的重大"漏洞"。① 可得性启发式的思想很简单:人们总是喜欢用能想到的事例当作推理前提。生动的、熟悉的、最近发生的、容易触及的信息,都很容易在脑海中浮现,即"可得"。但这些信息总是被不加甄别、轻而易举地纳入推理,导致错误。

回到开头的飞机和汽车问题。当你思考哪种交通工具更危险时,你使用了什么信息作为推理前提?很多人立马想起新闻媒体上被大书特书的经典空难案例,譬如扑朔迷离的马航 MH370 失联事件、马航 MH17 坠机事件。可能还有很多人会想起影视作品中屡见不鲜的空中危机。这些惊心动魄的热点事件在网络上众说纷纭,被描述得细节鲜明,给你留下深刻印象,因而总是更容易进入你的脑海。于是,你认为坐飞机让人缺乏安全感。相较而言,似乎很少有车祸

---

① 卡尼曼:《思考,快与慢》,第 111—118 页。

案例能够像飞机失事一样成为长年累月仍然"经久不衰"的生动谈资。如果你依据这些生动、熟悉的信息推测坐飞机比坐汽车更危险，那你便掉入了可得性启发式的陷阱。事实上，飞机失事的概率远低于车祸发生的概率。但人的大脑喜欢偷懒，为了节约认知资源，那些不费脑就能想起来的事例便成为重要的参考信息，尽管这些信息常常不能指向合理的结论。

卡尼曼问过受访者很多类似的趣味问题，结果都表明人们"想到什么用什么"。比如，他们让受访者预测各种死因致死人数占总死亡人数的比例。死因五花八门，包括意外事故、谋杀、难产、洪水、龙卷风、被鲨鱼咬死、心脏病、中风、癌症等等。这些死因中，意外事故、谋杀等非常容易让人"对号入座"找到鲜明事例。戏剧性的谋杀案、鲨鱼咬人事件等可能一年也就寥寥数起，但总是能登上报纸头条。因此，人们会高估此类死因的致死人数占比。而实际上，这些特殊事件发生概率远远低于心脏病等疾病。因心脏病而死的例子没有枪击、鲨鱼袭击来得那么鲜明，人们也就容易低估心脏病致死人数的占比。同样，如果让人们判断首字母是 r 的英文单词数量多，还是第三个字母是 r 的英文单词数量多，人们往往会认为前者更多，而事实上后者更多。由于人们思考英文单词时很容易回忆首字母并想到很多 r 开头的单词，而回忆第三个字母则比较困难，仅仅以回忆中的单词作为推理依据便会使人错判单词的数量。

在飞机和汽车问题、死因问题、单词问题中，可得的信息源自生动鲜明的案例，而在其他情况下，可得的信息还可能源自最近发生、容易触及的事件。比如，如果你最近刚学过游泳，那么游泳技巧就变得非常可得，你可能觉得身边很多人都会游泳，而事实上会游泳的人口比例未必如你想象中那么高。同理，如果你亲戚是游泳教练，你也容易想到这一来自身边的例子，进而觉得很多人都会游泳。总而言之，可得性启发式常常导致推理中的漏洞。

日常生活中，这类推理漏洞并不罕见。许多人刷朋友圈的时候，总是感慨别人的社交生活真丰富，自己的社交生活太贫瘠，这种体验与信息的可得性密切相关。社交达人常常发朋友圈，展示自己活跃于社交舞台的丰富日程，因而他们的经历更多地被看见，也总是更容易被人回想起来。然而，社交生活平凡者大有人在,他们是沉默的大多数,很少将孤独时刻公之于众。如果仅凭社交达人容易被看见的信息进行推理,可能会得出"别人的社交生活都比我丰富"的结论。然而实际上,"我社交贫乏"的感受往往来源于人们有偏颇地选择比较对象,只把自己和脑海中首先出现的社交达人进行对比。① 无独有偶,人们还常常觉得,与别人相比,自己生活中苦难更多,幸运更少,因此怨天尤人。这种想法也可能是可得性启发式作祟的结果。苦难和困境需要人付出大量努力克服,因此在脑海中留下了深刻印象,回忆起来也比较容易。幸运的时刻,人却不费吹灰之力就能有所收获,而这些时刻更容易被忽略。② 即使是大公司财务总监这样的专家,也可能因只看到可得的信息,作出不靠谱的预测。财务总监对股票市场走向的预测成功率没准和随机猜测没什么区别,他们预测股市会涨的时候,股市时常下跌。而且,财务总监们常常过于自信,没有意识到自己的预测不靠谱——他们过于相信自己知道的信息,并据此来预测市场规律,觉得自己所见即事实,但很难意识到还有很多自己不知道的信息。③ 总之,依赖可得性各异的信息时,人常常采信有偏颇的前提,这深刻地影响着大众观念和社会运作。

（二）锚定效应：给我什么用什么

除了想到什么用什么作为推理依据之外,大脑偷懒的另一种方式是"给我什么用什么",心理学家将其称为锚定效应(anchoring effect)。提供给决策者的信息就像船锚,让思维之船被固定在锚的旁边。最经典的锚定效应例子是卡尼曼在研究中使用的两道乘法估算题。他让一些学生在 10 秒钟内估算 $1 \times 2 \times 3 \times 4 \times 5 \times 6 \times 7 \times 8$ 等于几,同时让另一些学生估算 $8 \times 7 \times 6 \times 5 \times 4 \times 3 \times 2 \times 1$ 等

---

① Sebastian Deri, Shai Davidai, and Thomas Gilovich, "Home Alone: Why People Believe Others' Social Lives Are Richer than Their Own," *Journal of Personality and Social Psychology* 113, no. 6 (December 2017): 858–77.

② Shai Davidai and Thomas Gilovich, "The Headwinds/Tailwinds Asymmetry: An Availability Bias in Assessments of Barriers and Blessings," *Journal of Personality and Social Psychology* 111, no. 6 (December 2016): 835–51.

③ 卡尼曼:《思考,快与慢》,第 111—118 页。

于几。请注意,这两道题中相乘的数字一样,因此两组学生如果理性,应当给出类似的回答。然而平均而言,从小数字开始做乘法的学生认为答案是512,从大数字开始做乘法的学生认为答案是2250。学生在计算之初看到的数字成为了"锚",让他们倾向于把所有数字都感觉得更小或更大,进而在推断时发生了偏移。[①]

锚定效应在生活中非常常见,商家更是早已把锚定效应应用得得心应手。在著作《思考,快与慢》中,卡尼曼提到,超市在饮料区悬挂的标语内容会显著影响顾客的购买量。当超市悬挂"每人不限量购买"标语时,顾客并不会大肆购买饮料。而当超市悬挂"每人每天限购12罐"时,顾客购买的饮料数量直接翻倍。对比原价和现价也是商家常用的锚定手段。例如,如果在一台价值3000元的手机的价格标签上写"原价4000元,现价3000元",顾客就会被原价锚定,认为手机值4000元,进而认为现价便宜,更愿意购买。总体而言,商家给顾客什么信息,顾客就会潜移默化受到影响而使用这些信息来决定是否购买。

有些时候,锚本身还有一定的参考价值(例如手机的原价或许能反映市场定位),但有些时候,锚毫无意义。即便如此,人们还是会受到这些锚的影响。例如,卡尼曼曾经让受访者先转动印着数字的转盘,再估计联合国中非洲国家占比。数字转盘被卡尼曼动过手脚,要么停在10,要么停在65。卡尼曼问受访者:"你转出来的数字比非洲国家在联合国中的占比更高还是更低?你认为非洲国家占比是多少?"显然,随机转出的数字和非洲国家的数量毫无关联。理性人绝不该在推理时将这个随机数字作为前提纳入考虑。但即便如此,卡尼曼仍然发现,转出10的受访者把非洲国家在联合国中所占比例估计得更低,而转出65的受访者估计得更高,这说明人还是受到无关信息的干扰。[②] 在另一项实验中,研究者让受访者先写出自己身份证号的最后两位,然后报告自己愿意花多少钱购买键盘、巧克力、红酒等商品。身份证号与商品的价格当然毫无关系,但研究者却发现,受访者身份证号码越大,为各种商品开出的价格也越高。在这

---

①   Tversky & Kahneman, "Judgment under Uncertainty: Heuristics and Biases," 1124 – 31.

②   卡尼曼:《思考,快与慢》,第101页。

些情况下,人受锚定效应影响而作出错误推理便显得尤为荒谬。①

(三) 框架效应:讲故事的方式扭曲前提

语言表达是一门艺术,也是一门扭曲推理的技术。框架效应(framing effect)就是通过叙事方式影响人们的推理的例子。根据框架效应,就算事物的本质保持相同,仅仅改变描述的方式,人的推理判断就会受到影响。比如,一块肉中的成分要么是瘦肉,要么是肥肉。因此,将一块肉描述为"有70%是瘦肉"和"有30%是肥肉"实质上等价。但这两种不同的说法却给人不同的感受。"有70%是瘦肉"容易让人认为这块肉很瘦,而"有30%是肥肉"则让人感觉这块肉很肥。如果人在判断肉的肥瘦时受到肥肉或瘦肉表述框架的影响,则说明其考虑了不应当考虑的语言表述方式。

框架效应最早可以追溯到心理学家设想的疾病治疗问题。在这个假想问题中,某地暴发一种疾病,共有600人患病,作为管理者,你需要选择治疗病人的方案。可选方案有两种。如果选择救治方案A,则200人一定会死亡,如果选择救治方案B,则有1/3的概率所有人死亡,2/3的概率没有人死亡。你更倾向选择哪种救治方案?记住你的选择偏好。

现在,把对救治方案的表述方式从死亡换成存活:如果选择救治方案A,则400人一定存活,如果选择救治方案B,则有2/3的概率所有人存活,1/3的概率没有人存活。你的选择倾向会变化吗?理性的人应当发现,不论表述方式是死亡还是存活,两种救治方案的实质并未改变,因为病人要么存活要么死亡。所以,理性的人应该在不同框架下保持偏好不变。然而,心理学家却发现,与听到"存活"说法相比,人们听到"死亡"说法时更倾向于选择冒险的B方案。因为在面临死亡时,人们更不愿意接受确定的损失("200人一定会死")。显然,人们把语言表述隐含的信息也纳入了推理前提,即使这些信息并不应该左右判断。

框架效应在现实生活中可能造成的社会影响值得警惕。例如,框架效应会

---

① Timothy D. Wilson, Christopher E. Houston, Kathryn M. Etling, and Nancy Brekke, "A New Look at Anchoring Effects: Basic Anchoring and Its Antecedents," *Journal of Experimental Psychology: General* 125, no. 4 (December 1996): 387 – 402.

影响招聘。一项研究考察了招聘录用中的框架效应,发现在"聘用"和"拒绝"表述中人们对歧视的感受迥然不同。①例如,某公司要招聘五名员工,有十人前来应聘,其中有八名男性两名女性。在"聘用"说法下,招聘结果可以描述为"公司聘用了四名男性,一名女性"。这时,人们可能会认为公司歧视女性,因为录用的员工中女性仅一人。然而,在"拒绝"说法下,同样的招聘结果可以描述为"公司拒绝了四名男性,一名女性",这时,人们反而会觉得男性受到歧视,因为被拒绝的大部分都是男性。框架效应也会影响法官的判决。设想一对夫妻要离婚,法官需要决定把孩子判给谁。孩子的母亲经济状况较好,身体有些小毛病,与孩子关系亲密,工作繁忙经常出差,社交活动多;而父亲在经济、健康、亲子关系、工作繁忙程度、社交频率上都处于人群平均水平。如果用不同的表述问法官怎么判决孩子归属,就可能导致不同的判决结果。当问法官"把孩子判给谁"时,法官更倾向于把孩子判给母亲,因为这种问法使得法官更多关注抚养人的优势,此时母亲在经济、亲子关系上的优势凸显出来,成为重要加分项。而如果问法官"不把孩子给谁",法官可能会认为不该把孩子判给母亲。因为在这种问法下,抚养人的缺点成为决定判决的关键,而母亲健康状况不佳,工作社交繁忙可能无暇带孩子,这些都会成为关键的扣分项。框架效应还可以影响环保。比如,呼吁人们使用节能灯的口号写法不同,取得的效果可能大不相同。比起"使用节能灯,每月能帮你省下 500 元",如果把口号写成"不用节能灯,你每月会多花 500 元",人们用节能灯的意愿可能会大大提升。这是因为前一种口号强调环保行为带来获益,而后一种口号强调不环保行为带来损失,人们对损失往往比获益更敏感,"亏钱"的危机感能更有力地驱动人们保护环境。

从这些例子可见,言辞的力量不容忽视。讲故事的方式虽然看似雕虫小技,但往往足以影响推理,让人不自觉地使用不当的前提,这种影响一经放大,甚至有引导社会观念的潜力。像道德、法律、环境等宏观的社会问题,不少时候

---

① Christopher K. Hsee and Xilin Li, "A Framing Effect in the Judgment of Discrimination," *Proceedings of the National Academy of Sciences-PNAS* 119, no. 47 (November 2022).

都与微观的表述方式密切相关。通过改动一两个简单的字句,就可以制造一场席卷全球的大风暴。

二、忽视本应考虑的前提

人在选择前提进行推理时犯的错误一方面源自"考虑了不该考虑的信息",即上一小节提到的使用不恰当前提,另一方面则源自"没考虑该考虑的信息"。很多前提对推理非常重要,但总是被人忽视,这同样导致人的判断出错。

(一) 忽视基础比率

如果说前文提到的可得性启发式反映出人只顾着"仰望星空",一眼便看见最显眼夺目的信息,忽视基础比率(base rate neglect)则可以说是反映出人忘记了"脚踏实地",看不见平实却重要的背景信息。不妨通过下列两个例子来理解基础比率忽视。

有个人很矮很瘦,喜欢吟诗。猜猜这个人是某大学古典文学教授还是卡车司机。你可能会觉得身材瘦弱、具有文艺气息这些特点很符合古典文学教授,不太符合卡车司机,所以认为此人大概率是古典文学教授。然而,这样的判断忽视了非常重要的推理前提:客观而言,世界上卡车司机的人数远远多于古典文学教授。根据卡车司机和古典文学教授在人群中的基础比率,你猜此人是卡车司机有更大概率正确。

让我们再来看另一例子。假设小李是华东师范大学研究生,他对逻辑和数学不感兴趣,喜欢历史,酷爱阅读。你觉得小李本科就读于经济学、考古学、生物学、计算机专业的概率分别为多少?虽然乍看上去小李的爱好和考古比较匹配,但经历了上一个例子的教训,你应该已经能意识到,你还需要考虑考古学学生人数相比其他几大热门专业的差距。从各学科人数基础比例来看,考古学不太可能是正确答案。

基础比率虽然如此富有信息量,但又如此容易在推理时被人忽视,这种认知错误颇有些只见树木不见森林的味道。

（二）忽视机会成本

有得必有失。很多时候,选择某个选项,意味着放弃其他选项。比如当国王享受荣华富贵就不能过上农夫一样清闲自在的田园生活;考研报考华师大不仅仅涉及华师大,还意味着放弃报考北师大;与 A 结婚意味着(至少法律上)不能与 B 结婚;今天穿红色衣服意味着不能穿另一件白色衣服。诗人弗罗斯特在名作《未选择的路》里因为选择一条道路、放弃另一条而慨叹。选择某一选项时,所有被放弃的选项就是机会成本(opportunity cost)。人们应该在决策之前考虑清楚机会成本,全面对比将要选择的选项和为此而放弃的选项,才能作出好决策。但世人却常常看见所得,无视所失,即忽视机会成本。[1]

人对机会成本的忽视反映于选择变化。如果问你是否愿意花 50 元看一场电影,你可能会接受。但如果问你要花 50 元看一场电影还是留着 50 元买别的商品,你可能就不愿看电影了。这种变化说明你一开始没有充分思考看电影的机会成本,即这笔钱的其他用途,所以你才会在得到提示时改变主意。忽视机会成本会使你冲动地采取行动,错失本可能获得的结果。

要求人在推理时主动列出机会成本有助于消除对机会成本的忽视。例如,研究者发现,如果人直接决定要购买高档手机还是便宜 1000 元的中档手机,就很可能忽视买高档手机的机会成本,即无法把高档手机比中档手机高出的 1000元另作他用。而如果要求人在决策时先详细列出自己愿意花 1000 元买什么,再考虑买高档手机或中档手机,此时买高档手机的人就会变少。可见,备选项原本应当被充分考虑。想一想选择的同时你失去了什么,有助于防止你在推理中遗漏相关的前提信息。

一贫如洗是否会助人注意到机会成本呢?乍一想,腰缠万贯的富豪似乎出手大方,不会拘于小节、纠结于机会成本,而家徒四壁的穷人则会小心谨慎,在仔细斟酌后再把钱花在刀刃上。然而,研究者发现,不论财富多少,人们

---

[1] Shane Frederick, Nathan Novemsky, Jing Wang, Ravi Dhar, and Stephen Nowlis, "Opportunity Cost Neglect," *Journal of Consumer Research* 36, no. 4 (December 2009): 553 – 61.

都会忽视机会成本。① 富人买演唱会门票的时候很少思考这笔钱留着还能另作何用,穷人亦如是。这种决策很可能让穷人雪上加霜,因为消费的风险对他们而言更大。

(三)忽视已拥有之物

"我需要什么"以"我已经有什么"为基础。在决定是否要将已有产品更新换代时,消费者除了关注新产品的质量,还需要在对比中想想新产品的价值。有一副耳机之后,再购买同一型号的耳机无疑是浪费资源。不仅如此,即使是考虑要不要买新型号的耳机来替换旧耳机,也需要考虑新型号耳机比已有的旧耳机有何提升、能额外带来哪些好处。但消费者常常忽视自己已有之物。② 他们经常在买了一支口红后,又买差不多色号的口红;在安装一款应用程序之后,又装上另一款功能相差无几的应用程序。这使得家里堆放的无用之物越来越多,手机电脑越来越卡顿。

除了实体产品,已有的无形资产也经常被人们忽视。比如,人们常常忽视自己有多少财产。在购物节,许多人会不停参与各种活动挣优惠券,这些烦琐的活动消耗了人们大量的时间精力。然而,人们真的需要花费这么多精力去挣优惠券吗? 如果你已经领过几张优惠券,又或者购物节的优惠力度已经不小,再为了一点点蝇头小利整天忙着拉好友、刷手机,你的收获便对不起你付出的精力。遗憾的是,研究者发现人们或许唯利是图,却不知道评估眼前的"利"到底对自己而言有几分重要。③ 只有提醒他们在决策时想清楚要争取的利益相比已有财产是否足够重要,才能让他们的推断回归理性,从片面的逐利中解放出来。

---

①　Arnoud Plantinga, Job M. T. Krijnen, Marcel Zeelenberg, and Seger M. Breugelmans, "Evidence for Opportunity Cost Neglect in the Poor," *Journal of Behavioral Decision Making* 31, no. 1 (January 2018): 65 - 73.

②　Aner Sela and Robyn A. LeBoeuf, "Comparison Neglect in Upgrade Decisions," *Journal of Marketing Research* 54, no. 4 (August 2017): 556 - 71.

③　Xilin Li and Christopher K. Hsee, "The Psychology of Marginal Utility," *Journal of Consumer Research* 48, no. 1 (June 2021): 169 - 88.

（四）前景与背景

人们究竟容易忽视哪些重要信息？我们可以用"前景"和"背景"视角类比理解这一问题。一幅画中有近在眼前、非常明显的前景，有在远处塑造环境和氛围、不那么显眼的背景。在推理中，典型例子、想选择的选项、新产品、新优惠等信息如同画的前景，容易成为关注的焦点，而基础比率、机会成本、已有的商品和资产等大量信息好比画的背景，它们不像画中的前景那么扎眼。尽管如此，这些背景仍然是不可忽视的重要信息。在推理和决策中，当下视线的焦点固然重要，但任何处于焦点之外的信息同样提供重要价值，忽视这些信息将导致有偏判断，就如同抛开背景只凭借前景就评判一幅画的好坏一样不合逻辑。

三、不同人使用的前提各异

对不同人而言，推理时使用的前提是不同的，正如"我之蜜糖，彼之砒霜"。但人们在推理时很可能认为"天下大同"，所有人都共享同样的前提信息，即"我这么想，所以你也会这么想"，因而作出错误的推断。

（一）知识的诅咒：我以为你也知道

"知识的诅咒"生动描述了以己度人的现象。这个概念最早可以追溯到1990 年牛顿（Elizabeth Louise Newton）在斯坦福大学的博士论文，它形容人们一旦知道了特定知识，就总是下意识地以为别人也知道这些知识，无法想象不知道这些知识的人的境况。在牛顿的研究中，被试在心里默念不同歌曲，并用手指按照这些歌的节奏敲击，让其他人猜测敲击的是哪首歌。被试以为别人能猜对自己所敲击歌曲中的 50%，但实际上，别人仅仅能猜对其中 2.5%。[1] "我知道这首歌是什么"成为一种"诅咒"，让人无法想象在不知情的旁人眼中，自己手指的敲击规律如密码一样复杂难解。生活中与此类似的案例并不鲜见。在很多人都玩过的"你画我猜"游戏中也常常发生"知识的诅咒"。游戏中，玩家

---

①　Elizabeth Louise Newton, *The Rocky Road from Actions to Intentions*（Stanford University ProQuest Dissertations Publishing, 1990）.

根据指定词语作画,再让其他人猜测画对应的词语是什么。大家往往认为,自己的作画已经足够形象生动,处处都是线索,别人应该很容易猜对,但别人给出的答案常常和玩家自己内心的答案大相径庭。同样,人生地不熟的乘客向地铁工作人员询问路标的位置,工作人员自己熟知地铁站里的各个出口,于是只给出简略的指示,却不知道乘客往往要花费好一番功夫才能找到目的地。老师自身对所教的知识烂熟于心,所以在教学时也常常认为学生都应该能轻松掌握课堂知识,殊不知学生的知识背景和自己迥然不同,被视为"显然""易得""不难看出"的题目对学生来说也是挑战。

很多时候,你的知识仅仅是你的知识,并不能成为别人推理的前提,因而你的推理很可能导向与他人不同的结论。然而人们往往忘记这一点,在包括帮助、送礼、人际交流等各种情境中忽略他人的想法,作出不恰当的推理。

(二)帮助:求人难,拒绝也难

人们在需要帮助的时候,反而常常不愿开口求助。重要原因之一是,人们总觉得别人不会帮忙。[①] 作为陷于困境中的一方,求助者根据自己眼前的麻烦作出推测,认为要别人牺牲时间精力来帮自己解决困难实在为难别人,如此一来自己很容易遭到拒绝,进而干脆不开口求助。但事实果真如此吗?研究者曾经让大学生到图书馆邀请陌生人填写问卷,只要有 5 个陌生人答应帮忙就算任务完成。大学生们认为,自己需要求助 20 次,才能找够 5 个陌生人来填问卷。然而实际上,他们仅仅求助了 10 次就凑够了 5 份答卷。同样,在请求借别人手机一用和请求别人帮忙带路时,大学生也会高估需要求助的次数。为什么求助者会低估他人施助的可能性? 这是因为他们只考虑到求助很麻烦别人,但没想到别人如果要拒绝求助会感到内疚。在求助对象看来,说"不"可能显得自己不友好,所以很不好意思拒绝请求,而答应帮忙之后付出的时间精力倒成为决定选择的次要因素。求助者不身处求助对象这一角色,也就难以考虑到"显示友好"这个重要的助人动机。

---

① Francis J. Flynn and Vanessa K. B. Lake, "If You Need Help, Just Ask: Underestimating Compliance with Direct Requests for Help," *Journal of Personality and Social Psychology* 95, no. 1 (July 2008): 128-43.

一方面,求助者想不到"拒绝难";另一方面,施助者也想不到"求人难"。[1]
为什么人们常常不主动为陷入困境的人提供帮助? 重要原因之一在于,潜在的施助者认为"如果别人真的需要帮助,他们会主动开口",那么不开口自然代表不需要帮助。然而,施助者却往往忽视,开口求人会令求助者尴尬。很多人正是因为尴尬,才不愿求助,这并不代表他们不需要帮助。施助者无法从求助者的视角考虑这一因素,所以显得"冷漠"。研究者曾经在大学学期开始时问各门课程的助教:"你觉得整个学期中会有多少学生向你求助?"平均而言,助教认为会有 17.8 人向自己求助。然而,一个学期过后,每门课程中实际向助教求助的学生只有 14.7 人。这种错误估计也是由于助教想不到学生会因尴尬而不愿开口请教自己。

求助者和施助者依赖不同前提推理,又彼此不知道对方的心思,由此产生的心理分歧导致他们在帮与不帮之间频频相互错过。

（三）送礼:心意重要还是好用重要?

送礼时,送礼和收礼双方也常常各怀心思。而依据自己所知的信息来送礼,送出的礼物往往并不是对方最想收到的礼物。

在送礼者看来,礼物好不好很大程度上取决于礼物是否能表达心意。对送礼者而言,送礼起到维护社会关系、提升对方好感的功能。因此,送礼者自认为自己的心意很重要,他们依据"心意好"的标准来挑选礼物。比如,送礼者喜欢赠送能让别人感受好的礼物,这些礼物能立刻唤起收礼者的积极情绪,貌似能有效提升好感。[2] 在送礼者眼中,一朵盛开的玫瑰比含苞待放的玫瑰更好,因为盛开的玫瑰能让收礼者在收礼当场感到开心。印着爱心的纪念款水杯也比握感舒适的水杯好,因为看到杯子上图形的特殊意义似乎会让收礼者立刻绽放笑容。

然而,对收礼者而言,礼物中看不中看并不要紧,要紧的是中用。这是因

① Vanessa K. Bohns and Francis J. Flynn, "'Why Didn't You Just Ask?' Underestimating the Discomfort of Help-Seeking," *Journal of Experimental Social Psychology* 46, no. 2 (March 2010): 402-9.

② Adelle X. Yang and Oleg Urminsky, "The Smile-Seeking Hypothesis: How Immediate Affective Reactions Motivate and Reward Gift Giving," *Psychological Science* 29, no. 8 (August 2018): 1221-33.

为,收礼者并不希求通过送礼促进人际关系,他们处于"守株待兔"的一方,自然就不会如送礼者一般关注礼物代表的心意。相反,使用礼物对他们而言更重要。不趁手的礼物,收了也是白收,徒增闲置无用之物。所以,收礼者评判好礼物的标准往往是"用着好"。如此一来,含苞待放的玫瑰就比盛开的玫瑰更好,因为含苞待放的玫瑰插在花瓶里能维持较长时间,还可以来日慢慢欣赏,而盛开的玫瑰不日就会枯萎。握起来手感舒适的水杯也比印着爱心的水杯更好,因为杯子上印的图案不过"徒有其表",拿着舒服才让人愿意长期使用下去。

送礼者还会在送礼物时看人下菜碟,送出貌似最匹配收礼者个性的礼物,踏入"私人定制"的陷阱。[1] 例如,送礼者在一趟旅途中打算购买一堆穿着打扮各异的民族风布娃娃送给朋友,往往根据不同收礼者的特点"有的放矢"。即使某一款娃娃特别好看,送礼者也往往不会给所有朋友都买最好看的娃娃。相反,他们倾向于给平时喜欢红色的朋友买一款穿红衣服的娃娃;给老家在北方的朋友挑一款北方民族的娃娃;给唱歌玩音乐的朋友选一款手拿乐器的娃娃……这样的策略看似能匹配不同人的个性,显得送礼者颇费心思。然而事实上,收礼者可能并不需要"私人定制",也不在乎送礼者花的心思,他们宁愿都要最好看的一款娃娃。由于收礼者的喜好丰富多变,个性化的礼物很可能与收礼者变化的喜好不匹配,反而让人不够满意。

送礼者怀揣很多类似的小心思,但都难以发挥他们预想的效果。送礼者遵守完整原则,挑选礼物时倾向于购买完整的礼物,像是一对耳环、一套餐具;而收礼者只在乎礼物本身的吸引力。比起不那么喜欢的一整套餐具,收礼者更期待收到最喜爱的那套餐具中的一个碗。[2] 送礼者还认为,给同一个收礼者要变着花样送不同类型的新礼物,竭力避免重复:这次送了巧克力,下次就要送鲜花,

---

① Mary Steffel and Robyn A. LeBoeuf, "Overindividuation in Gift Giving: Shopping for Multiple Recipients Leads Givers to Choose Unique but Less Preferred Gifts," *Journal of Consumer Research* 40, no. 6 (April 2014): 1167 – 80.

② Daniella Kupor, Frank Flynn, and Michael I. Norton, "Half a Gift is Not Half-Hearted: A Giver—Receiver Asymmetry in the Thoughtfulness of Partial Gifts," *Personality and Social Psychology Bulletin* 43, no. 12 (December 2017): 1686 – 95.

而不能再送巧克力了,否则礼物就会显得很无聊。[1] 但实际上,喜欢吃巧克力的收礼者很乐意再收到一份巧克力,强行追求有新意的鲜花反而不合他们的心意。类似的种种差异造成了送礼者悉心挑选的礼物令收礼者感到不满的尴尬局面。

总之,评价礼物好坏时,不同人依赖的前提信息会导向迥异的结果,给礼物挑选带来巨大挑战。

(四)人际交流:看能力还是看温暖?

人际交流,例如朋友之间的相互赞美、表示感激、提供社会支持,都起到"心灵鸡汤"的作用,可以提升人们的幸福感。可是,一旦忽视不同人推理时使用的不同前提,人际交流就常常受阻。

在人际交流中,行为的意图和结果是推理判断的两大类重要依据,心理学家以温暖(warmth)和能力(competence)指代二者。温暖意味着人怀抱善意目的与他人互动,而有能力意味着人能够实现自己的目的。如果你要向亲友帅长表达感激,你认为温暖(显得你诚心诚意)多重要?能力(你的言辞得体)多重要?如果是他人向你表达感激,你又觉得温暖和能力多重要?站在发起交流者和回应交流者的立场,温暖和能力的价值存在微妙的不同,双方依据不同的前提进行推理。但人们常常难以意识到这一点,仅凭自己的想法推己及人,因而容易错过促进交流、改善关系的机会,不敢开口赞美、感激、支持他人,这减少了人们生活中许多重要的"小确幸"。

对发起交流的人而言,能力是行动的重要依据。开口之前,发起交流的人常常三思:我说出口的赞美之词合适吗?[2] 我写的感谢信得体吗?[3] 我给一段时日

---

[1] Julian Givi, "(Not) Giving the Same Old Song and Dance: Givers' Misguided Concerns about Thoughtfulness and Boringness Keep Them from Repeating Gifts," *Journal of Business Research* 117 (September 2020): 87 – 98.

[2] Amit Kumar and Nicholas Epley, "Undervaluing Gratitude: Expressers Misunderstand the Consequences of Showing Appreciation," *Psychological Science* 29, no. 9 (September 2018): 1423 – 35.

[3] Xuan Zhao and Nicholas Epley, "Insufficiently Complimentary?: Underestimating the Positive Impact of Compliments Creates a Barrier to Expressing Them," *Journal of Personality and Social Psychology* 121, no. 2 (August 2021): 239 – 56.

不见的朋友送去问候支持会不会让人尴尬?[1] 他们以能力作为推理前提,纠结于自己能否出色地完成赞美、感激、支持,进而以为他人同样会对自己的遣词造句敏感,在乎自己的能力。对能力的惴惴不安最终很可能使得人们干脆放弃发起交流。

然而,回应交流的人实际上主要以温暖作为社会判断的依据。只要赞美、感激、支持背后是真诚的善意,回应者就会感到非常开心,就算说话的人词不达意,这一点能力上的缺点也不足挂齿。发起交流者和回应交流者在推理前提上的分歧,最终可能导向人际关系中的种种龃龉。

世界上没有两片完全相同的树叶,就像没有两个人的想法会完全一样。我们需要时刻铭记,别人在思考时关注、采纳的前提信息和自己的可能大相径庭。在推理过程中保持对不同角色、视角信息差异的敏感,才能尽可能减少出错。

四、不同时间点的前提各异

唯一永恒不变的是变化本身,我们每天都在变化。士别三日,尚且应当刮目相看,毋论对更长远未来的预期。因此,在不同时间点,推理的前提可能会发生重大变化。同一前提,今天适用,等明天形势一变,或许就不再适用了。推理时,应对前提的时效保持警惕,慎用今日前提推测明日结论。

但是,心理学研究发现,人们常常无法想到推理前提会随时间变化,无意中把当下短期状况投射到未来,用以揣测未来事件的发展。这种思维模式使人作出不理性的决策,广泛影响其衣食住行。

例如,人们在饮食上的冲动消费常常源自对"现在饿"和"未来饿"的混淆。若你当下感到饥饿,那么你可以进食立刻填饱肚子。但当下的饥饿并不应成为你未来进食的理由。谁知道你在一周后的此时是否会感到饥饿呢?若你仅仅因为当下感到饥饿,就要为一周后而储备食物,可以说是有些"饿昏了头"。为

---

[1] James A. Dungan, David M. Munguia Gomez, and Nicholas Epley, "Too Reluctant to Reach out: Receiving Social Support Is More Positive than Expressers Expect," *Psychological Science* 33, no. 8 (August 2022): 1300–12.

未来储备的食物应该取决于你通常的食量,而非你现在是否饥饿。然而,研究者却发现,人当前的食欲和他们对未来食物的选择密切相关。刚刚吃完午饭后,人们感到饱腹,此时询问他们是否要购买一周后到货的零食,他们可能并不太感兴趣。但在饥饿状态下再问同样的问题,人们却很可能乐于大量选购未来的零食。饥饿时,人们订购的零食比饱腹时多出22%。① 可见,"现在饿"会被错误当作"未来吃"的前提。

另一些研究则表明,当下的天气经常影响人们在遥远未来的行动,尽管未来的生活实际上与今日是晴是雨并无关系。虽然今天下雨并不意味着你需要为两年后的生活准备一把伞,但人们许多时候都在作"因为今天下雨所以为两年后的某一天买伞"式的决定。例如,当下的气温决定人们为未来购买什么衣服。研究发现,气温每下降30华氏度,售出的防寒用品被退货的比例就会上升3.95%。② 这说明当前大气越冷,人们越容易冲动购买防寒用品,而实际上这些防寒用品在未来极少有机会使用,导致高退货率。

购车日的天气也与车型选择密切相关。敞篷车适宜在风和日丽的天气行驶,动力强劲的四驱车则能在暴风雪中开辟道路。买哪种车理应取决于未来长期的生活环境,而人们却常常在购车当天天气的影响下"脑子一热"。研究者分析了美国汽车销售市场如何随天气变化波动。他们发现,炎炎夏日,购车人选购敞篷车的比例大幅提升,而寒冬腊月中选购四驱车的人数比例提升。更极端的是,仅仅购车日当天的天气都会影响购车选择。购车日当天气温高,买敞篷车的人增加;当天遭遇暴风雪,买四驱车的人增加。虽然车一年四季都得开,但人们却觉得"现在是什么天气,我就该为未来买什么样的车"。③ 这显然偏离了理性推理。

① Daniel Read and Barbara van Leeuwen, "Predicting Hunger:The Effects of Appetite and Delay on Choice," *Organizational Behavior and Human Decision Processes* 76, no. 2 (November 1998):189-205.

② Michael Conlin, Ted O'Donoghue, and Timothy J. Vogelsang, "Projection Bias in Catalog Orders," *American Economic Review* 97, no. 4 (September 2007):1217-49.

③ Meghan R. Busse, Devin G. Pope, Jaren C. Pope, Jorge Silvarisso, "Projection Bias in the Car and Housing Markets," *National Bureau of Economic Research* (July 2012).

就连学生选择大学也受到天气影响。美国高中生在申请大学的季节,常常趁着校园开放日前往各大高校实地考察。一些高校学术氛围浓厚,有利于学生走上科研道路;而一些高校活动丰富,能为学生提供更多在体育赛事中脱颖而出的机会。让人意想不到的是,学生申请的高校竟然还受到参观校园当日天气的影响。研究者统计美国高中生的大学申请选择,发现校园开放日的云层越厚,学生越倾向于选择学术型高校而非活动型高校。究其原因,很可能是阴雨连绵的一天中学生无法外出活动,而更愿意在室内学习,进而为未来的自己申请学术出众的学校;而阳光明媚的一天中学生乐于外出参加体育活动,进而为未来的自己选择活动丰富的学校。①

天气还影响人们购买医疗保险的意向。一天的空气污染每增加一个标准差,中国居民当日购买医疗保险的概率便会增加 7.2%。② 看来,人们为未来健康作打算凭借的不仅是长远规划和分析,还往往依据今天打开窗闻到的雾霾味儿有多浓。

纵观众多心理学研究案例,人总是无意中以为明天会和今天相同,而在推理时模糊不同时日间的区别,作出不理性的判断。

第二节　逻辑分析与相关问题讨论

推理的力量很强大,可以从"旧"到"新",从"少"到"多",从"平凡"到"意外",但不可能从无到有。你必须由什么出发才能推出什么,这可以说是逻辑思维的限度,也可以说是逻辑思维的力量之所在,因为逻辑思维的清晰性和严格性均与此有关。第一节已经从心理实验的角度讲到,人们如何会因为不慎

---

① Uri Simonsohn, "Weather to Go to College," *Economic Journal* 120, no. 543 (March 2010): 270 – 80.

② Tom Y. Chang, Wei Huang, and Yongxian Wang, "Something in the Air: Pollution and the Demand for Health Insurance," *Review of Economic Studies* 85, no. 3 (July 2018): 1609 – 34.

重考虑推理前提而掉入诸多思维陷阱;这一节里,我们将从逻辑学的视角论述明确而周全的前提之于严密推理的重要性,整理相关知识点,并延伸讨论若干枝节问题。

一、先有"前提"才能"推理"

当我们自己准备以推理的方式作决策时,或当我们检视某人决策时的内心推理过程,首先要确保我们所开展的或面对的的确是"推理"。弄清自己或他人究竟是否在作推理以及推理是否恰当,最关键的一点是先区分推理本身及其"前提"和"结论"。

(一) 推理的逻辑性

推理的前提和结论各有真假,但推理本身并无真假可言,倒是任何合乎逻辑的推理均要求其前提和结论的真假具有某种联系。逻辑教科书上常言,一个有效的(valid)演绎推理,要求当在其前提为真时,结论必然为真;一个可靠的(sound)演绎推理,同时还要求其前提确实为真。换言之,一个有效的推理,其结论不一定为真;而一个可靠的推理,其结论一定为真。

根据此种定义,有些推理,前提命题不确定是真或假,甚至实际上或在后来表明为假,但仍属于有效推理。① 如:"假若地球是平的,我沿着直线一直往前走,应该不会回到起点。"相反,有些推理结论(根据经验)为真,但并非逻辑上有效的推理。如:"所有的生物都需要水,玫瑰需要水;所以,玫瑰是生物。"不过,未经过专门训练的人以及初学逻辑学的人,倾向于仅凭其结论是否可以相信来判定一个推理是否有效,此即所谓的"信念偏差"(belief bias)。② 从概念分析的角度来看,这意味着很多人尚未搞清楚推理与命题之不同。推理由命题组合而成,但推理本身并不能归结为某种命题,因而一个真的或可信的结论命题并非

① 就此而言,逻辑是中立的:好人坏人,文科理科,古今中外,同样都追求"有效的推理"。

② 参看 J. S. B. Evans, J. L. Barston and P. Pollard, "On the Conflict Between Logic and Belief in Syllogistic Reasoning," *Memory & Cognition* 11, no. 3 (1983): 295–306。

意味着整个推理就是逻辑上有效的或可靠的。

推理之所以不同于命题或判断,主要在于推理反映的是多个命题(判断)之间的关系,就演绎推理来说,它反映的是前提命题真假与结论命题真假之间的必然性联系,这种联系具有有效与无效之分:逻辑学上常把前提与结论间的"有效"联系称作推理"规则",一种有效推理就是遵循了逻辑规则的推理,无效的推理就是未遵循逻辑规则的推理。①

当然,除了演绎推理,还有归纳推理、溯因推理、类比推理等。后面这些"非演绎推理",逻辑教科书上一般不使用"有效性"来表示前提与结论之间的联系合乎逻辑,因为即便是合乎逻辑的归纳推理、溯因推理和类比推理,它们前提与结论之间也不是"必然"联系,大多只能保证某种"高度盖然性"(即"很有可能")。不过,无论是演绎的还是非演绎的,任何推理的"逻辑性"主要在于前提与结论之间的联系,而非只是前提和结论本身的真假或可信性。

(二) 凡推理总能区分出前提和结论

不论是可靠的推理还是有效的推理,它首先得是推理才行,即不仅有结论(简记为 C)还得有明确的前提(简记为 P,若有多个可区分为 P_1、P_2、P_3 等)。粗略地说,前提是推理由以出发的已有命题或信念;结论则是你希望借助推理引出的新命题或新信念。推理所依据的规则,经常未予以明述,但倘若别人追问,你总是可以宣称有这样或那样的推理规则。

$$\frac{P_1, P_2, \ldots, P_n}{C} \quad \text{推理规则}$$

逻辑学上要求前提和结论对应着出现,中间夹着"因为""所以"等标识词。推理通常都是单结论的(即只有一个结论命题),而其前提往往包含多个命题;在三段论中,前提有两个,分为大前提和小前提。日常言语实践中,我们开展推

---

① 倘若非要从命题的角度试着理解推理是什么的话,与推理相对应的既不是前提命题也不是结论命题,而是由前提命题和结论命题组合而成的一个假言命题,即如果如前提命题所说的那样,那么如结论命题所言。

理,可能出于便利,把某些前提命题省去不写,甚或把某些不言自明的结论命题也略去。在真实交际场景下更为常见的是,说话人倾向于凸显自己的结论而忽视或模糊前提,使得他人无法弄清其结论究竟是由哪些具体的前提命题推出来的。但是,有必要强调,当我们称之为推理时,一定意味着那些省去的前提命题随时可以精确还原到位。对于没有明确前提的所谓"结论",谈论逻辑上的有效性或可靠性是无意义的。

一个人赞成一种说法却不愿或无法交代他基于什么理由(前提)而赞成,不能由此便说他的意见就是错的,但至少意味着那不是他基于推理而形成的意见,至于"推理的逻辑性"更是无从谈起。同样地,一个人反对一种说法却不愿或无法交代他基于什么理由(前提)而反对,这也意味着他并非基于推理而形成意见,此时所谓的反驳话说再多,也不过是简单重复自己的"不同意"。[①]

本书"导论"中提到富兰克林为朋友提供的决策建议,他之所以仅仅提供一种"慎思代数法"去启发他的朋友自行作决策,而不直接告诉朋友应该决定做什么,正是因为他考虑到自己对相关前提不知晓,因而无法作出真正意义上的推理,只有他朋友清楚"前提都有哪些"。如富兰克林所言,"你征求我建议的这种事务,对你来说如此重要,我不能在缺乏充足前提的情况下建议你作出什么样的决定。你愿意的话,我只能告诉你如何作决定。"[②]

(三)为何要确定前提才能推理?

或有人认为,每次推理不必费事去罗列前提,因为推理前提就是人类知识,或者就是我们大家都相信的东西。这种观念背后的一个天真预设是:人类知识体系是固定不变的"铁板一块",而且我们每一个人信以为真的东西都一样。但实际上,如第一节中"知识的诅咒"所示,每个人(甚至同一个人不同时期)知识背景和价值信念存在差异,并非拥有完全的共识。为了使得大家在同一平台上讨论,我们需要(即便是暂时的)确定一些知识或信念作为共同的出发点,然后看看大家能否由此推出某种新命题,或能否让我们合理地持有某种信念。如此

---

① 这种事情常发生在大声吵架中,所谓的"反驳"是自动的,条件反射式的。
② 转引自 Hastie & Dawes, *Rational Choice in an Uncertain World*, 2。

推理的目的,大都是为了达到新共识,有时则是发现分歧之根源。①

另有论调:一个人所作推理的前提是什么,我们根本无法确定,因为理论上,一个人可以随便拿什么作为"假设"(assumptions),然后声明自己由此开展推理。但这偏离了人类思维的实际。推理是有目的的心智活动,一个人不会莫名就拿出一句话作为前提,前提是为结论服务的:不论其结论是什么,其前提必须意在支持结论中的观点,而且不能仅仅是重复结论所表达的意思。倘若他相信自己的推理结论为真或想要别人相信他的结论(而非只是其推理的有效性)的话,他就更不能随意拿一句话作为前提。他通常会把大家(或至少他自己)信以为真的或很有可能属实的说法作为推理前提,否则别人会要求他先论证那些前提的可信性——此即所谓的"乞题"(begging the question)。即便是从临时假设出发的"归谬法"(reductio ad absurdum),也不是随便拿任何东西都可以作为假设的,所假设的命题往往是理论上有可能为真但被人们确信为假的东西。所以,纵使一个人信念多变,纵使人际信念有异,在特定的情境下,面向特定的受众,我们还是可以设法确定其由以出发开展推理的前提实际上或应该都有哪些命题。

当然,大多数人都不会把一切知识全都拿来用作前提,也不会随便拿一句话充当前提;更常见的现象是,一个人自己讲出来用作前提的东西显然过少,不足以推出结论,而当我们评论"这不过是胡乱猜测"(wild guess)时,他却辩称自己是基于推理得出的合理结论。之所以出现此种争论,主要也是因为推理之前提的内容未确定下来:我们以为他一开始自己讲出来的那些信息就是全部前提了,而他后面又私自添加了其他信息。譬如,第一节中提到一个矮瘦却喜欢吟诗的人,由此能推断他是古典文学教授的可能性要大于是一位卡车司机的可能

---

① 后者的一个推理模式是"反三段论"(anti-syllogism),即当一个人不接受某一有效推理的结论时,可以由他对前提之一的认可推断出他对其他前提的拒斥。譬如:由"人的胎儿就是无辜的人"和"杀害无辜的人是不正义的"可以合乎逻辑地推出"堕胎是不正义的",现在发现:一位朋友承认"人的胎儿是无辜的"却不认同"堕胎是不正义的",于是可以推断他跟某些人分歧的根源在于这位朋友否认"杀害无辜之人就是不正义的"。

性吗？即便后来交代了"基础比率"信息，选择"古典文学教授"的读者或许还会争辩说：我的推断是合理的，因为，在我从小生活的地区，卡车司机并不多，数量并不显著高于古典文学教授，我认为，题目中那个"矮瘦却喜欢吟诗的人"说的就是我所在地区里的一个人。如此随意添加推理前提，一个直接的后果是：由于对话各方无法确定一个"前提命题集"，使得我们根本无法开展任何公共说理。心理实验中发现的"过度自信倾向"①，大多也与随意地添加推理前提有关系：题目中明确陈述出来用作前提的信息过少，因而通常认为无法作出什么可靠的"预测"（譬如"你的驾车技能优于本国驾驶员的平均水平吗？"），但有些被试却相信自己可以作出准确预测，或者相信一切皆可预测。殊不知，被试自己用作推理前提的命题集可能已经远远超出实验中明确陈述的那些信息，在前者的范围被明确之后，我们不难发现，其中有很多前提命题（如"你确切知道本国驾驶员的平均水平""你有一套大家公认的评估驾驶员技能的标准"）令人生疑，甚至被试自己都不相信。

二、你选择什么作为推理的前提

了解我们当前处在哪里，弄清我们已经掌握了什么，对于我们的未来行为决策至关重要。心理学家常常建议"对你所遭遇的判断和决策情境作系统性的外部表征"②，因为"关于不确定性的许多判断和推理错误都源于一开始在理解所要判定的情境时所犯下的错误"③。从逻辑学的视角看，这涉及"选择哪些命题作为推理的前提"。能否以及在多大程度上明确我们实际用以推理的前提都有哪些，这直接关乎逻辑思维的清晰性和严格性。从出现不理性决策的场景来

---

① 虽然统计学上不可能，但有调查显示，93%的美国驾驶员认为自己的驾车技能优于平均水平。参看 Ola Sevenson, "Are We Less Risky and More Skillful than Our Fellow Drivers?" *Acta Psychologica* 47, No. 2 (1981): 143‑8。关于"过度自信"的更多讨论，参看本书第二章。

② Hastie & Dawes, *Rational Choice in an Uncertain World*, 334.

③ Hastie & Dawes, *Rational Choice in an Uncertain World*, 163.

看,人们之所以会出现思维不严密,大多不是因为有什么逻辑规则不会用,而是因为推理前提不明确。

（一）区分干扰信息与前提信息

在日常决策的情境下,很多人虽相信自己是在从某些前提出发作推理,却说不清具体用到了哪些前提命题。事实上,要确定用作推理前提的命题究竟有哪些,并不总是很容易的。之所以如此,原因之一是：不同于中学数学教科书上的推理,当我们为日常决策而推理时,没有"出题者"或教师为我们梳理已知条件,即便我们自己设法整理出了已知条件列表,也很难确保所有相关的已知条件均已包含在该列表中,更何况列表中的某些已知条件可能根本就用不上。换言之,当前情境下显而易见的"条件"并非都是能帮你作出理性决策的,而那些跟你决策密切相关的"条件"却并非总是显而易见的。在当前情境下显而易见但却无关于理性决策因而无法用作推理前提的那些"条件",可谓"干扰信息"。

推理时当然要排除无关信息的干扰,不过,这做起来要比说起来难。因为,为了理性决策,我们需要有明确而充分的前提信息,但出于体力和心力上的便利,我们倾向于把手头的现成信息不加筛选地用作前提。此种做法不少时候（尤其是当手头信息碰巧是我们所需要的全部相关信息时）是快捷且有效的。然而,由于未区分干扰信息和前提信息,它也常常导致另外一些结果：（1）被人指责在逻辑上"推不出"（non sequitur/it does not follow）想要的那个结论；（2）我们在意识到"推不出"后转而以联想代替决策；（3）为了确保"推得出"而偷偷塞入自己的主观意见作为补充前提。

以"沉没成本"为例,一个100万元的投资项目,产品开发已完成90%,并付出诸多时间和精力,这时投资者发现另一家公司开始销售一款性价比更好的同类产品。是继续投资以完成剩下的10%,还是立即停止投资呢？我们该如何决策？项目参与者或倾向于继续开发以完成剩下的10%,其理由是：已经投入了太多成本,停止投资等于白干一场。① 这似乎是眼下显而易见的前提信息。但

① H. R. Arkes & C. Blumer, "The Psychology of Sunk Cost," *Organizational Behavior and Human Decision Processes* 35, no. 1（1985）：124−40.

是,当我们作投资决策时,当然主要应关注投资回报率。投资有风险,当可以预见产品无法卖出去或无法卖个好价钱时,一项100%完成的投资,会跟一项完成90%的投资一样没有回报,至少回报率会更低。就此而言,"已付出多少成本"对于当前值不值得继续投资是不相关的"干扰信息"。单凭借"已付出巨大成本"是无法合乎逻辑地推出"应该继续投资"的,除非你不打算基于推理作决策,而只是因为看到如此大的成本已经投入而本能地"随后"联想到要通过"继续投资"而让成本达成某个"结果"——但不考虑该结果本身的价值。当然,有些人或许还想为自己的推理作辩护,譬如,他会说"继续投资以完成产品开发可以鼓舞士气也可以保住投资人的脸面"。这等于偷偷塞入了另一命题作为他推理的前提,但是,这个强行补上去的前提往往只是临时想法,经不起推敲。毕竟,坚持到产品开发完成却卖不出去,这既不能鼓舞士气也不能保住投资人的脸面,顶多是增添了一分"悲壮"色彩。①

如第一节所示,"锚定效应"中的锚定点也经常扮演干扰信息的角色。锚定点有"立桩标注"(Stake out)之用,但是,我们眼下所看到或被给予的所谓"已知信息"(the given)可能是任意的或极端的,甚至就是一种"诱导设置",因此不仅对于我们的决策没有实质性的帮助,还可能构成一种心理干扰。譬如,卖家预料到买家会还价,他向买家的第一次报价相比其销售记录均价可能是有意"虚高"的。超市里商品标价,同时附上"原价""限购数量"或是类似"每克多少钱"②的单位价格,这种附注对你决定要买哪一种产品并不总是至关重要的。或许,"原价"是可以动手脚的,就像卡尼曼任意改动数字转盘的设置那样,即便真的曾经以这种价格销售过,也可能只是很短暂的几天或很少以这种价格成交

① 有必要澄清,我们这里是从典型的投资人角度来看的,并不是说任何人在任何时候都没理由把"沉没成本"作为理性决策的前提信息之一。譬如,决策者本人或许不是投资人,他更在意自己"做事从未曾半途而废"的名声;或者,即便是投资人在作决策,他对于本次产品开发有着"投资回报率"之外的其他考虑(如"培养团队"或"为另一长远计划打基础")。参看 Hastie & Dawes, *Rational Choice in an Uncertain World*, 36 – 7.

② J. Russo, "The Value of Unit Price Information," *Journal of Marketing Research* 14, no. 2 (1977): 193 – 201.

过;或许,"限购"的商品,并非就是比其他商家更便宜的商品,即便是,也并非就是你实际所需要的商品;或许,你只需要很少量的东西,你贪图低单价而买下的商品,其中大多数注定会被浪费掉。还比如,法庭上辩护律师建议的赔偿额,可能是有意抬高或压低的,①并不具有什么参考价值。尽管如此,当无法轻易获得其他相关信息时,我们还是倾向于把眼下易得的信息作为"锚定点",在这个点的附近调整(大多是不充分的调整)后作出决策。当然,跟"沉没成本"情况相类似,这种所谓的决策要么仅仅是一种无关推理的联想和暗示,即由给定的状态"随机"联想到稍偏离该状态的情况,要么偷偷添加另一种前提(如"这个锚定点代表一种平均值或常态")以避免被人指责"推不出"。②

（二）要寻求更多的相关信息

在排除干扰信息的同时,我们应该主动寻找更多的相关信息,因为,前提条件不足,我们便无法作出想要的决策。譬如,你被告知,在同一节地铁车厢,当一位老年人上车后,张三没有让座,而李四却主动给这位老年人让座,单单依靠这一点信息,我们如何能推断张三和李四谁更有可能帮助一位突发心脏病的乘客?

显然,并非所有的难题,我们都有办法立即解决。也并非所有的决策,我们都可以找到充足的依据。当我们感到自己掌握的前提条件不足以作出相关推理时,老实的态度是:转身去查文献作调研。不过,一些时候,我们必须当场作出判断和决策,来不及查文献作调研。这时,倘若发现既有前提(尤其是当下观察所得)不足,一个办法是好好回想,搜索你的记忆库存,尤其是回忆一下你曾经学到的那些"第一原理"(first principle)知识。

当我们试着回想和调用自己过去掌握的已知信息时,首先考虑到的往往是我们自身的经验心得,譬如,当要判断某个人在某种情形下会喜欢什么,或某类事件的发生频率,或一个人遭遇某情况时会做些什么,我们经常以自我为中心

---

① G. B. Chapman & B. H. Bornstein, "The More You Ask For, the More You Get: Anchoring in Personal Injury Verdicts," *Applied Cognitive Psychology* 10, no. 6 (1996): 519 – 40.
② 读者在第四章将看到,很多"过度概括"的例子也多是因为偷偷地加入了一些无法被公认的前提。

作推断,此即"推己及人"或曰"投射"(projection)。不过,此种信息与当前决策的相关性有时并不强,因为,当我们把"自我经验"作为锚定点时,我们自身的经验可能碰巧属于"非典型的",或者当前决策所涉及的情形是"非典型的"。

因此,为了获得更相关的信息,我们经常需要"超越"自我经验(包括来自你自己"朋友圈"的信息),诉诸更大的共同体,譬如,人类世代积累而成的、经过反复验证的"间接经验"——公共知识,尤其是以"第一原理"为核心的各类"科学知识"。在这方面,往往可以找到一些关键的信息来帮助我们完成决策。譬如,据权威部门统计,某种疾病在人群中感染率极低,这种"基础比率"信息对我们判定某个检测阳性的人有多大概率感染此种疾病不可或缺。再如,经济学上关于"机会成本""边际效益递减"的知识,可以帮助我们决定是否有必要仅仅因为某笔收益而做一件事,是否能简单通过增加财富收入而增加幸福感。这些信息并非就是(尽管有时可能涉及)易得信息,但对我们作出理性决策来说,它们往往比易得信息更具相关性。"全部信息""易得信息"和"与当前推理相关的信息"之间的关系,经常如下图所显示的那样。

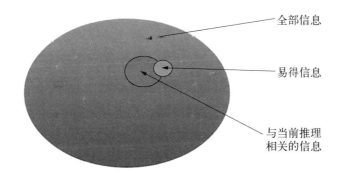

(三)不能过度解读已有"数据"

当我们为了决策而致力于寻求更多信息时,经常会发现,所获得的有些信息(不管是易得的还是其他途径获得的)是未加工的"data"(数据),即有待解读的。这样的信息,其最大的问题倒不是"不相关",而是"不明确",需要经过我们的解读,方知它们在什么程度上以及如何与我们当前的决策相关。而且,出于对获知更多相关信息的急切渴求(不愿再花时间寻找其他数据),我们在解读已获得的"数据"时倾向于过度解读。有一句谚语说"眼见为实"或"所见即所信"（Seeing is believing），但是，你究竟是看到了张三，还是你觉得那个人看起来像张三？你究竟是看见他结婚了，还是看到有媒体说他结婚了？粗心之人往往对以上种种不加区分。

我们经常在媒体上看到有关飓风死亡的新闻而较少看到因闪电而死亡的新闻，这对我们判断哪一类事件的致死率高是有用的信息。但是，其有用性有多大呢？新闻报道数量不同于事件实际发生数量，尤其是媒体普遍偏向于报道其中一类事件。忽视这一点，往往会导致过度解读"数据"。①

一个技术故障发生了，这能说明什么呢？该技术的反对者可能认为这项技术不够安全，而支持者可能认为故障发生后未引起灾难，说明其安全性高。② 倘若单就故障的发生这件事本身所提供的"数据"而论，双方的解读均属于过度解读。类似地，当媒体上报道一个黑人犯罪的案件时，一个带有种族偏见或刻板印象的人很可能会将其过度解读为"又一个黑人犯罪案件"或"如今黑人犯罪很常见"。③

法庭上，一位证人对事件的描述绘声绘色，有鼻子有眼，包含很多细致情节；相比之下，另一位证人对事件的描述显得有些简单，略去了一些他认为不必要的细节。这种差别说明了什么呢？如果你认为第一位证人的证词更可能代表真相，那么，你也很可能是过度解读了。④ 因为，形象生动的语言，其作用类似于图片，更

---

① B. Combs & P. Slovic, "Newspaper Coverage of Causes of Death," *Journalism Quarterly* 56, no. 4 (1979): 837–43, 849.

② S. Pious, "Biases in the Assimilation of Technological Breakdowns: Do Accidents Make Us Safer?" *Journal of Applied Social Psychology* 21, no. 13 (1991): 1058–82.

③ 这种偏见的极端版本之一是认为黑人犯罪全都是本性使然，而白人犯罪则是环境所迫或一时糊涂。有心理学家称之为"终极的归因错误"（the ultimate attribution error），参看 Thomas Pettigrew, "Extending Allport's Cognitive Analysis of Prejudice," *Personality and Social Psychology Bulletin* 5, no. 4 (1979): 461–76.

④ R. M. Reyes, W. C. Thompson and G. H. Bower, "Judgmental Biases Resulting from Differing Availabilities of Arguments," *Journal of Personality and Social Psychology* 39, no. 1 (1980): 2–12. 也可参看 Hastie & Dawes, *Rational Choice in an Uncertain World*, 95–96 以及 Plous, *The Psychology of Judgment and Decision Making*, 127–8。

多只是便于我们心理上的想象,跟其所反映的内容本身是否属实没有直接关系。

还有些过度解读,可能跟观察不够仔细有关,譬如,你被告知"这项检测技术对于感染者 100% 都能检测到",这一数据意味着什么？如果你由此便认为它告诉你"这项检测技术 100% 准确",你很可能把"这项检测技术对于感染者100% 都能检测到"混同于"这项检测技术对于未感染者 100% 都排除"了。① 再如,在"琳达问题"②中,问的是"琳达为银行出纳"的概率与"琳达为女性主义者同时为银行出纳"的概率有多大,如果你把前一选项"琳达为银行出纳"径自理解为"琳达为银行出纳但不是女性主义者",显然是过度解读了。

三、你的前提为真或能被他人接受吗

当我们意识到需要参考更多相关信息才能作出正确决策时,就像期望效用理论所告诉我们的那样,我们强调要寻找更多的相关前提。但是,在不确定世界里作决策,不同于实验室或课堂习题上人为特设的语境,我们不能单看前提命题跟结论的相关性,还要看其中每一个前提是否都为真,或至少都是能被他人接受的。严格说来,前提的真假并不是"推理是否合乎逻辑"所要考察的问题。但是,假若你忽视前提本身的可信度而径直接受推理的结论,就不合逻辑了。因为,逻辑学上的"有效性"所要求的只是:**倘若**前提是真的或能被他人接受,你由此推理而得出的逻辑结论,也有权得到认同。当我们在乎推理结论本身的正确性或可接受度时,我们的推理不应该只是有效的,而且还应该是可靠的(即前提真实且形式有效),这一点对于日常决策很重要！

（一）你的前提是来自个人经验,还是其他信息源？

通常而言,能用于支持结论的前提命题越多越好。但是,被归为前提的东西在可信度上并不完全一样。否则的话,一个人完全可以"脑补"出他想要的"前提"信息,从"张三有一次未给老年人让座而李四让座了"自信地推断"李四

---

① 这涉及条件概率与逆概率的知识,本书第三章将有专门讨论。
② 关于"琳达问题"的更多讨论,参看第三章。

比张三更有可能帮助一位突发心脏病的乘客";另一个人也完全可以"脑补"出他想要的"前提"信息,却作出结论完全相反的推断。

一种信息的真实性有多大,往往跟这种信息的源头(information source,有时简称"信息源"或"信源")有关。你选择用作前提的信息,可能来自个人的知觉记忆或感受偏好,可能来自其他个体的证词或你所在群体的习俗约定,还可能来自某些更为正式因而也可公开检验的渠道,如科研成果或法律规定。倒不是说个人的知觉记忆一定不可信或无法提供证据理由。很多时候,各种信息源是互补的,但如若出现相抵触的情况,一定要优先考虑那些更为正式且可公开检验的信息源。换言之,私人感觉经验仅在未被其他证据驳斥的意义上才可用作可信证据。这里,一个重要的提醒是:那些易得的信息源,不一定是最重要的或值得信赖的信息源。人们在决策时倾向于把个人偏好作为首选的"前提信息",但也不要忘记:个人偏好具有可塑性或不稳定性。因此,如有可能,应尽可能通过其他信息源来补充或"交叉参考"(cross reference)。

(二)你视之为当然的东西,在当前情境下可能不适用

虽然前提的真实性对日常决策很重要,但我们往往不会费力核实每一个命题。通常,即便是负责任的决策者,也只会挑选一部分进行核实,对于其他一些则会视作不成问题的"当然之理"。然而,正如第一节中对于"时间点"的强调,在过去一直视之为当然的道理,并非总是能适用于当前的决策情境。譬如,选择题中各选项之间往往是相互排斥的,但是在"琳达难题"中,"收银员"和"身为女性主义者的收银员"却是属种关系的概念。① 在一份房产报告中提及的挂牌价,通常被认为应该是充分衡量和论证之后所标出的价格,但你很可能是被悄悄安置了一个任意的锚定点。②

————————————

① 前后两概念为属种关系,也可理解为:前者为上位概念,后者为下位概念,前者真包含后者。
② 参看 Hastie & Dawes, *Rational Choice in an Uncertain World*, 78 以及 G. B. Northcraft & M. A. Neale, "Experts, Amateurs, and Real Estate: An Anchoring-and-adjustment Perspective on Property Pricing Decisions," *Organizational Behavior and Human Decision Processes*, 39, no. 1(1987): 84 - 97。

当你被告知一种手术的死亡率是 10% 而另一种手术的存活率是 90% 时，你可能想当然地以为"死亡是最坏的结果，存活是最好的结果，而在这二者中间还有其他情形"，并因此认定后一种手术效果更好或风险更小。这时，你需要的只是一个提醒：根据医学上的惯例，只要是手术后没有很快死亡的，不论是术后次月死亡，还是术后长期卧床昏迷或生活不能自理，均归在"术后存活者"行列。①

（三）你自己用作前提的"背景知识"，他人也同样拥有吗？

有些时候，我们很难确定某一信念究竟是否属实，但如若用作推理前提，它至少得是能被其他人同样接受的。生活中有很多跟我们自身阅历有关的"背景知识"，我们倾向于认为其他人也都同样拥有。但实际上，你用作前提的"背景知识"，很可能只是你自认为真的命题，他人并不认同。②

譬如，当你在购买某种电器电池时，电池 A"续航 22 小时，售价 1.80 美元"，电池 B"续航 28 小时，售价 2.10 美元"，你会选哪一个？加上电池 C"续航 14 小时，售价 1.50 美元"呢？或再加上电池 D"续航 32 小时，售价 2.70 美元"呢？③ 你的"背景知识"中或许有"电池当然应该选购单位性价比更高的"，不过，这在他人"背景知识"中却不一定有，或许他认为"电池得买续航 24 小时以上的"。

再如，特朗普曾经说过要让美国再次伟大的话，一个人的"背景知识"中或许包含有"特朗普的话是可信的"，以此作为前提，他可能推断"美国再次伟大了"；而另一人的"背景知识"中或许包含有"美国并没有再次伟大"，于是，以此作为前提，他可能推断"特朗普的话并不可信"。这就是所谓的"一个人的肯定前件式推理是另一个人的否定后件式推理"（One person's modus ponens is

---

① Plous, *The Psychology of Judgment and Decision Making*, 73.
② 与之对应的是心理学上的"虚假共识效应"（the false consensus effect）。注意，这与"知识诅咒"是有差别的。前者所要求检查的并非谁的话才真正属实（即称得上知识），而主要是看各方在某方面是否拥有相同的信念。
③ J. Huber & C. Puto, "Market Boundaries and Product Choice：Illustrating Attraction and Substitution Effects," *Journal of Consumer Research* 10, no. 1 (1983)：31–44.

another person's modus tollens)。① 两个人之所以有不同的推断,并不是因为哪一个人的推理合乎逻辑而另一个人的不合乎逻辑,根源是在于两人分别用作前提的命题并非"共识":双方都认同条件句"如果特朗普的话属实,美国再次伟大了",但第一个人相信该条件句的前件为真(并因此相信后件为真),而另一个人则相信该条件句的后件为假(并因此相信前件为假)。

　　心理学上关于归因的实验研究中,也有类似的情况:当批评别人无法做成某事时,我们的"背景知识"中经常包含有"他做事不够努力"的信念,而当为自己无法做成某事予以辩解时,我们的"背景知识"中经常包含有"我当时已经尽力了,只是遭遇到不可抗力"。但是,这些所谓的"背景知识"并非他人同样拥有的,别人完全有可能说"我当时跟你一样面临着不可抗力",也可能说"我跟你一样尽力而为了"。②

　　用作推理前提的"背景知识"中有些是关于"现状"的,当我们是通过评估相对于现状的变化值来帮助自己决策时,由于每个人所处的"现状"不同,在一个人看来合理的决策在另一个人那里就不合理了。正如卡尼曼和特沃斯基所言,"我们的知觉装置适合用于评估变化或差异,但不适合评估绝对量。当我们对亮度、声响、温度之类的属性作出反应时,过去和当前的经验语境界定了一个适应性水平(adaptation level)或曰参照点(reference point),对于刺激物的感知是相对于这个参照点而进行的。……比如,指定温度下的一个物体可以被触觉体验为热的或冷的,这取决于一个人可以适应的温度有多高。同样的原理也适用于健康、声誉和财富之类的非感官属性。譬如,同样的财富水平对一个人意味着绝对贫困,而对另一个人可能意味着非常富裕——这取决于他们当前的资产有多少"③。

---

①　据说这句话最早出自 Wesley C. Salmon, *Causality and Explanation* (Oxford: Oxford University Press, 1997), 63。

②　参看 Plous, *The Psychology of Judgment and Decision Making*, 181 - 2。

③　D. Kahneman & A. Tversky, "Prospect Theory: An Analysis of Decision Under Risk," *Econometrica* 47, no. 2 (1979): 277。

四、你考虑到所有语境信息了吗

除了在"所予"的明确信息中寻找相关的信息以及从个体经验和人类知识共同体中寻找相关但未明示的信息,在涉及对话交际的决策中,或当我们试着评估他人决策的合理性时,还需要从说话人所在的语境寻求相关的缺省信息。任何决策都是有上下文(context)的,语境信息对于我们正确把握问题之所在以及设法获取解决问题的方法,很有帮助。不同的语境,相当于为我们的推理和决策预先铺设了额外的"前提"信息,换言之,日常决策具有语境敏感性或"语境效应"(context effect)。心理学家们已经注意到,很多在实验室环境或陌生情境下被发现有认知错误的"被试",他们在熟悉的话题或日常情境下却表现出较好的认知和判断能力,其中的奥妙之一就在于:在较为熟悉的日常情境下,我们可以轻松自如地调用诸多明确的语境信息帮助我们决策,而在陌生的实验室环境下,我们往往难以把握语境信息或把握不全,此时若把当前语境直接当作过去熟知的某个语境来看待,就会导致决策错误。①

(一)话外音作为语用信息

有些时候,尽管你自己对所列前提确信不疑而且他人也能接受这些前提,但对方可能认为你忽视了某些暗藏的语境信息并由此导致决策失误。这方面,最常被提及的是一句话的"话外音"或"言外之意",即,一句话除了字面意思,还有因为语句结构所产生的"语义预设"(semantic presupposition);此外,在特定语境下还会有各种各样的"语用预设"(pragmatic presupposition)。

"语义预设"经常出现在牵涉一般疑问句或条件句的对话中。譬如,别人问,"张三这次又不及格了吗?"你不必急着用"是"或"否"来回答这个问句,因为其中的"又"字预设一层意思,即张三之前考试有一次或多次不及格。但是,其实这种预设可能是错误的,也就是说,对于这个问题,你还可以有第三种回

---

① 参看 Plous, *The Psychology of Judgment and Decision Making*, 168。

答,即"你不应这样问,张三之前考试没有不及格"。类似的还有:"即使他这次考试能考90分,他也无法被录取。"这话在很多语境下暗示"他不大可能考到90分",但其字面上仅仅是在否定一种条件关系,即"如果这次考90分就一定会被录取"。

相比语义预设,语用预设更为普遍,也更为棘手。文学课教师经常提醒我们要善于从上下文揣摩一句话背后暗藏的深意,譬如,鲁迅《秋夜》的一句话:"在我的后园,可以看见墙外有两株树,一株是枣树,还有一株也是枣树。"单从字面义看,这句话显得冗余累赘,但其语用上表达的信息要远比字面义丰富。

所谓语用信息,就是一句话在特定语境下所传达的超出字面意以及语句结构之外的信息。不仅在文学作品中,在日常对话中经常也涉及语用信息。根据日常交际的合作原则,受话人应尽可能同情地理解说话人的语句。譬如,你问一位朋友"张三现在哪里?"他告诉你:"或者在图书馆,或者在酒吧。"该如何理解你这位朋友的话呢? 在通常的语境下,首先,你会认为他讲的是实话,他没有骗你;然后,你还会认为他本人并不确定张三究竟是在图书馆还是在酒吧。但是,这两条信息都不是他的那句话"或者在图书馆或者在酒吧"的字面意思,它们是典型的语用信息。事实上,这类语用信息在其他语境下是可以被撤销或收回的。譬如,在你刚想要去这两个地方寻找张三时,你那位朋友可能告诉你:"我是开玩笑的,张三回家了。"或者,你后来得知那位朋友其实知道张三当时是在图书馆,当你责问朋友时他可能给你解释:我是知道张三当时在图书馆,但我说张三或者在图书馆或者在酒吧,也没撒谎啊。

出现在心理实验中的一个相关例子是,当调查被试每天观看电视的时间时,如果是问"你每天看电视时间是不到2.5小时,2.5到3小时之间,3到3.5小时之间,3.5到4小时之间,还是4小时以上?"①,有些被试可能就听出题目选项的"话外音":大部分人看电视的时间都在每天2.5至4小时之间,否则出题者

---

① Plous, *The Psychology of Judgment and Decision Making*, 67 以及 N. Schwarz, H. Hippler, B. Deutsch and S. Strack, "Response Scales: Effects of Category Range on Reported Behavior and Comparative Judgments," *Public Opinion Quarterly* 49, no. 3 (1985): 388 – 95.

就不会这样设置选项。

由于日常对话中经常涉及语用信息而很多语用信息又具有可撤销性，为了避免因为误解而"匆忙"误判他人，一个不错的建议是借助批判性问题（critical questions），主动向说话人核实细节，然后再评判对方。① 否则，你只能用假言判断：如果你的意思包含如此这般的语用信息，我赞同（或反对）；如果你已经预设什么什么，我的回答将是如何如何；等等。

（二）用作描述语境信息的框架，也可能传达额外信息

鉴于话外音可能是我们用以决策的相关信息，有人可能会提出要把所有的话外音都详细陈述出来，以免引起不必要的争议。但是，这恐怕也难以根除不确定性。因为，要明述语境中的语用信息，本身又需要用到语言，而（如第一节所示）语言的表述形式本身具有框架效应。语言在表达相关信息的同时也都在加工信息。这方面一个非常经典的心理实验是：向很多被试同时展示一段交通事故视频，然后问他们当时车辆行驶速度大约多少，但仅仅由于在面向不同被试提问时采用了强度不同的措辞（如"粉碎"（smash）、"碰撞"（collide）、"轻微撞车"（bump）、"碰擦"（hit）、"接触"（contact）），他们估测出来的车辆速度就相差其远。② 这个案例中，被试的答案之所以差异极大，或许有一部分原因是主试的问题形式误导了那些相信主试只会提供恰当问题的被试，但是，主试要描述画面中的场景信息似乎又不得不从这些措辞中挑选一个，从日常交际的角度看，我们无法要求他在选词时先把"粉碎""碰撞""轻微撞车""碰擦""接触"与不同范围的车速建立合理的匹配。

心理实验表明，即便是我们认为意思一样的、逻辑上等价的两句话，也经常带有不同的心理暗示。譬如，"没有理想的人不伤心""伤心的人是有理想的"。

---

① 比较遗憾的是，许多实验设计都不给被试提供"请求澄清题意"的机会。之所以如此，或许是主试为了操作方便，但也有可能是主试想当然地以为题意非常清晰，每一位被试都能毫不费力地给出完全相同的解释。

② 参看 E. F. Loftus & J. C. Palmer，"Reconstruction of Automobile Destruction：An Example of the Interaction Between Language and Memory，" *Journal of Verbal Learning and Verbal Behavior* 13, no. 5（1974）：585－9。

前一句话可视作后一句话的逆否命题,逻辑上等价,意思也一样。① 但是,由于两句话的主语不同,通常认为它们所谈论的对象也不是一个群体。这就好比"弗雷德喜欢这辆车"(Fred likes the car)的描述语与"这辆车被弗雷德喜欢"(The car is liked by Fred)的描述语会对被试传达出不同的额外信息一样。②

即便是简单枚举两个对象,由于我们不论如何表述,总归一个在前一个在后,或者一个在上一个在下,一个在先一个在后,在受众那里经常造成某种心理暗示,譬如,前面的或许比后面的更重要或常见。虽然在字面意思上"A 和 B""B 和 A"是等价的,但当 A 和 B 分别代表决定购买一件商品的理由与决定不买一件商品的理由时,这种排序上的差别就不是无关紧要的了。③

(三)对话各方所解读出的语境信息可能有差异

我们看到,语境信息似乎无法毫无遗漏地提前呈现出来。正因为这样,当对话各方想要利用语境信息作为推理前提时,譬如在看图说话或结合视频材料讨论问题时,有必要先对语境信息进行适当解读,并考虑其他参与者是否也有类似的解读。通常情况下,大家对语境信息的解读可以未经协调而自然达成一致,不过,也经常有无法预见的分歧。很多心理实验中主试与被试之间以及被试与被试之间对问题语境的解读差异,就是这方面很有启发性的例子。

在依据人物行为特征描述来判断其社会角色(如他更可能是学心理学的还是艺术史的)的题目上,心理学家经常发现,被试会忽略基础比率,即全社会成员中修读心理学的人更多还是修读艺术史的人更多。④ 有些被试可能辩解称,

---

① 注意:这里,前者作为后者所暗含的意思,不同于那种可撤销的语用信息。为区别二者,哲学家格莱斯(P. Grice)把前一种不可撤销的含义称作"逻辑蕴涵"(logical implication),把后一种可撤销的含义称作"会话含义"(conversational implicature)。

② Plous, *The Psychology of Judgment and Decision Making*, 188; J. B. Pryor & N. Kriss, "The Cognitive Dynamics of Salience in the Attribution Process," *Journal of Personality and Social Psychology* 35, no. 1 (1977): 49 - 55.

③ Plous, *The Psychology of Judgment and Decision Making*, 44.

④ Hastie & Dawes, *Rational Choice in an Uncertain World*, 101 - 2; Tversky & Kahneman, "Judgment Under Uncertainty: Heuristics and Biases," 1124 - 30.

根据他对问题语境的理解,这个题目应该包含了一个缺省设置,即"其他条件都一样"。也就是说,即便被试知道两种社会角色的基准比率差异,似乎也有理由暂时不予考虑。倘若依照这样的思路,第一节中提到的那个很矮很瘦却喜欢吟诗的人更可能是古典文学教授还是卡车司机的题目,其答案也便存在争议了。

当主试在实验设计中有意添加一些干扰选项,而被试恰巧又遇到自己不太熟悉的题目,这时,被试对语境信息的解读更容易偏离主试预期的语境设置。譬如,以下谁是古希腊哲学家? A.孔子,B.泰戈尔,C.托马斯·阿奎那,D.阿伯拉尔。此时,选项有三个以上但又不至于非常多,倘若有一位不太熟悉哲学史的被试,他听说过前面两三个选项但也不太确定或有疑问,现在看到题目中提供了新方案,他往往会直接选择这最后一项,不论他是否真的了解"阿伯拉尔"(或者选项本身所表达的任何意思)。对了这种情况,有心理学家认为被试是在表达"伪意见"(pseudo-opinions),即不懂装懂,对自己不理解的东西发表看法。[1]不过,其根源之一或许是,被试对语境信息的解读有别于主试。有些被试特别信任主试,持积极的"合作态度",认为题目不会随意添加一个完全无关的选项,进而以为主试所提供的"最后一项"代表着某种新的更有可能属实的说法。[2]

之所以出现这种分歧,从根本上是因为:主试虽然是实验设计者,被认为一直在操控着实验,但被试其实跟主试一样积极主动,他们会调用个人经验和所学知识,甚至会猜测实验的目的或主试的用意,还有一些时候会把实验测试视作一种知识竞赛:"猜对答案"优先于"真实表达自己的想法"。更重要的是,这种来自被试的"积极解读",从言语交际的角度看,无可厚非。近期,国家卫生健康委员会、教育部、科学技术部和国家中医药管理局联合发布了《涉及人的生命科学和医学研究伦理审查办法》,第一次将参与研究的健康人和病人都称为"研究参与者",而不再称为"研究对象"或"受试者"。把"受试"改为"研究参与者",这凸显的正是"被试"的主体性。这种主体性当然意味着人类不同于纯被

---

[1] Plous, *The Psychology of Judgment and Decision Making*, 53–5.

[2] 读者或已意识到生活中很多脑筋急转弯的题目,有些作答者之所以犯难,很可能也是因为在语境解读上过于信任"出题者",认为出题者会按常规用法表达题意。

动的小白鼠,不过,它无疑为涉及人类活动的实验观察及其数据解读带来了某种复杂性。

五、试着重构和检查推理过程

人们倾向于把发生在自己身边的、当下所见所闻所记的事件视作最相关的信息,有时甚至当作这个世界上全部的事件。这有点像是"坐井观天",但重点在于:这是一种较为普遍且难以根除的心理倾向,不论你是否听说过"可得性启发式""锚定效应""框架效应"之类的心理学术语。之所以有此种倾向,一种解释是:人贪图快,希望拿当下可得易得的东西作为"前提"立即解决问题。不过,贪图快,并非总是明智的做法。又快又好,才是我们追求的目标。况且,有些时候并非"形势紧迫",我们仍有时间作进一步的思考。在认识到此类心理效应普遍存在的情况下,我们该如何改进认知?心理学家的策略,大多是提供一些"建议"(如提示我们不应忽视"基础比率""机会成本""时间信息"等等),这些建议往往能起到身边朋友用胳膊肘悄悄地推我们时所起的作用,它们不会代替我们思考,而是重在"友情"提醒我们在下决定之前不妨多考虑一下。

逻辑学家所提供的对策,可谓是"承接心理学家的提示,指导我们具体该如何慢下来细思慢想"。其中最根本的一条建议是:如有可能,试着重构我们自己或其他人的推理过程,尤其是明确列出推理由以出发的前提命题,检查这些前提是否以及在多大程度上能支持我们相信某一结论。即便某个决策当时来不及分析推理关系,事后花点时间重构推理,也会有助于提升未来类似决策的质量。

以某位大学生在决定自己要不要考研时所遇到的决策难题为例。他会如何推理呢?倘若他的"朋友圈"正在谈论这几年本科毕业生找工作变难了,他可能会以"继续读研可以不为找工作而烦恼"为前提,以"我要攻读研究生"为结论。但是,这个前提能推出他的结论吗?他的前提真实可信吗?有没有更重要的其他信息或道理(如"不论何时毕业,要想找到理想工作,都会是一种挑战")

被忽视了？当他这样反问自己时，他可能会设法替换为其他前提或寻找更多以及更为相关的信息。譬如，他或许会增加前提"我父母希望我读研"或"我从小梦想的那个职业要求有博士学位"。然后，可以重复之前的追问"这些前提放在一起能推出他的结论吗？""是否有某个前提不可信或可疑？"如此继续下去，虽然不一定能在期望的时间内帮他作出"最明智"的决策，但通过区分干扰信息与相关信息，检查前提与结论的支持关系，至少能让他避免明显过于草率的推理，从而帮助改善他当下以及将来类似场景下的决策行为。

我们不仅可以重构和检查自己所作的推理，当我们试着理解身边不同人群可能有的决策行为时，也可以列出其所作推理之前提和结论，然后检查其逻辑性。本章第一节提到了"求人"难"拒绝人"也难的实验研究，为什么很多人不愿意求人，为什么又有很多人觉得不便拒绝他人呢？他们这些人内心的推理过程是怎么样的呢？可以设想，某些带有"填问卷"任务的求助者，可能这样推理：

> 别人都有事情做，停下来为我做事，会占用他们的宝贵时间。
>
> 我自己曾经做过这样的问卷，至少得花费 10 分钟。
>
> 所以，陌生人不大可能为我停下来填写问卷。
>
> 所以，求人填问卷，这活儿不好干。

而某些面对"填问卷"请求的施助者，可能这样推理：

> 眼前这位年轻人很诚恳，我不忍心拒绝他的请求，毕竟我自己也曾被陌生人帮助过。
>
> 我自己是有一些事情要做，但也不至于一刻耽误不得，填写一份问卷顶多花费 5 分钟。
>
> 所以，如果调查内容不令我反感的话，我倒可以帮这位年轻人填一份问卷。
>
> 所以，我就停下脚步，问这位年轻人："你们这是哪方面的问卷啊？"

这些当然只是一部分求助者和施助者的推理，但当这样把他们的推理过程（尤其是前提和结论）明确展示出来之后，我们开始有机会评判这些推理：其中的前提，其他人都会认同吗？前提能在多大程度上支持结论，是必然性的，还是或然性的？有没有漏掉什么重要的相关信息？借助这样的"逻辑检查"，我们可以设想另有一些求助者和施助者可能基于其他的推理过程而作出不同的决策，而且其推理的"逻辑性"至少不亚于此前那些推理。譬如，某些带有"填问卷"任务的求助者，其推理过程也可能是这样的：

> 别人都有事情做，停下来为我做事，会占用他们的宝贵时间。
>
> 不过，我相信很多人跟我一样会觉得拒绝他人显得尴尬，一般不会无理由拒绝一位陌生人的求助。
>
> 所以，尽管会有个别人拒绝我，但只要坚持多求助几个人，总是可以找到愿意停下来为我填写问卷的陌生人。
>
> 所以，求人填问卷，这活儿也没有那么难。

如此结合推理过程的重构和评估来设想更为明智的决策（即"下一步如何做会更好"），是人类推理之"自控性"的集中体现，也是逻辑思维训练的重要机会。当然，推理类型不同，我们在考察前提之于结论的支持力时所要关注的重点也会有所不同。本书接下去的第二、第三、第四章，将区分演绎、溯因、类比、归纳等类型，对如何设法增强推理的"逻辑性"作更为细致的分析。不过，究竟哪些地方值得我们以如此方式细思慢想，究竟哪些关键节点的推理训练最有利于提升日常实际决策水平，我们要参考当代认知心理学上的实验研究证据。每一章的逻辑分析和拓展讨论，都将继续结合心理学家的建议和提示。

练习与讨论

1. 回忆下你曾作过的某个决定，在其他人看来是不理性的，或者你后来觉得不够理性。试着解释你当时为何那样决定，你觉得当时会有什么样的充分理由。或者,你至今仍觉得那种决定是可辩护的,尽管其他人视之为不理性。明确列出可能被他人忽视的前提,或当时成立而后来不成立的前提条件。

2. 假设你在公开辩论中有机会选择最先发言还是最后发言,你会作何选择? 此类选择会产生何种"心理效应"? 是近因效应(即评委或观众作评判时倾向于更看重最后出现的情况),还是初始效应(即评委或观众作评判时倾向于更看重一开始出现的情况)? 然后试着从逻辑推理的视角重构你作出选择时所依赖的前提,看这些前提是否可信。

3. 购物时,"买 3 送 1"与"降价 25%",凭直觉你会选哪一种优惠? 如果提醒你先试着作些推理,你又会选哪一种? 你用以推理的前提命题都有哪些,其中有哪个是明显不可信或存有争议的吗?

4. 从逻辑的角度看,倘若我们把前提信息尽可能穷尽地列出来,关于能否推出某一特定结论,主试和被试之间以及不同被试之间应该没有分歧。但实际上,主试和被试用作前提的信息经常有所不同。参看本书第三章第一节"琳达问题"相关实验,试想主试和被试用作推理前提的信息可能有何不同,或者对于问题语境的解读可能存在什么差异?

卡尼曼和特沃斯基曾考虑到被试把选项"银行出纳"解读为"非女性主义的银行出纳"之省略说法的可能性,他们也曾考虑到被试更关心哪一个故事版本更能自圆其说(而非哪一种情形在现实生活中发生概率更大)。① 除此之外,你觉得还会有哪些解读上的分歧? 这些分歧会影响卡尼曼和特沃斯基的实验结论吗?②

---

① 参看 A. Tversky & D. Kahneman, "Judgments of and by representativeness," in *Judgment Under Uncertainty: Heuristics and Biases*, eds. D. Kahneman, P. Slovic & A. Tversky (Cambridge, England: Cambridge University Press, 1982)。

② 后来对琳达问题的再反思,可参看 K. Fiedler, "The Dependence of the Conjunction Fallacy on Subtle Linguistic Factors," *Psychological Research* 50, no. 2 (1988): 123 - 9; W. S. Messer & R. A. Griggs, "Another Look at Linda," *Bulletin of the Psychonomic Society* 31, no. 3 (1993): 193 - 6; Berit Brogaard, "Linda the Bank Teller Case Revisited: Our Useful Reliance on Contextual and Non-literal information", accessed 19 April, 2024, https://www.psychologytoday.com/us/blog/the-superhuman-mind/201611/linda-the-bank-teller-case-revisited。

5. 诺贝尔经济学奖得主谢林(Thomas C. Schelling)在一篇发人深省的论文中提出决策建议：政府在为拥有未成年子女的家庭"抵税"时，不仅应考虑未成年人的数量，还应考虑富裕家庭与贫困家庭之间在未成年子女上的花费总量不同。① 你是否赞同谢林的观点？如果赞同，请试着重构其推理过程。如果不赞同，你认为他可能忽略了什么前提信息，或是添加了什么可疑前提？

6. 假设 100 个人中有 1 人是坏人。某捐款测试可以检验人是好是坏，这个测试的正确率是 99%，即如果某人是坏人，这个测试在 99% 的情况下判定他不会捐款；如果某人是好人，这个测试在 1% 的情况下判定他不会捐款。小李的捐款测试结果表明他不会捐款。他是坏人的概率是多少？你推理时用到"100 个人中有 1 个坏人"这一前提信息了吗？（提示：本书第三章有这方面的概率推算公式）

7. 本章第一节中提到，"如果一个人在判断肉的肥瘦时受到肥肉或瘦肉表述框架的影响，则说明其考虑了不应当考虑的语言表达信息。"试着分辨：他把哪些不当信息当作了前提？

8. 请你在学习完本章内容后，为《推理与决策》这本教材提出 3 条改进建议。列出建议后，请你评价本教材是否让你满意。现在，有另一种指示：请你在学习完本章内容后，为本教材提出 30 条改进建议。列出建议后，请你评价本教材是否让你满意。根据本节学到的知识，你认为上述两种征求建议的方式可能对教材评价产生什么影响？不妨思考两种情况下学生所作推理（尤其是实际所用前提）的区别。

---

① 详情参看 Thomas C. Schelling, "Economics Reasoning and the Ethics of Policy," *The Public Interest* 63, （Spring 1981）：37 - 61；Plous, *The Psychology of Judgment and Decision Making*, 73 - 4。

第二章
涉及证实证伪的决策

人在决策过程中经常需要判定某种看法是否正确,这涉及证实和证伪的工作。心理研究发现,相比于证伪一种观点,人显然更倾向于证实自己或他人的说法。本章第一节将通过一些经典案例展示人的此种证实倾向及其后果和原因;接续心理学家所提供的减弱证实偏差的建议,第二节转从逻辑学上探讨证实与证伪所用到的推理(尤其是演绎推理)方式,并试图概括整理相关心理实验的"教训",以促进读者对其中的推理决策问题有更为系统和整体的把握。

第一节　认知实验及心理分析

观点需要经过验证,方能成立。而验证有两种方式:证实与证伪。证实即证明观点为真;证伪即证明观点有误。日常生活和科学研究中,同时采用证实和证伪,能够帮助我们准确掌握事物的本质。然而,人的思维总是习惯于走捷径,倾向于证实而非证伪,出现"证实偏差",这将导致错误决策。

一、倾向于证实,忽视证伪

人类的本能是证实而非证伪。当我们坚持某种观点时,在收集和分析信息的过程中,我们往往倾向于寻找能够支持该观点的信息和证据,习惯性忽略与自己想法相悖的信息,甚至还会花更多时间、精力贬低与自己想法相左的观点。心理学家把这种现象称为证实偏差(confirmation bias)。换言之,我们虽然信奉"眼见为实",然而实际情况则是,我们常常"见我所想"。

沃森(Peter Wason)通过"2—4—6 任务"检验证实偏差。实验者呈现数列"2—4—6",要求被试列举其他数列来探索该数列的规则。被试每次列举数列后,都会被告知所列数列是否符合规则,直到报告出自己认为正确的规则为止。实验中,高达 79%的被试未能发现正确规律(即按升序排列),原因在于他们只列举支持自己假设的数列。[①] 由此可见,人们在检验假设过程中常常使用正例法(positive testing),忽视使用反例法(negative testing)来寻找否定自己假设的证据。以认为排列规则是"递增 2"的被试为例,他们只会验证诸如"6—8—10"或"12—14—16"这类数列,听到实验者说它们符合规则时就信心满满,认为自己发现了"规则",不再继续检验自己的假设是否正确。

此外,沃森还设计了四卡选择任务探究证实偏差,该任务成为研究逻辑推理问题最经典的案例之一。[②] 该任务中,主试展现四张一面是字母、一面是数字的卡牌,但被试只能看到卡牌的一面,上面分别印有"E""F""4""7"。为检验法则"如果某张牌的一面是元音字母,那么它背面一定是偶数"是否正确,被试需要至少翻开哪些牌?揭晓答案之前,请先给出你的答案,再继续往下看。实验发现,46%的被试选择了 E 和 4;33%的被试选择了 E;仅 10%的被试作出正确选择:E 和 7。你选对了吗?

大多数人选择 E 和 4 这两张卡片,就是因为习惯于从证实的角度思考问题,而不愿意从证伪的角度思考。让我们揭晓错误选择背后的逻辑漏洞:首先,选择 E 没有问题,因为 E 是元音,如果它的背面是奇数则可以证明论断为假。但是,选择 4 毫无意义,因为没有规则规定卡片一面为偶数,背面应该是什么。

---

① P. C. Wason, "On the Failure to Eliminate Hypotheses in a Conceptual Task," *The Quarterly Journal of Experimental Psychology* 12 (1960): 129 – 40.

② P. C. Wason, "Reasoning," in *New Horizons in Psychology* (Harmondsworth, UK: Penguin, 1966), 135 – 51.

理性地说,你需要翻看卡片 E 和 7。因为如果卡片 7 背后是元音,则可证明该法则为假;若为辅音,则法则为真。因此,该实验表明,人们倾向于证实已有观点,很少尝试证伪。

(一)自我实现预言:我坚信的事情就是真

证实偏差导致人过分相信自己的判断,一旦形成某种信念和期望,它就会对结果产生影响,特别是当我们确信自己的预期会实现的时候。心理学上,这叫自我实现预言(self-fulfilling prophecy)。即使预言为假,但只要人们相信它或将其说出口,预言就会"成真"。

一方面,人的信念和期望会影响自身行为表现。麻省理工学院的丹·艾瑞里(Dan Ariely)教授团队做了这样一个实验,他们邀请学生免费品尝两种啤酒,一种是百威,另一种是"麻省理工学院特酿"。"麻省理工学院特酿"并非什么高档美酒,其实是研究者往每盎司百威中加入了两滴杏醋。可以想象,加了醋的啤酒散发着奇怪的味道。然而,在不知道"特酿"的真相时,大多数学生竟表示自己更喜欢"特酿"的味道。一旦被告知"特酿"不过是加入醋的百威,学生的表现便回归常态,啤酒一入口他们就皱起眉头,马上要求换成普通百威。① 由此可见,影响啤酒好不好喝的因素可能并非其质量和口味,很有可能是人们相不相信它好喝。

在科学研究或临床实验中,一个有趣的现象是安慰剂效应。20 世纪 50 年代,治疗胸痛的普遍方法是做胸廓动脉结扎手术。手术效果很好,流行了 20 多年。直到 1955 年的一天,西雅图的心脏病医生伦纳德·科布(Leonard Cobb)和几个同事对此产生怀疑。他们进行实验求证这种疗法究竟是否有效:对一些病人按照传统方式实施手术,全身麻醉,切开胸腔,动脉结扎,缝合;对另一些病人则实施安慰性手术,全身麻醉,然后象征性地在病人胸部划上两刀,省略了最重要的一步——动脉结扎,随即缝合。结果令人惊异无比,做过动脉结扎的和没有真正做的两组病人都报告疼痛减轻,并且效果都持续了三个月,心电图也

---

① 艾瑞里:《怪诞行为学:可预测的非理性》,第 159—160 页。

显示两组病人的状况毫无区别。换言之，传统的胸廓动脉结扎术看似起到短期减轻疼痛的作用——但安慰手术亦如此。即使患者未得到任何实际治疗，最后情况依然有所改善。这正是因为患者相信治疗有效，未采用证伪策略思考治疗无效的可能性。

值得一提的是，价格也能塑造人的信念和预期，进而影响其判断与后续行为。消费者总相信便宜无好货，觉得 100 元的布洛芬一定比 20 元的更有效，1000 元的牛仔裤一定比 100 元的更舒服，哪怕实际上两者毫无区别。在一项研究中，丹·艾瑞里教授团队制造了一种名为维拉多尼-Rx 的止痛药，由身着白大褂的专业人士以每片 2.5 美元的高昂价格推销给被试。之后，电击被试以测试药物的止痛效果。结果发现，几乎所有人在服用 2.5 美元的维拉多尼-Rx 后都觉得痛苦有所减轻。而在研究者改变售价，将药物以 10 美分的低价推销给被试后，在相同的电击测试中，觉得痛苦减轻的人数只有前者的一半左右，被试纷纷认为廉价药效果堪忧。那么，维拉多尼-Rx 止痛药究竟是"何方神圣"？实际上，它不过是维生素 C 胶囊。[1] 无独有偶，另一项研究中，两组帕金森患者分别得知自己将试用一种或便宜或昂贵的新药。结果发现，与使用便宜药的患者相比，使用昂贵药的患者临床症状和脑部活动得到了更大改善。然而实际上，这两种新药皆为安慰剂，除了价格没有其他任何区别，理应不会出现任何疗效差别。

药物被认为是越贵越好，日常消费品亦如此。丹·艾瑞里教授团队还做了一个实验：他们在大学健身馆入口出售一款名为 SoBe 的功能饮料，宣称其可以提高大脑活力。其中，一半学生花全价买入，另一半学生则以半价买入。喝下饮料后，学生完成 15 道单词组合题。研究者事先让没有喝 SoBe 功能饮料的学生做过摸底测验，发现这些学生在 15 道题中平均答对 9 题。那么喝了 SoBe 的学生表现如何？花全价购买饮料的学生平均答对 9 题——与没喝过 SoBe 的学生一样。更令人诧异的是，花半价购买饮料的学生平均只答对了 6.5 题！[2]这些学生早已认定以半价出售的功能饮料肯定效果甚微，甚至有诸多副作用。

---

[1] 艾瑞里：《怪诞行为学：可预测的非理性》，第 183—186 页。
[2] 艾瑞里：《怪诞行为学：可预测的非理性》，第 187—188 页。

另一方面,人的信念和期望还会影响他人的行为。最著名的例子当属罗森塔尔效应。研究者访问旧金山的一所公立小学,告诉教师他们将采用"哈佛技能获得变化实验"准确预测哪些学生将会成为"天才"。当然,其实这种方法子虚乌有,研究者只是随机选定一些学生并指认他们是"天才"。研究显示,在学年末学生参加智力测试时,被视为"天才"的孩子比他们的同学表现出更明显的智力增长。很显然,这些"天才"的智力无异于其他学生,但是教师相信这些学生是"天才",未采用证伪策略思考测试方法是否有可能为假,这导致教师有意无意在教学过程中对"天才"投以高度期待与较高关注,这种期望进而影响学生对自己的信念,最终左右学生的学业表现。

(二)后见之明:我早就知道

事件发生后,由于倾向于证实,人们又纷纷变身"马后炮""事后诸葛亮",认为自己早就知道事情会这样,出现后见之明偏差(hindsight bias)。想想最近新闻报道中让你感到惊讶的某事件,或你生活中发生的事。你能够找出早该料到它会发生的理由吗?你的回答多半是肯定。即便是一件完全出乎意料的事情,人也能够简单迅速地找到某些理由解释它。例如,一些专家在投票日当天还自信满满地宣称唐纳德·特朗普永不可能当选美国总统,但在选举结果公布后他们立马找到许多理由,合理解释为什么他会当选,甚至认为他一定能当选。

为检验后见之明偏差,研究者要求被试在尼克松 1972 年访问中国和苏联前,评估此次外交破冰之行中的 15 种结果的可能性。毛泽东会同意与尼克松会面吗?美国会在外交上承认中国吗?眈眈相向几十年后,美国还会和苏联就重大问题达成共识吗?尼克松访问结束后,被试回想当初的预测。结果发现,如果事件真发生,人们就会宣称"我早就知道它一定会发生"。相反,如果事件没发生,人们就会认定"我就知道这种事情不可能发生"。①

在另一个实验中,研究者向被试播放一部英国军队与廓尔喀军队发生战争

---

① Baruch Fischhoff and Ruth Beyth, "I Knew it would Happen. Remembered Probabilities of Once-Future Things," *Organizational Behavior and Human Performance* 13, no. 1 (February 1975): 1-16.

的历史短片。第一组被试未被告知战争的实际结果，评定四种结果发生的可能性：英国军队胜利（实际结果）、廓尔喀军队胜利、战争陷入僵局且未达成和解、战争陷入僵局但最终达成和解。第二至五组被试分别被告知某一战争结果，当然，有些结果正确，有些结果错误，随后被试想象如果自己不知道"实际结果"，会如何评定四种结果发生的可能性。研究者发现，相较于第一组完全不知道结果的被试，得知结果的被试倾向于认为自己能准确预测结果，表露出"我早就知道"的迹象。①

卡尼曼在《思考，快与慢》中指出，后见之明偏见对决策者的评估具有恶劣影响，将导致观察者不能根据判断过程的合理性评估一个判断的好坏，而以结果的好坏作为判断标准。② 通俗说就是"以成败论英雄"，看到一个人成功，就立刻认为他的所有行为都有道理。试想，你是某公司销售经理，领导一个销售团队。月底，你拿起月度销售报表一看，吓了一跳：一个看起来自由散漫的员工，这个月的业绩居然高居榜首；而另一个脚踏实地、业绩稳定的销售员，这个月的业绩却不尽如人意。该把这个月的优秀员工奖颁发给谁呢？一旦持有"以成败论英雄"的观念，你很有可能会把荣誉颁给业绩最好的员工，并邀请他向全体员工分享成功经验。可是，成功者的经验一定可靠吗？实际情况很有可能是，这个业绩突飞猛进的员工采用了一种风险极高的策略，他成功的概率只有20%。而业绩不佳的另一个员工选择稳妥策略，有80%的概率获得成功。这么一来，如果号召所有人向前者学习，就等于鼓励大家把未来业绩押注于小概率事件，这无疑会让整个公司陷入险境。其实仔细想想，成功由努力和运气共同决定。应该克服结果偏差，分清楚哪些成功靠努力得来，哪些仅凭运气。不能有"不管黑猫白猫，抓住老鼠就是好猫"的心态，因为有时候瞎猫也会碰上死耗子。然而，瞎猫一辈子能碰到几回死耗子呢？

---

① Baruch Fischhoff, "Hindsight is Not Equal to Foresight: The Effect of Outcome Knowledge on Judgment Under Uncertainty," *Journal of Experimental Psychology: Human Perception and Performance* 1, no. 3 (August 1975): 288–99.

② 卡尼曼：《思考，快与慢》，第 183 页。

（三）生活中无处不在的证实偏差

《列子·说符》记载了"疑邻窃斧"的故事：一个人丢了把斧头，怀疑是邻居的孩子偷走的。于是他看邻居孩子的言行举止都像极了偷斧头的样子。后来他去挖地，无意中找到了斧头。这时再看邻居的孩子，他发现邻居孩子一点也不像窃贼。为什么同一个孩子相同的行为，在找到斧头前后看起来完全不同？这正是因为丢斧头的人对这个孩子的预设发生改变，他对同一行为的理解也随之改变。"疑邻窃斧"的故事让我们一窥证实偏差的踪影。

当然，证实偏差不仅仅存在于故事中，日常生活中，它如影随形。例如，若你对星座、算命、占卜等情有独钟，觉得其分析准确，那你很有可能已经深陷证实偏差。我们经常能看到"A 型血的人有条理，B 型血的人爱自由"这种认为性格和血型有关的分析。事实上，性格与血型有关这种说法在科学上毫无根据。然而就算明知此理，仍有人会觉得 A 型血的人确实都挺有条理，这是为什么？导致这种思维的原因之一就是证实偏差。人更关注与自己的推测、理念一致的信息，忽略其他信息。因此，相信 A 型血有条理的人选择性地关注 A 型血的人表现出的有条理行为，人为"屏蔽"他们散漫无章的行为，这进一步巩固了 A 型血者有条理的信念。"星座控"亦如此。即使看到星座分析中某些描述与自身不符，他们会有意忽略这些内容，睁大眼睛寻找相符内容。总而言之，若想证实一个观点，人们总能找出各种理由。

为探究"血型控""星座控"的心理，心理学家福勒（Bertram R. Forer）请来一些大学生，为其做性格测试，并给每个人提供测试结果。实际上，每名大学生得到的结果都一模一样，是福勒从占星术之类的书籍中胡乱摘抄拼凑出来的，谁都可以从这份结果中找到与自己相符的描述。之后，福勒让学生对结果的准确度进行评价，在 0~5 分这六个级别中选择，平均分数竟然达到 4.3 分，仅有五人给出低于 4 分的评价。[①] 这就是典型的"巴纳姆效应"，即人们常常认为笼统的人格描述准确"击中"自己的特点。巴纳姆效应的幕后推手是人倾向于在描

---

① Bertram R. Forer, "The Fallacy of Personal Validation：A Classroom Demonstration of Gullibility," *Journal of Abnormal and Social Psychology* 44, no. 1（February 1949）：118－23.

述内容中寻找与自身性格、经历相似的部分。同理,人之所以相信算命先生的描述,也是因为算命先生的描述总是笼统含糊,由于倾向于证实,人会将描述中含糊不清的部分用自身确认无疑的信息补全,然后将这种解释套在自己身上,产生算命先生言之有理的错觉。事实上,在这些模棱两可的表述之下,不同的人会根据自身预期读出不同的信息,因而都会认为描述符合自己的性格。换言之,你总能找到证据证实这些分析是准确的。

二、"倾向于证实"的后果

倾向于证实而非证伪会导致人作出糟糕判断与错误决策。一方面,人对自己总是缺少自知之明,过度自信,过分相信自己的判断能力;另一方面,发现先前的决策有误后,人总是将错就错,不会及时止损,表现出承诺升级现象。

(一) 过度自信: 随时随地展现"迷之自信"

请先回答以下 10 个问题。

1. 以下哪一项是秋分节气的物候特征?

A. 雨水增多

B. 雷声渐少

我回答正确的概率是(50%~100%): _____%。

2. 哪种动物无法眨眼睛?

A. 蛇

B. 长颈鹿

我回答正确的概率是 (50%~100%) : _____%。

3. 古代四大美女中"落雁"指谁?

A. 西施

B. 王昭君

我回答正确的概率是（50%~100%）：_____%。

4. 太阳真正的颜色是什么？

A. 蓝绿色

B. 金黄色

我回答正确的概率是（50%~100%）：_____%。

5. 自然界中什么颜色的花最多？

A. 红花

B. 白花

我回答正确的概率是（50%~100%）：_____%。

6. 蚊子吸血是为了什么？

A. 填饱肚子

B. 繁衍后代

我回答正确的概率是（50%~100%）：_____%。

7. 人体最薄的皮肤在哪儿？

A. 眼睑

B. 嘴唇

我回答正确的概率是（50%~100%）：_____%。

8. 世界环境日是每年的哪一天？

A. 6 月 4 日

B. 6 月 5 日

我回答正确的概率是（50%~100%）：_____%。

9. 人体最灵活的肌肉在哪里?

A. 手指

B. 舌头

我回答正确的概率是(50%~100%)：_____%。

10. 一杯热水和一杯冷水同时放进冰箱,哪个先结冰?

A. 热水

B. 冷水

我回答正确的概率是(50%~100%)：_____%。

现在,请校对答案：BABAB,BABBA。

请先计算你答对的题的数量。

现在,将你的 10 个概率得分求和,并四舍五入,算出信心指数。假设你的 10 个概率得分之和是 720%,那么你的信心指数是 7。假设你的 10 个概率得分之和是 760%,那么你的信心指数是 8。

你的信心指数是否大于答对题数? 如果是,那么不要怀疑,你出现了过度自信! 不过不必太担心,你不是特例。由于人倾向于寻找证实自己立场的证据,因此对自己的判断往往表现出过度自信,高估自己的能力,忽略失败的可能性。

过度自信有三种表现形式。第一种是过度精准,人太过确信自己的判断准确,因此常常给出过于狭窄的置信区间。研究发现,面对常识题目如"亚洲大象的妊娠期为多少天",几乎所有人给出的置信区间都会偏小。明明可以通过扩大答案范围(比如 100 到 700 天)达到更高准确性,但人过度自信,错误地认为类似 300 到 500 天的区间就足以包括正确答案。而当面对自己擅长的领域时,比如,IT 行业专业人士回答关于 IT 行业的问题,仍然过度自信,甚至会给出更小的估计范围。

第二种是过高估计,个体对自己在积极特质方面的表现的估计往往高于真实水平。例如,人常常会自我抬举,高估自身实际能力、表现和天赋。同时,人也会出现乐观偏差,认为自己遇到积极事件的概率高于实际概率,而遇到消极事件的概率低于实际概率。2018 年,"平成 30 年 7 月暴雨"对以西日本为中心的降雨区域造成极大灾害。事件发生后,日本兵库县立大学的阪本真由美教授对日本冈山县仓敷市真备町的受灾居民进行调查。结果发现,在参与调查的100 位居民中,只有 58 人主动采取避难行动,剩余 42 人则并未自行避难,最终被第三方救助撤离。在被问及放弃避难的原因时,占比最多的三个回答为:"因为以前没经历过这么严重的灾害"(约 32%),"以为待在二层就没事了"(约32%),"觉得外面比家里更危险"(约 32%)。此外,所谓"理想很丰满,现实却骨感",人在估计未来任务的完成时间时也会过度乐观,低估任务完成时间,出现"计划谬误"。① 比如,每天清晨我们总是在计划簿中洋洋洒洒地罗列一整张今日必做之事,但事实上,一天下来发现自己才完成了不到 1/3;计划在截止日期当天赶出一篇论文,结果只写了个开头;想着 20 分钟可以到达会场,结果用了 50 分钟,严重迟到;规划用一个星期复习完课程内容,结果时间根本不够;计划花 15 万元装修新家,最终花了接近 30 万元……计划谬误在个人、政府、企业中的例子数不胜数:波士顿中心隧道工程于 1991 年动工,计划投资 28 亿美元,五年完工。但实际情况是,完工日期一再推迟,直到 2007 年年底方才竣工,前前后后花了整整 16 年时间,花销更是高达 150 多亿美元。这个旷日持久的工程也被戏称为波士顿的"永恒之掘"。

第三种是过高定位,即优于常人效应,我们常常错误认为自己在积极方面的表现优于他人。比如,调查发现,70% 的中学生认为自己的领导力名列前茅,94% 的教授认为自己的能力高于教授的平均水平,90% 的司机都认为自己的驾驶水平优于司机的平均水平。显然,这不合逻辑。

过度自信本质上是错误估计,这种"缺乏自知之明"的错误认知会让我们作

---

① Daniel Kahneman and Amos Tversky, "Intuitive Prediction: Biases and Corrective Procedures," In *Forecasting: TIMS Studies in Management Science*, ed. S. Makridakis and S. C. Wheelwright (Amsterdan: North Holland Publishing, 1979), 12: 313 - 27.

出不明智的决策,带来诸多不良后果。在个人层面,它可能会导致我们求偶、求学和求职失败,还会让我们进行更具风险的赌博和投资。群体层面的过度自信会带来更大危害,给人类带来不可估量的损失。例如,2015 年 10 月 1 日,美国一艘载有 33 人的"El Faro"号集装箱船舶遭遇飓风"华金"后沉没。据调查,船长的过度自信成为事故的重要原因之一。他本可以改变航向以避免和飓风相遇,但航行数据记录仪显示,船长曾表示,"阿拉斯加几乎每天都能遇到这样的天气。"正是因为他过度自信,多次忽视驾驶员发出的改变航向请求,最终酿成悲剧。2023 年 6 月 18 日,美国深海潜水器"泰坦"号在考察"泰坦尼克"号残骸途中发生灾难性内爆,五名乘员全部丧生。在此之前,尽管该潜水器因设计、质量、安全等问题饱受质疑,然而决策者始终过度自信,仅凭几次成功经历便盲目相信潜水器构造不会出现任何问题,最终付出惨痛代价。

生活中,诸如办年卡、退全款等营销手段都利用了人的过度自信。当你心血来潮走进健身房,看到年卡大促销,稍加盘算发现非常划算,你是否已经心动,甚至想立即办理? 事实上,上当一回你便会发现,人总是过于乐观地估计未来使用这些服务的频率,其实一年中根本锻炼不了几次。商家极力让消费者办年卡,就是因为知道很多消费者过度自信,认为自己能在有效期内使用完自己的权益。就像决心运动而办了健身房年卡的你,最后发现年卡沦为一张浴室年度使用券。退全款亦如此。"加入会员只需要 500 元! 如果可以坚持每天 5 分钟与外教在线对话,练习口语,一年后 500 元会费全额退还!"商家看似赔钱的买卖背后,暗藏玄机。他们敢于如此扬言,就是因为笃定多数消费者过度自信,认为每天坚持 5 分钟不过是小事一桩,于是立下"从今天起每天打卡"的誓言,实则最多坚持两星期,便将此事抛诸脑后,就此作罢。

(二)承诺升级:坚持可能错上加错

承诺升级(escalation of commitment)指有时人发现自己先前决策失误,但是由于对已经付出的沉没成本无法释怀,不愿承认决策出现失误,为了证明决策正确,将错就错,对错误的决策追加投入。以炒股为例,当发现大量资金在股票市场被套牢后,很多人都不及时退出,反而继续跟进,结果越亏越多。

管理者尤其要警惕承诺升级心理。如果管理者一开始所作决策错误,他很可能因为自尊心等原因不愿承认错误,仅证实不证伪,继而升级承诺,导致更大的决策错误。例如,1986年1月28日,美国国家航空航天局发射的"挑战者"号航天飞机在起飞后不久爆炸,7名宇航员全部遇难。调查发现,导致灾难的原因是航天飞机发动机密封圈存在缺陷。荒诞的是,发射前,美国国家航空航天局的工程师和技术人员曾经发现了密封圈的缺陷,但是美国国家航空航天局高层领导、政府官员和工程师都没有认真考虑这一问题,而是选择继续发射。正是由于他们对该航天计划产生强烈的承诺升级心理,相信自己的决策正确,不想承认错误,忽略潜在的风险和问题,最终导致了悲剧的发生。

同样,承诺升级也会导致国家在注定无法取胜的战争中越陷越深。1965年7月,美国副国务卿乔治·鲍尔提及越南战争时曾预言:"一旦我们遭受重创,便会开启一个几乎不可逆的进程。我们将越陷越深,一心只想完成既定目标。除非国家蒙羞,否则难以自拔。"这个可怕的预言最终成真。1964年至1968年,美国派驻越南的部队规模从23000人急剧扩张至536000人。美国政府在越南战争中投入大量人力、物力和财力,这些投入形成沉没成本。美国政府错误地相信继续投入更多资源就能够打赢战争,证明之前的投入有效,可以为美国带来更多荣誉和利益。

商业上亦然,创业者与管理者常常相信坚持就是胜利,从而在错误的道路上越走越远,不承想等待自己的却是万丈深渊。商业领域里的经典迷思是,绝大部分的并购都不成功,但是首席执行官仍然乐此不疲地并购,并坚信自己可以成功。例如,1983年通用汽车公司为了与日本汽车公司竞争,设立了土星汽车(Saturn)项目部,意在打造"别具一格的公司",生产"别具一格的汽车"。然而,直到2004年,项目部的花销已经超过150亿美元,却从未盈利。对此,通用汽车公司管理层决定再追加30亿美元,将项目部转型为"普通"事业部。然而,变革未有成效。直到2008年,在政府的要求下,通用汽车公司才决定将土星汽车挂牌出售。当然,那时已无任何企业愿意接手,该部门最终在2010年被迫关闭。

三、"倾向于证实"的原因

引起证实偏差的因素主要涉及三方面：自我肯定策略、认知失调理论、错误规避。三者都从动机的角度解析证实偏差，但侧重点各不相同。

（一）自我肯定策略：肯定自己正确

人具有自我肯定（self-affirmation）的动机，评价自身能力、价值和态度时，总会对自己持积极看法。可以想象，当人面对与自己信念不符的信息时，会质疑和不安，自我认知和自身价值饱受威胁。如何消除威胁感？常见的做法是自动屏蔽与自己信念不符的信息，眼不见为净。同时，只接受支持自己信念的信息，以此增强自我认同感和自尊，保持自我肯定。

以学生评价自己的学业成绩为例。假设某学生认为自己优秀，并且在之前的考试中取得高分。但在后来一次考试中，他的成绩下滑。为保持自我肯定感，他可能会忽略或拒绝接受成绩下降的事实，认为这次考试难度较大或者评分标准有误。这种偏见可能导致他无法客观评估自己的学术能力和学习方法，长此以往有损自我认知，阻碍学习成绩提升。

（二）认知失调理论：避免不一致倾向

证实偏差也与人的认知失调（cognitive dissonance）有关。费斯汀格（Festinger）提出，人天生倾向于避免认知不一致。[1] 当获得的新信息与最初决策相悖时，人就会紧张不适。为了最大程度减少这种不适，人们常常忽略与自己观点相矛盾的信息并寻求能证实自己原有信念的证据，从而产生证实偏差。

费斯汀格让被试做 1 小时枯燥无味的绕线工作。结束后，一组被试随即评价该任务有多有趣。另外两组被试则被要求在离开时撒谎，告诉在外面等候参加实验的"被试"（实为实验助手）绕线工作其乐无穷。撒谎有报酬：一组被试可以得到 1 美元，另一组得到 20 美元。然后实验者再请这些被试评价绕线工

---

① Leon Festinger, *A Theory of Cognitive Dissonance* (Stanford, CA：Stanford University Press, 1957).

作多有趣。猜一猜哪组被试对无聊的绕线任务给出最高评价？

结果发现，与立即评价任务趣味性的被试相比，撒谎并得到 20 美元报酬的被试对绕线工作评价极低，觉得任务枯燥无聊。研究者给了他们最多钱，却没能"收买"他们。令人意外的是，撒谎并得到 1 美元报酬的被试对绕线工作的评价反而更高，觉得任务有趣，愿意继续参加类似的任务。区区 1 美元就足以"收买"被试。① 费斯汀格对此的解释是：当得到 1 美元的被试对别人说绕线工作有趣时，心口不一。他头脑中两股互相冲突的力量在打架："我不喜欢绕线工作""我对别人说这活儿有趣"。为了消除自相矛盾的失调感，在无法改变行为（不能不说谎）的前提下，他只能改变态度，认为绕线工作有意思。而得到 20 美元的被试并未经历心口不一，因为当他说出任务有趣时，早已给自己的撒谎行为找到理由——"我撒谎就是为了赚钱"。你也许会问，得到 1 美元的被试为什么不能给自己撒的谎找到相同理由。很显然，1 美元少得可怜，被试很难用为了赚 1 美元而撒谎为自己开脱。

生活中不乏认知失调的事例。当吸烟几十年的老烟民得知"吸烟有害健康的重磅新证据"时，便会体验到认知失调。为了减少不适感，抽烟者有可能刻意避免接触显示"吸烟有害健康"的信息，告诉自己吸烟可以提神、帮助思考、缓解压力，吸烟者虽不会长寿，但不一定会短命。这种自欺欺人的想法有助于减缓认知失调，让人舒适。

再比如，想象你买了一款降噪耳机，到手后却挺失望，因为和同事同价位的另一品牌降噪耳机相比，你买的降噪耳机的低音差太多。只不过和同事的耳机相比，你的降噪耳机在降噪方面更胜一筹。此时，你便处于认知失调中。为了缓解失望感，之后的日子里，你越来越觉得，耳机的降噪功能最重要，低音好不好无关紧要。自己买这样一款耳机十分值得。

还有一个关于认知失调的小故事。一位犹太裁缝在一片反犹太氛围浓重的街区开了一家裁缝店。每天都有一群年轻人聚集在他的店前，高声呼喊："犹

---

① Leon Festinger and James M. Carlsmith, "Cognitive Consequences of Forced Compliance," *Journal of Abnormal and Social Psychology* 58, no. 2 (March 1959): 203 – 10.

太人！犹太人！"以迫使他离开。失眠几晚后,裁缝心生一计。当这群人再次来到店前时,他宣布,任何称他为"犹太人"的人都将获得一毛钱的奖励。得到激励后,第二天这群人更加兴奋地聚集在店前,高声呼喊:"犹太人！犹太人！"裁缝微笑着给每个人发了五分硬币。年轻人心满意足地离开了,毕竟五分钱也是钱。后面几天,犹太裁缝只给他们每人一分钱,并解释自己付不起更多钱。显然,一分钱的激励作用大打折扣,一些年轻人开始抗议。裁缝重申自己没钱了,要么拿一分钱要么就离开。最终,这群年轻人决定离开,临走前还不忘冲裁缝大喊:"只出一分钱就想让我们叫你犹太人,真是疯了！"[1]刚开始这帮年轻人为了赚钱喊"犹太人",但当无钱可赚时,这些年轻人处于认知失调状态,于是改变自身的行为以减少认知失调。

（三）规避错误：规避因错误而导致的损失

人之所以出现证实偏差还有可能是为了规避因错误而导致的损失。采用证实策略可以节约成本并减小错误的代价,有利于个体生存。例如,有的用人单位只雇佣高学历的员工,认为只有高学历的员工能力强,能胜任工作。显然这种假设检验不充分,会让雇主错失学历低但工作能力强的候选人。但是这种策略具有适应性,采用该策略至少平均而言更少让雇主作出错误决策,且有利于节约招聘成本。

四、如何减弱证实偏差

那么,如何破除证实偏差带来的种种决策错误？无论在研究中还是在生活中,我们都需要多从证伪的角度思考问题。

（一）研究中进行科学实验

著名科学哲学家和社会科学家波普(Karl Popper)是证伪主义(falsificationism)的创始人。他强调科学与非科学的区别在于是否具备可证伪性(falsifiability),

---

① 普劳斯:《决策与判断》,第20页。

科学理论应该能够被证伪。科学研究中,研究者通常会根据先前的理论或假设设计实验,并通过收集实验数据检验假设是否为真。如果实验结果与先前的假设不符,那么这就可能表明原先的假设有误,需要重新考虑和修正。而落实到研究的每一步时,需要设置对照组、采用双盲实验设计、让多名研究者独立编码、进行统计分析,这些手段都帮助科学家进行严谨归纳和演绎,从而得出合理结论。

例如,在医学与药物研究等领域,研究者通常进行随机对照实验来测试药物疗效。这种实验设计可以通过对比对照组和实验组,排除其他因素的干扰,得出药物是否有效的结论。如果实验证据表明药物在治疗某种疾病时没有显著效果,那么原先的疗效假设就被证伪,需要修正。更加严密的实验设计需采用双盲实验。双盲实验中,实验者和参与者都不知道哪些参与者属于对照组、哪些属于实验组。只有收集、分析完所有数据,实验者才能知道被试属于哪一组别。这种方法能大大减少实验者和参与者的先验态度和个人偏好对实验结果的影响,并减弱安慰剂效应。

统计分析亦是如此,处处体现证伪思维。假设检验(hypothesis testing)是数理统计学中根据一定假设出样本推断总体的一种方法。首先,研究者根据问题对所研究的总体提出某种假设,记作 H0;其次,选取合适的统计量;最后,研究者通过实测样本计算出统计量的值,并根据预先给定的显著性水平进行检验,作出拒绝或接受假设 H0 的判断。其中"拒绝 H0"的基本逻辑便是证伪。

总之,科学理论应该具有可证伪性,即能够通过实验证据证伪。当现有理论与实验证据不符时,研究者应采取批判性态度,修正原有假设。正是这种证伪主义推动科学不断发展进步。

(二)生活中培养证伪思维

江山易改本性难移。证实偏差对人的影响根深蒂固,想要破除证实偏差的影响,需从思维和行动上培养证伪意识和证伪能力。

首先,学会自我审视。发现问题后才能解决问题,只有当我们认识证实偏差,才会意识到自己看待事物时会表现出片面性和武断性,才能对症下药。现在,不妨审视自己是否有"选择性失明"的倾向,为证明自己的观点,故意对某些信息视而不见。自己的信息来源是否足够权威和全面?决策时是否已对各方面信息进行综合评判?

其次,多听不同的声音。研究表明,迫使人思考其他观点可以减少证实偏差。事物总有正反两面,人总爱听好话,但也应谨记忠言逆耳利于行。毕竟,无论多少论据能支持某观点,该观点都未必正确,而只要有一条论据能证伪,那么该观点就站不住脚。为建立证伪意识,决策时我们可以试着扮演另一种声音,迫使自己站在对立面思考问题。同时,我们也需要积极倾听他人的意见,接纳不同的声音。

最后,主动接受新知。在当前信息爆炸的年代,智能算法不费吹灰之力就能精确无误地找到人的兴趣点,为每个人量身定制完美契合其兴趣点的"精神美食"。然而,这并非好事,甚至会让证实偏差越来越严重。"信息茧房效应"指出,人会习惯性地根据自己的兴趣选择信息,久而久之,获得的信息愈发雷同。人们将自己的生活禁锢于"茧房"中。信息茧房就像一道知识的墙,把人困在圈中,让人看不见墙外的广阔世界,长此以往成为与世隔绝的孤立者。相反,我们应积极主动开拓未知区域、学习新知。对事物作出判断之前,应从多方面、多渠道了解信息,尽可能立体全面地还原事物的本来面貌,而不被"茧房"中的信息和观点牵着鼻子走。

第二节 逻辑分析与相关问题讨论

现在转到逻辑学视角。演绎(deduction)是最基本也最常用的推理类型,它最能体现逻辑的力量。很多人谈到逻辑推理时,往往特指演绎推理。常见的演绎推理形式有第一格三段论 AAA 式(Barbara)、第一格三段论 EAE 式(Celarent)、肯定前件式(Modus Ponens,又称"分离律")、否定后件式(Modus Tollens)、选言三段论(Disjunctive Syllogism)、假言三段论(Hypothetical Syllogism)、双重否定律(Law of Double Negation)等等。它们看似简单,但结合起来使用,能实现各种复杂的长程推理。在日常决策时,人们经常不自觉地使用这些演绎形式完成证实或证伪任务。正因为是"不自觉",日常决策时的一些失误也跟对这些基本演绎形式的理解不到位或使用不恰当有关。

一、证实时的演绎推理

如上一章所论,尽管我们决策时要借助某些信息,但我们对信息的接受是有所选择的。当我们决定要不要听信一种观点或要不要按照某种说法做事时,经常考虑对于这种观点的证实或证伪。从哲学上看,所谓证实(verify,源于true),往往被理解为"证明一种观点是真的",而所谓证伪(falsify)则可以简单理解为"证明一种观点是假的"。当然,关于"证实",还有一种偏弱的用法是"据理说明一种观点如何可能为真",对应于英文中的"confirmation",它也是第一节中我们对于"证实"一词的主要用法,即认知心理学上所谓"证实偏差"中的"证实"。① 之所以有如此差别,从根本上可能跟大家对"证明"一词的不同解读有关。哲学和很多专门的科学研究领域尤其是逻辑学上,"证明"往往意味着"排除所有其他可能性";而作为日常生活用语,"证明"则不像学理上那么高要求,似乎只需表明"明显存在某种可能性"或"某种可能性很大"(如所谓的"例证法")即可。这里,姑且先采用第一种用法。

(一)如何证明一种观点是真的?

有些证实与证伪,似乎是不需要推理的。譬如,类似"这是红色的","那场比赛的结果是 2∶1","张三还没有毕业"之类的单称命题,往往只需要借助一

① 虽然认知心理学上习惯于把"confirmation bias"译为"证实偏差",但在科学哲学领域,confirmation 经常译为"确证",以区别于 verification。另外,新近也有认知心理学普及读物把 confirmation bias 翻译为"确认性偏差",如[法]奥利维耶·西博尼:《偏差》,贾拥民译,北京:中国财政经济出版社,2022 年。

次亲自观察或现场查验便足以确定这种说法是真的还是假的。也正因为这样，此类语句在哲学上有时被称作观察句(observation sentences)。①

不过，我们听闻的大多数说法是无法单凭经验观察就能确定真假的。即便是单称命题，如果是涉及过去或远方(如"武则天是周文王的后人")，无法获取直接证据，这时就只能从一些间接证据出发做些推理工作。还有一类单称命题是涉及某一事件的原因调查(参看第三章)，就更复杂了，必须借助严密的推理才能作出判断。更何况，很多说法并非单称命题的形式，它们不是简单呈现某一特定场合下特定的事态或事件，而是包含着对一般或普遍情况的陈述。

从逻辑上看，除了断言某事某物是不是什么的单称肯定和单称否定命题之外，还有全称/特称直言命题、选言命题、假言命题等等。如果要证实后面这些形式的说法，我们所要付出的努力往往大大超出一开始的心理预期。

(二) 对抽象说法的证实要更为复杂

人类的很多知识并非限于某时某地，而是试图反映某种普遍存在的规律或规则。我们希望获取这样"抽象"的概括性知识，也经常试着拿身边的经验去证实它们。但是，比较棘手的是，这种概括性说法并非对应于现实世界上的某一具体事件或事态，它们往往涉及非特定的对象，无法拿某一特定对象进行简单比照。

心理实验表明，人们对于概括性说法经常表现出看似前后不一致的态度，或者，在自己的实际行动与所相信的概括性说法之间出现言行不一致。譬如，尽管很少有人在单称命题的态度上存在自相矛盾态度(如认同"张三是大学生"却反对"张三上过大学")，但经常有人认可形如"每一 A 都理应 B"和"C 属于 A"的说法，同时却反对形如"若某物为 C，则它理应 B"。② 再如，一个人公开声称"我们应该帮助受困的人"，而在他自己遇到受困的人时却借口有急事，允许

---

① 不过，有些特殊场合下，即便是观察句也很难分辨真伪，如视错觉案例中"这两条线并非平行线"，魔术表演时"这个箱子里凭空变出一个大活人"。

② Plous, *The Psychology of Judgment and Decision Making*, 58－9; J. W. Prothro & C. M. Grigg, "Fundamental Principles of Democracy: Bases of Agreement and Disagreement," *Journal of Politics* 22, no. 2 (1960): 276－94.

自己不去帮助。① 由此,不能说他的做法就是不对的,但从逻辑上看,至少可以表明他并非理解"我们应该帮助受困的人"之类的抽象说法意味着什么。如果你认为"我们应该帮助受困的人"已被证实,即一定为真而不可能为假,那么你(即便是在你自己身上)找不到它的任何"反例"(即"允许某人在某种情况下不去帮助受困的人")。否则,很难说"我们应该帮助受困的人"这句话已得到证实(在本节开头所讲的第一种意义上)了。

抽象说法,当然也有抽象程度上的差异。有些涉及更多方面的"非特定性"(unspecified)。譬如,我们可以说"367 个人中至少有两个人是同一天生日",但不能说"367 个人中至少有两个人都出生在 7 月 4 日这天",②因为后者虽然也没有表明 367 个人都有谁,但相比前者它指定了同一天生日的具体日期。我们可以说"肯塔基州路易斯维尔市布朗酒店 307 房间先后入住两个名叫乔治·布莱森(George D. Bryson)的客人"机会极低,但"酒店(不论哪个地方的哪一家酒店)同一房间(不论房间号)先后入住同一姓名(不论姓名是什么)客人"的机会要高很多。③ 倒不是说其中所包含的"非特定性"越多,这种抽象说法就越容易或越难得到证实,但对于抽象程度不同的说法,我们为证实它所需付出的努力大都也不一样。从逻辑学上可以粗略提示的是,通常而言,带有"有""至少有一个(两个)"的抽象说法较容易证实,而带有"全部""所有""仅有……""至多……"的抽象说法较难证实。

（三）一个条件句何时才算得到了证实?

不论是科学上还是日常生活中,形如"如果……那么……"的假言命题或条件句是颇为常见的,很多重要的道理和规则都是借此表述出来的。从逻辑上看,其他很多表达普遍情况的说法(如全称命题、选言命题、必要条件关系命题、充分必要条件/等值关系命题)经常可以转换为"如果……那么……"形式的假言命题。以全称命题"所有 A 都是 B"为例,其经常可以被解读为充分条件假言

① Plous, *The Psychology of Judgment and Decision Making*, 60-1.
② Plous, *The Psychology of Judgment and Decision Making*, 150-1.
③ Plous, *The Psychology of Judgment and Decision Making*, 153.

命题"如果一个对象属于 A,那么它便是 B"。

第一节中提到的"四卡选择任务"被认为是对条件句推理能力的最好检验方式。"如果卡片的一面是元音字母,另一面就是偶数。"如何才能证实这个条件句呢? 这不是要你任找一张牌,其中一面为元音字母另一面为偶数;你所要证实的是一种规律性的东西,是卡片正反面信息之间的必然联系,这种联系普遍地适用于所有卡片,不论你看到的卡片显示了何种信息。

从逻辑上看,这句话所表达的是 A("卡片一面为元音字母")与 B("卡片一面为偶数")之间的充分条件关系,即,有 A **必**有 B。它没有说 A 就是真的或 B 就是真的,它只是说"如果 A 是真的,则 B **一定**也是真的",此即逻辑学家所谓的"保真性"(truth-preservation)。其中的一般联系,用量化记法可以表示为:$(\forall x)(A(x) \rightarrow B(x))$,即对任一卡片 x 来说,如果它标有元音字母,则另一面一定标有偶数。

当然,最直接的证实办法是全部翻开来观察,"穷尽性地"检查其中一面有元音字母的那些卡片,看另一面是否都为偶数。如果有发现另一面不是偶数的,即找到了该条件句的"反例",则意味着该条件句为假;而如果没有发现另一面不是偶数的,即不存在任何"反例",则意味着该条件句得到了全面证实。但这种办法不符合该实验本身的要求,即翻开最少的卡片。这时,有必要通过推理来完成"选择任务"。

在此推理过程中,经常涉及有关条件句推理的两种有效演绎(肯定前件式和否定后件式)与两种无效演绎。其中,肯定前件式授权我们:从"如果 A 那么 B"和"A",可以推断"必定 B"。(需要注意的是,从"如果 A 那么 B"和"B"无法推断"必定 A",该无效演绎有时被称作"肯定后件谬误"。)否定后件式授权我们:从"如果 A 那么 B"和"非 B",可以推断"必定非 A"。(需要注意的是,从"如果 A 那么 B"和"非 A"无法推断"必定非 B",该无效演绎有时被称作"否定前件谬误"。)

为了确保翻开的卡片最少,我们不能做无用功,即不能翻开一张卡片后不论背后是什么信息都不影响条件句的真假。假定上述条件句是真的(用作前提之一），如果我们去翻正面为元音字母的卡片（将其正面信息用作另一前提），根据肯定前件式，其背面**必定**得是偶数，否则便意味着条件句为假；如果我们去翻正面为奇数（即非偶数）的卡片（将其正面信息用作另一前提），根据否定后件式，其背面**必定**得是辅音字母（即非元音字母），否则也意味着条件句为假。但是，倘若我们去翻正面为偶数或辅音字母的卡片，从逻辑上无法推断其背面是否一定为元音字母或一定为奇数。因此，不论翻开后发现背面实际上是什么信息，均不影响条件句本身的真假。

否定后件式在这里的使用，值得特别强调。不少人面对条件句只知道运用肯定前件式，却想不到运用否定后件式。从第一节中提到的实验结果来看，也有很多人错误地认为没必要翻开正面为奇数的卡片。对此，推理心理学上的解释是：否定后件式相比肯定前件式没那么直接，从证明过程来看，需要由肯定前件式结合双重否定律才能看出否定后件式何以成立。[①] 对于熟悉数学上逆否命题的读者，还可以补充提醒一句："如果 A 那么 B"的逆否命题是"如果非 B 那么非 A"，因而根据肯定前件式，由"非 B"可以推断"必定非 A"。

另外，可以预先提及的是，心理学上的"代表性启发式"（第三章有详述），也经常涉及对条件句的理解。譬如，我们习惯于用"会飞"作为"鸟类"的代表性特征，一提到鸟类就想到鸟在飞，进而由"一个东西会飞"推断"这个东西属于鸟类"；但是，我们从经验或科学上获得的知识很可能只是"如果一个东西属于鸟类那么它就会飞"，以这个条件句作为前提，进而由"一个东西会飞"推断"这个东西属于鸟类"，那是典型的"肯定后件谬误"。

二、证伪时的演绎推理

证实与证伪，是具有内在联系的一组概念。当你试图证实某一说法时，你的

---

① 借助反证法，很容易由"肯定前件式"来证明"否定后件式"。假设 ¬A（即非 A）为假，即¬¬A。根据双重否定律，可得 A。再根据肯定前件式，已知"若 A 则 B"，可推出 B。这与已知条件"¬B"矛盾。所以假设不成立，即 ¬A 得证。

对手往往想要证伪它;当你认为已经证实某一说法时,往往意味着别人已无法证伪它。不过,也有时候,证伪是单独进行的,或者,我们当时只关心如何证伪一种说法。之所以如此,这其中有一个重要的原因是:证实与证伪在工作量上往往不对称,尤其是,对于那些普遍性的科学命题,证伪工作相比证实要容易一些。

（一）对概称说法的证伪

跟证实一种说法类似,相较于局限在某时某地的单称命题,对抽象命题的证伪更复杂一些。通常而言,对表达普遍性的全称命题(如"人人都可能犯错")而言,证伪要比证实更容易一些,因为,只要能找到一个"反例"即可,不论它是否还存在其他"反例";对表达存在性的特称命题(如"有人会飞")而言,证伪要比证实更难一些,因为,即便我们身边所有人都不会飞,也不能表明其他地方或其他时代就没有人会飞。

除了全称命题和特称命题,还有一种既不同于全称又不同于特称的抽象说法,可称之为"概称语句"(Generic sentence)。譬如,"A 国人对 B 国人有偏见"之类的说法,其中的"A 国人"和"B 国人"经常用作一种"概称"(in general),相当于某些逻辑教科书中的"集合概念"。因此,所谓"A 国人对 B 国人有偏见"并不同于"任意一位 A 国人对任意一位 B 国人都有偏见",倒是接近于说:A 国人这个群体(总体上)对 B 国人这个群体有偏见。既然这样,这种概称句并不能转换为条件句"如果你是一位 B 国人,那么每一位 A 国人都会对你有偏见",因而也就不能简单套用肯定前件式,不能由"B 国人张三到了 A 国"推断"张三必定会遭受他所遇到的每一位 A 国人的偏见",当我们发现结果张三并未遭受 A 国人的偏见后,据此也无法证伪"A 国人对 B 国人有偏见"。① 毕竟,当我们说"B 国人是勤劳勇敢的"时并不意味着你找不到任何一位懒惰或懦弱的 B 国人,当我们说"读书使人进步"时,并不总是意味着随便读哪一本书都能使人进步。

当下谈论社会话题时常引用的统计结论(如"南方人比北方人更扛冻"或

---

① 相关心理实验,参看 Plous, *The Psychology of Judgment and Decision Making*, 59–62。

"有钱人更容易挣到钱"),其实也都是概称说法,它们重在表达一种群体倾向,而不是声称绝对适用于该群体中的每一个对象。① 单凭个人观察,往往很难证伪它们,需要借助更为系统的调查统计工作。

(二)如何才算证伪一个条件句?

证伪一个条件句,就是要表明一个条件句是假的(而不可能为真)。那么,条件句"如果 A 那么 B"为假,意味着什么呢? 它不是指前件实际上为假,因为我们明知一个条件句的前件为假,依然可以接受这个条件句的说法,譬如,"如果我是你的话,我一定不这样做",此即虚拟条件句或反事实条件句(counterfactuals)。

说条件句"如果 A 那么 B"为假,也不意味着承认:"如果非 A 那么非 B"。须知,这两个条件句的意思既不相同也不矛盾。② 与"如果 A 那么 B"意思相同的是"如果非 B 那么非 A"。与之矛盾因而能够证伪"如果 A 那么 B"的情形是:A 出现的时候 B 却没出现,即有时所说的"即使 A 也不 B"。

不论 A 和 B 当前实际上是真是假,只要我们能表明存在"A 真而 B 假"的可能性(不论这种共存情况实际上有多少),我们就表明了条件句"如果 A 那么 B"所包含的那种规律性(即"有 A 必有 B")并不属实,即证伪了这个条件句。就此而言,一个"前件成立而后件不成立"的"反例"(或曰"反模型")足以证伪一个条件句。这比起证实一个条件句时要表明它**不存在任何反例**,工作量显然是不对等的。再次回到"四卡选择任务",当被试从一开始便尝试证伪而非证实"如果卡片的一面是元音字母,另一面就是偶数"时,工作量明显会少很多。因为,既然只有"一面为元音而另一面不为偶数"这样的"反例"才能证伪这个

---

① 当然,我们经常会由统计所得的概称命题出发来推断某一个例的情况,譬如,由"南方人扛冻"推断"张三这位南方人可能扛冻"。但是,需要注意,这种推理只能作为或然性的推理,在有些文献中被称作"统计应用"(statistical applications):可归为第四章所讲的广义归纳推理,而非演绎推理。

② 有些心理实验的描述(Plous, *The Psychology of Judgment and Decision Making*, 105),可能把二者混同了。譬如,收益框架的描述"如果你做乳房自我检查(BSE)你就会知道……",损失框架的描述"如果你不做乳房自我检查(BSE)你就不会知道……",二者不只是表述框架不同,意思也不同。

条件句,我们只需翻开正面为元音(前件成立)或奇数(后件不成立)的卡片(即第一张和第四张)就能找到"反例"(如果确实有的话)。①

从逻辑上看,当我们设法驳斥某一个人的**论证**(这不同于直接驳斥某人的观点)时,相当于是在设法证伪一个条件句,即,如果那些前提(理由)是真的,那么就要承认这个结论(观点)。我们所要做的"证伪"工作就在于寻找一种"反模型",即,在某个情境下,"那些前提"全都成立,"这个结论"却明显无法接受。这样的"反模型",一个便足以表明对方的论证无效(即"推不出")。这种方法类似于一种归谬法,即,姑且承认对方的论证形式(即某种形如"如果 A 那么 B"的说法),根据肯定前件式,在 A 成立时 B 理应同时成立,现在我们找到了某个情境,其中 A 的确成立而 B 却明显无法接受,这意味着至少在这个情境下无法由前提 A 推出结论 B。它有时也被称作"平行论证法"(parallel argument)。②

(三) 波普的"证伪逻辑"

科学哲学家波普洞察到了科学研究中证实工作的难度之大,他提出我们应该从"证伪"而非"证实"的角度来解释科学研究的方法论。在同时代的科学哲学家大多倡导"可证实性标准"(the verifiability criterion)时,波普则主张"证伪主义"(falsificationism)。对此,我们在第一节已有论述和举例,这里我们重点要补充的是:波普用以支持证伪主义学说的正是有关条件句推理的逻辑规则。

在科学研究中,每当提出某种新的理论假说(A)后,总会由此作出一系列预言(B_1,B_2,…,B_n),此即一系列的条件句断言:若 A 则 B_1,若 A 则 B_2,……,若 A 则 B_n。譬如:如果光具有波粒二象性,光将具有波的某某特性;如果光具有波粒二象性,光将具有粒子的某某特性。作为待检验的假设,一种理论假说 A 最终能否被学界接受,往往需要通过实验和观察来看由 A 所作出的一系列预言 B_1,B_2,…,B_n能否实现。当我们后来发现这些预言得以实现时,我们认为

---

① 当然,这里运用的演绎推理方式仍旧是肯定前件式和否定后件式。
② 参见[美] 瓦尔特·辛诺特-阿姆斯特朗:《理性思考的艺术》,孙唯瀚译,北京:民主与建设出版社,2021 年,第 256—258 页。

由此便获得了对于 A 的支持性证据。不过,波普提醒我们,根据条件句的推理规则,即便条件句"若 A 则 B_n"成立,我们也无法由 B_n 的实现(不论看到有多少次这样的成功预言)推断"**必定 A**"(即全面证实 A),那是"肯定后件谬误"。你可能认为 B_n 的实现使得 A 很可能为真,但能解释这种现象的理论假说往往不止 A 这一个,所以,很可能为真的或许是另外的某个具有同等解释力的假说。与之不同,当发现某一次预言(哪怕只有一次)B_n 未能实现(即预言失败)时,根据否定后件式,我们却可以推断"**必定非 A**"(即证伪 A)。[1] 也就是说,根据波普的观点,科学家的预言及其检验结果并不能做到所声称的"证实",倒是能做到"证伪"。一个科学假说之所以被接受,并不是因为它已被证实,毋宁说它至今尚未被证伪(而其他竞争性假说却已被证伪)。[2]

波普学说给我们的启示之一是:对于我们探求真理而言,"证伪"不必是一种消极的东西。根据波普的另外一些观点,历史上的很多野心勃勃的"宏大理论"之所以被宣告失败,并非因为找到了它的某个"反例",而是因为它本身并不具备可验证的条件因而不具有"可证伪性"。正如第一节中所讲,可证伪性是波普提出用以区分科学和非科学的一个重要标准:一种理论首先得具有"可证伪性"才能有资格被称作"科学",如果某一具有可证伪性的科学假说至今一直未被证伪,那么它就是值得我们优选的科学理论。

三、另一种"证实":举例说明它如何可能为真

本节开头提到的"证实"接近于字面意义,即表明一种说法为真而不可能为假。这是哲学上常用的"强证实"或"全面(conclusive)证实"之意。相比之下,日常语言中所说的"证实"往往较弱,只要表明有证据(且不论证据是否充分)支持某一说法因而该说法可能为真(且不论是否也可能为假,且不论是否同时

---

[1] 统计学上"假设检验法"之所以能"拒绝 H0",逻辑原理主要在于此。

[2] 显然,就此而言,"科学假说"并非普通人想象中的"完美知识",倒有点像是从"不完美的诸多可证伪的假说"中挑选出"足够好或比较好的一个"。

存在某方面的不利证据)即可,认知心理学上的"证实偏差"所讲的大都是这种"弱证实",或曰"局部(inconclusive)证实"①。当决策者所面对的是单称命题那样颇为具体的说法(如"诺贝尔文学奖获得者、法国著名哲学家萨特是双子座的")时,通常不会出现"强证实"与"弱证实"之分;一旦涉及不那么具体的概括性说法(如"双子座越喜欢一个人越不会主动")时,二者之间的差别便会显现出来。

（一）有些所谓"证实"不过是例示而已

人似乎具有"多种自我"。对于新出现的一种食物,一个人的反应可能是"它是我想要的吗?"也可能是"它是健康食品吗?"对于新发生的一件事,一个人的反应可能是"我当时就预测到它会发生",也可能是"我当时的预测虽然失败了,但我可以解释它为什么还是发生了"。同样地,对于刚看到的一条信息,一个人的反应可能是"这跟我的信念或经验**相一致**吗?"也可能是"这条信息能**确定为真**吗?"

譬如,你听到新闻报道"今日股市大跌",然后就说"这证实了我的一贯主张:不能炒股。"这里用到的"证实"一词显然不同于"证明一种说法为真而不可能为假",新闻报道的事实顶多只能表明:某种类型的人(如"想要每天都从股市赚到钱的人")不能炒股。这种所谓的"证实"更像是对已有信念的一种"例示"或"举例说明",也就是第一节中提到的心理学家所谓的"正例法"。别人问你为什么认为"不能炒股",你举出例子说:"你看,今日股市大跌了"。后者对前者似乎是提供了某种支持,但这种支持是很弱的,如果考虑到其他一些情况(如"炒股的益处体现在某一较长时期的总收益,不必在意某一日的股市表现"),它的支持力可能近乎为零。在有些炒股人士看来,股市有涨跌才有商机,所以,他们看到"今日股市大跌"的新闻报道后,可能认为这反倒证实了他"应该炒股"的信念。

以上用于"证实"已有信念的个例是实际发生的。除此之外,我们有时还会直接拿可设想的"具体例子"(相当于"讲一个生动的故事")来"证实"某种信

---

① 对于此种"弱证实",科学哲学家波普的用词是"corroboration",大致对应前文的"confirmation"。

念。譬如,我们会因为在文学作品或影视作品中看到某个故事场景而认为自己的某一信念(如"坏人都没有好下场")得到了"证实"。① 陪审团或观众从法庭上控辩律师那里听到的未经核实的关于"作案过程"的故事,也经常被认为是"证实"了自己关于谁才是凶手的信念。如果把这些情形也考虑在内,我们就不难发现,日常言语中很多所谓的"证实"顶多只是表明:一个人心理上可以回忆起某种场景或设想某种情景的画面,并以此"心理体验"作为例子说明某一种说法如何可能为真。到头来,他所提供的仅仅是一种可能性而已。

但是,可能性有时会很弱,从逻辑上看,任何无矛盾的故事都是可能的。因此,这种意义上的"证实"是很弱的,这也可以部分解释为何心理学上把人的证实倾向视作"证实偏差"(而非当作一种认知优势或美德)。以一种抽象的说法为例,如果说要证明它为假时仅需找到一种"反例"(即特定情境下的一种可能性)即可,那么在证明它为真时,简单提示它在特定情境下**可能为真**,就远远不够了。

（二）"证实偏差"与动机性推理

很多人习惯于在上述日常意义上使用"证实"一词。当看到一类事实或案例时,一个人倾向于认为它们证实了某种信念或观点,或者反过来,每当提及或听闻某种信念或观念时,一个人第一反应往往是举出一些正面例子予以证实,而不考虑那些可能的反面例子。当这种言辞倾向于不加限制地拓展至我们以求真为严肃目标的判断和决策任务时,就会出现前文所说的"证实偏差",有时也会形成所谓的"己方偏差"(myside bias)。譬如,两个人看到同一份关于死刑的调查研究报告,一个人可能认为这"证实"了自己的既有信念"死刑对谋杀具有威慑作用",而另一个人则可能认为这"证实"了他的既有信念"死刑对谋杀不具有威慑作用"。②

第一节中还曾提到沃森那个著名的数组实验。数组"2,4,6,…"呈现了什

---

① 当然,艺术作品中多是虚构的情节,但此种"证实"的重点不在于是否与现实情节吻合,而在于我们相信世界上完全可能发生此类事情。

② C. G. Lord, L. Ross & M. Lepper, "Biased Assimilation and Attitude Polarization: The Effects of Prior Theories on Subsequently Considered Evidence," *Journal of Personality and Social Psychology* 37, no. 11 (1979): 2098 - 109.

么样的规律或规则呢？一个人可能认为这是对"相隔为 2 的等差递增数列"的证实，而另一个人可能认为是对"递增数列"的证实。需要注意，当前所观察到的数列与两人心中的"规律"都不存在矛盾，也正是基于这一点，他们每一个人都认为当前数列证实了自己的信念。但是，这种"无矛盾"检查并不能提供我们确定的答案。从逻辑推理的角度看，两人的答案之所以出现分歧，是因为实验人员提供的前提信息不充分。从明显不充分的信息出发作推理，你可以推测这个结论，他可以推测那个结论，但每一个结论都只是"可能性"（弱证实），并不是"必定如此"（强证实）。

在有关人类推理的当代文献上，经常与"证实偏差"一起被研究的还有动机性推理（motivated reasoning）。为了认清动机性推理是什么及其问题，我们可以回忆一下：推理本来的功能是什么？很多问题都存在不确定性，我们希望借助推理从已知之地向未知之地逐步探究，最终帮助我们确定应该相信什么或做什么。但是，所谓"动机性推理"则是先入为主地持有一种信念或态度，从未想到它可能为假，然后寻找各种证据来支持它。这相当于先预定了结论然后去找前提，是本末倒置的做法。当然，我们在很多辩论或论证活动中，也经常先有一个观点然后试着提供理由为之辩护。不过，任何辩论或论证都会正视和回应那些反方证据，只有在完全排除或驳斥了那些反方证据之后才会认为自己的观点得到了合理辩护。与之不同，动机性推理则完全无视或回避任何反方证据，只选择那些支持其既定信念或态度的材料或数据作为证据。从政治心理学上看，西方国家保守派与自由派之间的许多分歧之所以难以协调，一个重要原因就是：它们各方大多只是在作"动机性推理"。

不难想见，心理学上的"后见之明""自我实现预言""对星座测试的盲信"以及"自我存续的社会信念"①都跟动机性推理的存在有关。倘若一个人自己可以选择性地呈现事实，他的任何信念都可以轻易地得到证实，他的已有态度（不论在旁人看来有多荒谬）也将得到自动强化。

---

① Plous, *The Psychology of Judgment and Decision Making*, 233 - 4.

（三）或许还有更好的解释呢!

从哲学上分析,证实偏差的存在,或许还跟人"作解释的冲动"有关。[1] 遇到一种说法,我们往往首先想象它所描述的是什么样的场景或事态,很多时候,我们想到这样的一个场景或事态后就止步不前了,认为由此已经可以解释它如何可能是真的。譬如,有人告诉你"权力滋生腐败",你就会试着回忆或想象现实生活中有什么拥有权力之人出现了腐败行为,并以此来解释"权力滋生腐败"这句话。但是,如此解释是非常初步的,它只是说明了在**有些人**那里**有些**权力如何**可能**滋生腐败,并没有解释权力如何**一定会**滋生腐败,即没有解释"权力滋生腐败"这种说法为何必定为真。换言之,尽管喜欢解释并不是人类的什么不良行为表现,但我们需要追求深入的、更好的解释。

由此,可以帮助我们审视陪审团成员在确定被告是否有罪时所采用的"故事建构法"(story construction)。[2] 譬如,面对证物、指纹、证词等一系列证据,经常会有陪审员说"让我来告诉你这一切是怎么回事",随后讲述一个故事,告诉你被告如何精心设计并实施作案,最后我们又如何能看到这样那样的证物、指纹和证词。这种故事建构法的确可以为其他人解释被告有可能基于什么样的动机在什么样的环境下做了某事并留下如此这般的"痕迹",但是,我们需要追问的是此种解释是唯一的或最好的解释吗? 一种足够好的解释,不仅应该为我们解释被告**有可能如此这般**卷入了某事,而且应该同时解释被告卷入此事**不大可能是因为其他情况**。

不同于对待新闻和科研报告的态度,我们在讲故事或听故事时,更多关注"故事内容的融贯性"而不是故事本身的真假。人们爱好讲故事,或者如生物学

---

① 如《黑天鹅》一书的作者所言,"我们的心灵是令人称奇的解释机器,几乎任何东西都能从中摆弄出意义来,能够对各式各样的现象进行解释"。Nassim Nicholas Taleb, *Black Swan* (New York: Random House, 2010), 10.

② Hastie & Dawes, *Rational Choice in an Uncertain World*, 123 – 8; N. Pennington & R. Hastie, "The Story Model for Juror Decision Making," in *Inside the Juror: The Psychology of Juror Decision Making*, ed. R. Hastie (Cambridge: Cambridge University Press, 1993), 192 – 221.

家古尔德(Stephen Jay Gould)所言,人类是"会讲故事的灵长目动物"(the story-telling primate)。对于这一点,不必过于消极地看待。因为,讲故事代表一种自圆其说的能力,故事的融贯性往往也能体现讲故事之人的逻辑思维能力,当今观众对于烂片的常见评价之一就是"导演不会讲故事"。不过,当我们以"故事建构"的方式试着解释某一种说法何以可能时,不要忘记:我们可以建构的故事可能不止一个版本,因此我们应追求那种更具解释力的故事,以确保某一特定说法一定为真或很有可能为真。

四、为何举证责任是重要的

本节我们已经讨论了三种常见的认知评价活动:"证伪",是证明某一说法是假的(即不可能属实);"强证实",是证明某一说法是真的(即不可能为假);"弱证实",是表明某一说法有可能属实,但尚无法排除"最终发现并不属实"的可能性。虽然,正如前文所见,相比"弱证实","证伪"和"强证实"往往显得更困难,但人类社会似乎更看重和追求"证伪"和"强证实",因为它们代表了一种"必然不是"或"必然是"的演绎推理方式。有些人或许想,假若人类能像上帝那样全能全在全知(Omnipotent, Omnipresent and Omniscient),那么,任何一种说法都可证明要么为真(而不可能为假)要么为假(而不可能为真),即,要么得到"强证实"要么被"证伪"。即便我们无法具有上帝那样的无限性和不朽性,在"四卡选择任务"那样的人为控制场景下,我们可以通过显示"找不到反例"即"无法证伪"来表明一种说法已得到"强证实"。但是,在日常生活中也经常发现,某种说法(譬如"有外星人存在")一直以来既不能被我们的社会"强证实",也不能被我们的社会"证伪"。这个时候,倘若我们决定要暂时相信或不相信某一说法,"举证责任"会成为影响因素之一。因为,不能"证伪"的说法,未必就是完全可以相信的;不能"强证实"的说法,未必就是完全不可信的。

(一) 不能证伪的说法就是真的吗?

真和假,通常被认为是一组矛盾概念,不是真的就是假的,不是假的就是真的,这也是逻辑上双重否定律所表达的意思。不过,一个说法有真假是一回事,我们能否**证明**一种说法是真或是假,那是另一回事。① 从认知经济的角度看,我们证实或证伪一种说法都是有成本的,有资源方面的要求。

在某些包含"无限情形"的场合,或相关情形虽有限但"无法穷尽"的场合下,我们至今**找不到**关于某一说法的"反例",这并不意味着这种说法就**根本不存在**"反例"。或许,那只是因为:要证伪一些说法(譬如,哥德巴赫猜想,连续统假设),对我们来说太难,至少在当前超出了我们的能力限度。

倘若忘记了这一点,我们很容易在难以证伪的事情上表现出过度的自信。譬如,相比自己是一位优秀的网球手,很多人更容易相信自己是一位更诚实的人。② 也就是说,第一节中提到的"过度自信"倾向之所以普遍且强烈,除了因为人们偏爱证实(在"局部证实"的意义上)外,还有可能是因为在很多事情上(譬如"某人本性诚实")的确难以证伪或不具有可证伪性。

(二) 不能证实的说法就是假的吗?

倘若在"强证实"(即 verification,证明为真而不可能为假)的意义上来理解"证实"一词,不能证实的说法并非就是假的。因为,这种"强证实"工作量大,对认知主体的能力有很高要求。关于过去(不仅是远古时期还包括当代)的历史,我们见过有太多说法是至今无法被证明为真的,就像"埋葬的秘密"一样。

倘若在"弱证实"(即 confirmation,寻找或设想一个可能为真的情形)的意义上来理解"证实"一词,一个"不能证实的说法"大致相当于"认知主体不存在类似的经验或无法设想有如此这般的事情发生"。但是,一个认知主体没有经历或无法设想的事情,在其他某个人那里或许就是可能的;当前人类没有经历

---

① 另一组值得当心的概念是"禁止"和"允许"。通常认为,二者是彼此矛盾的概念。但是,很多被试似乎相信在"不禁止"与"允许"之间、"不允许"与"禁止"之间仍存在某种微妙的差异,参看 Plous, *The Psychology of Judgment and Decision Making*, 69。这当然是一种语言框架效应,不过,也有可能是:有人把允许做某事解读为"公开授权"做某事,而未公开授权的事情有时或是被默许可以做。

② M. H. Bazerman & D. A. Moore, *Judgment in Managerial Decision-making* (New York: Wiley, 2013), 29.

或无法设想的事情,或许随着时代发展,将来有一天会成为可能。所以,此种意义上也不能直接认为"不能证实的说法"就是假的。

(三)司法实践和科学研究中的"举证责任"

法律是最讲求证据的一个领域,也是最能让人体会到"证据成本"的地方。在法律纠纷中,我们经常能感受到,有些说法我们坚信为真(假)却苦于无法证明其为真(假)。调查取证,不仅需要专业技能,有时还需要大量的时间和金钱。正因为如此,在涉及生命等重大权益的刑事案件中,国家设立专门的公诉机关来(代替受害人及其亲属)承担对犯罪事实的"举证责任"。而且,对一切犯罪嫌疑人采取"无罪推定"的原则,即,犯罪嫌疑人没有责任证明自己"无罪",反倒是控告人在认定犯罪嫌疑人之前需要证明他们有合理的怀疑(reasonable doubt),开庭之后,犯罪嫌疑人只需尽可能消除那些"合理怀疑"即可。①

另外,即便我们拿出时间和金钱去调查取证,最终也并非总能查明所需要的一切事实,因此也并非总能让一切犯错者承担应有的责任,让一切受害者得到应有的补偿。这一点,法律实务工作者都是很清楚的。所以,司法实践中对于"某些无法证明为假的说法"或"某些无法被证明为真的说法"往往持谨慎和包容的态度,往往在结案宣判之后开放其他救济途径,以便在将来有机会获得新证据后重新开庭审理。当然,刑事案件中的"无罪推定"和"合理怀疑"原则也可能使得一些真正有罪的人逍遥法外,但由于相比之下让一个无辜的人蒙受冤枉(且受害人得不到真正的安慰)代价更大,因此对于可能有罪但无法**证明**有罪的人暂时认定为无罪,待将来搜集到更多证据后可以再行起诉。

不只是司法实践中有举证责任,科学研究中也涉及举证责任。科学研究,作为一项极其严肃的"硬核"事业,它所追求的并非"表明某一说法可能为真(但还无法证明它一定为真)"。因为,我们经常发现,两个看似相互矛盾的说法都"可能为真"(弱证实),但没有一个是"强证实的"(一定为真)。不过,即便是科学探究活动,也受制于各种资源的有限性。因此,我们无法要求科学家证明

---

① 相比之下,对于民事案件,由于大多只涉及财产纠纷,往往采取"谁主张权利,谁举证"的原则。

每一个科学命题都一定为真。依照一种不至于过于苛刻的举证规则,一个科学假说在最初提出时,科学家有责任提出各种(可重复的实验、成功预言等)证据来为自己的理论作辩护。但是,最终我们可能发现,就当前所提供的证据而言,我们无法确保该理论100%可靠。这时,如果有其他人怀疑此种假说或认为有其他假说比该理论更为可靠,那么,举证责任就转移到怀疑者或竞争者那里了。①

举证责任的归属以及履行能力,当然无法直接表明某一方说法一定是对的而另一方一定是错的。但从法律、科研等职业人群的实际决策程序来看,它会影响特定共同体内的人暂时相信什么进而采取什么样的行动。

(四)从演绎推理到非演绎推理

我们无法"证伪"的说法未必就是完全可以相信的,而我们无法"强证实"的说法也未必就是完全不可信的。这暗示了以追求"必然如此"为目的的演绎推理的某种局限性。在日常以及科学决策实践中,有时虽无法通过演绎推理去证明某种说法一定为真或一定为假,但我们仍希望弄清楚当前是否有其他理性原则(哪怕是暂时)使我们相信或不相信它。"举证责任"所涉及的就是这方面的原则。除此之外,归纳、溯因、类比等非演绎推理也经常为我们相信什么或不相信什么提供原则。

为显示这方面的原则,我们可以同时从"演绎"和"非演绎"的角度检查"选择任务"实验中可能涉及的推理。我们可以通过翻牌,获取必要的信息(条件句的前后件是否属实),以作出某种推理。当翻开卡片 E 后发现背面是奇数,或翻开卡片 7 后发现背面是元音,我们就可推断该条件句必然为假,借助此种演绎推理,我们当然也就获得了不相信该条件句的充分理由。不过,当翻开卡片 E 后发现背面是偶数,或翻开卡片 K 后发现背面是奇数,似乎也在一定程度上为我们提供了相信该条件句的(尽管尚不够充分)理由,即我们可以推断该条件句

---

① 关于科学家如何追求对理论假设的证实以及如何分配举证责任,可参看[美]罗纳德·N. 吉尔、[美]约翰·比克尔、[美]吉尔等著:《理解科学推理》,邱惠丽、张成岗译,北京:科学出版社,2010年,第38－39、115页。

有可能为真。这种用以表明"结论有可能为真"的"非充分理由"，大致对应于本节所谓的"弱证实"。虽然从演绎的角度看这属于"无效的演绎"，但我们也可以从"非演绎"的角度看，将其视作某种或然性推理的一部分。

就日常决策所涉及的推理而论，我们往往无法从当前确定下的前提出发作出"一定为 A"的判断，而只是作出"有可能 A"的判断。这些以或然性结论为目的推理在逻辑学上被称作非演绎推理。但是，要注意："有可能 A"，往往意味着"也有可能非 A（即 B 或 C 等）"。在接下去两章我们将看到，对于归纳、溯因、类比之类的非演绎推理，我们在逻辑上所追求的并不只是"可能 A"，而是"很可能 A"，尤其是"相对于其他选项，更有可能如此"。也就是说，即便我们承认"证实偏差"所显示的那种轻松获得的"弱证实"可以在我们认知和决策中扮演某种角色，也必须意识到它们顶多是"半途而废"的证实工作，需要结合其他方面，予以改进和完善。

练习与讨论

1. 关于"四卡选择任务"的实验研究，在沃森之后有一个重要发现，即当条件句所涉主题是我们日常经验中较为熟悉的内容时，很少发现有被试"选择"错误。譬如，你有权力和职责检查在场的人是否遵守了"饮酒的人应该年满 16 周岁"（即"一个人若饮酒的话应该年满 16 周岁"）的规定，"饮酒的人""未饮酒的人""年满 16 周岁的人""未满 16 周岁的人"这四类人你会检查哪些？大多数都会正确地挑出第一类和第四类人。

这一点很不同于沃森最初拿数字和字母做实验时的结果。对此，你怎么看？当所谈论内容发生变化时，我们推理所用的演绎形式或前提发生变化了吗？

2. 心理学家科斯米德斯（Leda Cosmides）曾有一个社会契约版本的"选择任务"实验。被试面前有四张卡片，上面写着社会成员的某种信息，分别是"已付代价""未付代价""已得利益""未得利益"。被试的任务是选择最少的卡片翻开以检验一个人是否违反了一种社会契约，即"如果一个人付出了某种代价，他就可以得到某种利益"。

实验结果与沃森等心理学家的预期完全相关,即,大多数被试不是选择翻开第一张和第四张卡片,而是选择翻开第二张和第三张。科斯米德斯主张从演化心理学的角度进行解释:作为一种社会契约,规则"如果一个人付出了某种代价,那么他就可以得到某种利益"的主要目的是检测一个人是否有违背社会公平的欺骗情况(如"不劳而获")。由此,我们要重点检查"已得利益"和"未付代价"的社会成员,而一个人既然"未得利益"或"已付代价",就没有必要检查了。她认为,"防止欺骗"是人类社会进化中经常面临的一种适应性难题,人们在社会契约等特定领域对推理方式的选择,其实是为解决这种适应性难题而形成的特定化的算法。①

对此,你有何评论?你觉得,由此可以表明逻辑学上的肯定前件式和否定后件式不具有普遍适用性吗?

3. 为防止民意调查中出现"伪意见"(pseudo-opinion),调查人员经常考虑设置过滤器,即,允许被试在某些问题上选择"无法确定"或"不知道",但调查人员又担心因此搜集不到足够大的样本。② 面对此种"二难",你有更好的办法吗?从证实和证伪的角度看,你觉得被试如何才算负责任地表达自己的意见(即达到何种程度的"可证实"才能选择某个答案选项,达到何种程度的"可证伪"才能不选择某个答案选项)?如果无法从证实或证伪的标准要求被试真实表达自己的意见,我们在评估问卷调查所搜集到的"意见"时应该注意什么?

4. 一位嗜酒的网球明星每天五分之一的时间都在饮酒,他有多大可能将在8个月后赢得某一大型比赛?被问到的人大都说"很不可能"。现在再找一些人,问他们:一位嗜酒的网球明星每天五分之一的时间都在饮酒,他有多大可能

---

① 详情参看 Leda Cosmides, "The Logic of Social Exchange: Has Natural Selection Shaped How Humans Reason? Studies with the Wason Selection Task," *Cognition* 31, no. 3 (1989): 187-276。

② 参看 Plous, *The Psychology of Judgment and Decision Making*, 53-8。

将在一个月后加入戒酒互助社,把酒戒掉,并在 8 个月后赢得某一大型比赛?大多数人则回答"很有可能"。① 对于题目中的"有多大可能"(how likely),你如何解读?是说具体某个人有多大机会做成某事,还是说某一类事件在这个世界上的发生频率?是在询问"主试所讲的两个故事版本哪个更能自圆其说",还是在问"主试所提到的两种说法哪一种更容易在现实世界找到例示"?

5. 考虑到"四卡选择任务"实验中的被试有可能没有意识到证伪与证实的区分,有心理学家在后来的实验设计中对不同被试明确区分了"confirm" "disconfirm""test"等指令,但不论是接受哪一种指令的被试,似乎都仍旧存在"证实偏差"。② 对此实验结果,你有何评论?

6. 重温第二章第一节提到的沃森"数列实验",试着用波普"证伪的逻辑"来重构并检查你在探索该数列之规则时的推理过程。如果你当初对于该数列之规则的"猜测"并非能解释"2—4—6"的唯一假说,你觉得应该如何不断更换"猜测"才能最快接近"正确答案"?

---

① 参看 Hastie & Dawes, *Rational Choice in an Uncertain World*, 117‑8。这被认为是"合取谬误"的一个版本。关于最早出现的标准的"合取谬误"版本及更多相关讨论,参看第三章。

② 详情参看 Plous, *The Psychology of Judgment and Decision Making*, 239; C. R. Mynatt, M. E. Doherty and R. D. Tweney, "Confirmation Bias in a Simulated Research Environment: An Experimental Study of Scientific Inference," *Quarterly Journal of Experimental Psychology* 29, no. 1 (1977): 85‑95; C. R. Mynatt, M. E., Doherty and R. D. Tweney, "Consequences of Confirmation and Disconfirmation in a Simulated Research Environment," *Quarterly Journal of Experimental Psychology* 30, no. 3 (1978): 395‑406。

第三章
决策中的概率和因果问题

演绎推理大都依赖并追求确定性或必然性知识,但在不确定世界里作决策,难免要用到或然性或概率知识。概率,有时代表一种纯粹的偶然性,有时却预示可能存在某种因果性。跟其他各章类似,本章第一节侧重于"描述",将结合一些著名心理实验来看人在决策中如何依赖于概率和因果性却又易于出现各类误解和错误;第二节侧重于"规范",转从逻辑学和哲学上考察为何心理学家所揭示的那些错误做法不合逻辑,以及如何正确理解概率推理和因果推理的基本原理。

第一节　认知实验及心理分析

不确定性在生活中随处可见:面试能否成功? 感染病毒的风险多大? 今年体检会出问题吗? 相爱的恋人能否一起走到最后? 正如《克苏鲁的呼唤》书中所言,"我们生活在被黑暗之海所包围的、名叫无知的孤岛上",人大多时候都无法得出完全确定的结论,只能推断事情发生的概率,并竭力考察一切可能相关的因素,试图从中得出明确的因果推论。然而,心理学研究表明,人在概率推理时总陷入谬误而不自知,在探究因果时高估自己对世界的了解,低估事件中的偶然性。

一、概率判断中的谬误

当今社会生活中,"概率"一词司空见惯,但概率的普及和应用,是人类经过漫长学习和钻研的结果。在过去很长一段时间内,人只知频次,不解概率。追溯到远古时期,人类学会用结绳、刻痕来记录事物出现的次数,如草木枯荣、动物迁徙繁衍、河水泛滥等。待数字和文字出现后,人类才慢慢有了概率的概念:"百发百中""万无一失"被用于描述绝对有把握的事件,"十有八九"相当于大概率事件,"大海捞针"相当于小概率事件,"常在河边走,哪能不湿鞋"则体现了小概率事件重复多次后必然发生的思想。虽有应用,但当时人只对概率大小有模糊感知,缺乏对概率准确的认识,正因如此,古人无法理解有些事情可以无缘无故发生(随机事件),总认为"世间万事万物,皆是因果"。直到 17 世纪,帕斯卡(Blaise Pascal)与费马(Pierre de Fermat)通过一连串书信往来,正确解答了"点数问题",近代概率论才得以诞生。即使在现代,孩童在成长过程中首先接触的依旧是频次,如父母陪同游玩的次数、玩具发出声响的次数等,此时的孩童对概率仅有直觉性的理解,但不深入。直到接受更高等的教育后,学生才对概率有较为系统的理解。概率是抽象思考的产物,其复杂性和抽象性注定了人需通过后天系统的观察、钻研、学习,才有可能对其形成正确认知。因此,人类不擅长理解概率,总会犯各种错误。

比如,为应对不确定事件,逻辑学家和统计学家提出多个关于"概率"的精确定义和计算公式,然而,心理学家发现,精确的概率定义只能作为"规范",无法准确"描述"人实际的判断。对普通人而言,"概率"的概念颇为模糊。预测事件发生概率时,人很少根据概率学原理计算,而是受启发式影响。

"看她一身文身,她的学习成绩肯定很糟糕。"你是否同意这句话? 很多时候,不良少年青睐文身,这些典型事例很快出现在你脑海中,于是,对这句话你连连点头。此时,你运用了代表性启发式(representative heuristic),即参考同类事件以往出现的概率,从而判断该事件出现的概率。你想到文身者学习差的典型案例,因此觉得文身者学习差的概率很高。实际上,你已经将出现在脑海中的典型事例与高概率混为一谈了。

不得不说,代表性启发式有其优势,它有时比乱猜一气更准确:大多数情况下,表现得友好的人实际上也很友好;又高又瘦的职业运动员更可能是打篮球的而非踢足球的;公交车上鬼鬼祟祟的人更可能是小偷……但是,过度依赖代表性启发式而违背逻辑学原理,有时会造成严重误导。

(一)忽略基础比率:事情本身的概率如何?

还记得我们在第一章中介绍的"忽视基础比率"吗?它就是由代表性启发式导致的一大错误。除了第一章提及的"古典文学教授还是卡车司机"问题,让我们再来考虑:

> 从 70 个工程师和 30 个律师中,随机挑选一人,发现这个人是"45 岁男子,结婚并育有 4 个孩子,比较保守、谨慎并有进取心;对政治和社会问题不感兴趣,而把大量空闲用于业余爱好,包括做木匠活、划船和解数学谜题"。此人从事的更有可能是什么职业?
>
> 若从 30 个工程师和 70 个律师中,随机挑选出此人,此人从事的更有可能是什么职业?[1]

从 70 个工程师和 30 个律师组成的群体中工程师的比例占 70%,随机挑选一个人,是工程师的可能性就应该是 70%,是律师的可能性是 30%。从 30 个工程师和 70 个律师组成的群体中随机挑选一个人,此人的职业可能性亦受基础比率的影响。然而,"工程师占比高"组和"律师占比高"组的被试都无视基础比率,单凭特征信息推断,认为此人超过 90% 的可能性是工程师。

忽视与懒惰是造成忽略基础比率的元凶。有个人信息的情况下,许多人认为基础比率和问题没有关联,从而忽视基础比率。另一些人则思考不够审慎,

---

[1] Daniel Kahneman and Amos Tversky, "On the Psychology of Prediction," *Psychological Review* 80, no. 4 (July 1973): 237–51.

一旦仔细思索,便能意识到基础比率与问题相关,只有付出努力专注问题时,他们才会根据基础比率决策。

(二) 幸存者偏差: 幸存者才会说话

代表性启发式让人陷入"简单逻辑",造成的第二个后果便是幸存者偏差 (survivorship bias)。它指人过度关注从某些经历中幸存下来的人或事物,忽略未能幸存者,从而得出错误结论。

最经典的幸存者偏差可追溯到二战期间。当时,英美军方为防护对战机,作战后都会调查幸存飞机上的弹痕情况,加强对弹痕多的部位的防护。但统计学家沃德(Abraham Wald)意识到该思路的漏洞,认为现在所统计的"最常受中弹的部位",实际上是"最常中弹但仍能成功返航的部位";中弹最少的部位才是要害。弹痕少的部位中弹后,战机更容易坠落、无法回航。军方犯的错误,就是幸存者偏差:只考虑数据,却未考虑数据都来自能成功返航的战机,实际上,没能返航的战机同样可能携带有价值的信息。

现实中,我们也常犯幸存者偏差的错误:听到优美动听的老歌,就感叹词曲作家的水平每况愈下,却不承想逆耳的老歌早已湮没无闻;发现家里的陈年老古董时至今日还很好使,就感叹现在的产品质量低下、厂家没良心,却没想过只有质量好的产品才能保留到现在;抽了一辈子烟还长命百岁的邻居,只是万里挑一,因吸烟而罹患肺癌的人才是沉默的大多数;买菜做饭的母亲很少挑食,只不过是因为家里做菜的原材料本就是母亲购买的,自然她都喜爱;极限运动设备店铺收获了清一色的好评,尤其是卖降落伞、滑翔伞的店铺,这是因为本该给差评的"冤魂"失去了发声机会;因为看到"名校学子毕业卖猪肉""初中辍学却成大老板"的个例,就宣扬"读书无用论"……幸存者的证言固然重要,但在分析时也要牢记,沉默的数据一样重要,甚至更加重要。

(三) 对随机性的误解:从大数定律到"小数定律"

> 假设你和你的配偶有 3 个女儿,第 4 个孩子就要出生,你估计第 4 个孩子有多大可能性又是女儿?

如果具备生物学基础,你应该知道生男孩和女孩的概率各是 50%,但一想到前三个孩子都是女儿,你便开始纠结:如果生男孩的概率和女孩一样,已经生了三个女孩,那么根据概率统计,下一个孩子应该是男孩,这样才能趋向统计学上 50%的概率。于是你心里的天平开始摇摆,认为第四个孩子是女儿的概率会小于 1/2。不,等一等! 你又开始猜测,是不是自己和配偶有什么独特的生理机制,导致生女孩的概率比常人高?[①] 因此,第四个孩子是女儿的概率应该要大于 1/2。

要解答该问题,我们不妨先看看统计学上的大数定律如何对概率作出推断:样本均值在观测值足够多的时候趋向原变量的期望值。比如,随机扔一个六面骰子,计算平均点数,当观测值足够多时,平均数应该接近均值 3.5;如果不存在人为干扰,足够多的配偶应该会生出比例相当的男孩和女孩。

回到我们的问题,第四个孩子的性别能用大数定律预测吗? 实际上,生孩子是非常典型的独立随机事件,没有规律可循,跟之前生过多少男孩或女孩也没有任何关系,不管生的是第几个孩子,是女孩的概率都是 1/2。"男女男女"和"女女女女"发生的概率相同——每个婴儿出生都是独立事件,且生男生女的概率几乎相等,四个婴儿组合出的任何一种性别顺序都与其他顺序概率相等。

我们需要认清的是,根据统计学理论,单个随机事件无迹可寻,一连串随机事件才有规律可循。只是人总是倾向于认为小样本和大样本的经验均值具有相同的概率分布,从而错误地将从大样本中得到的规律应用于小样本中,这被心理学家戏称为"小数定律"(law of small numbers)。很显然,"小数定律"并非科学定律,而是人的错误理解。因此,若过去一段时间内发生的事情不符合期望值,人就认为未来的事情会往期望值的方向走,或者认为一定有什么其他因素导致事情不符合期望值,努力为其找到理由。比如,赌徒在赌场玩老虎机,一上来运气不太好,连输好几把,就会有强烈预感,认定自己很快就会赢,这是"赌徒谬误";看到篮球运动员连续投篮得分,人就会认为他此刻手感火热,下一次投篮必然也会投中,这叫"热手效应"。可惜,事实上并不存在热手效应。研究

---

① 参看第一章第二节中关于"私自添加前提"的讨论。

者分析了 1980 至 1981 年 NBA 赛季费城 76 人队球员的比赛表现。结果发现，尽管大多数球员都相信自己进球之后，下一次出手更有可能延续手感，但数据显示，两次连续进球的概率（51%）在统计学意义上与先丢球后进球的概率（54%）无异。并且，先前成功进球的经历并不增加后续成功进球的概率。[1]

现在你应该知道，大样本比小样本更精准，小样本比大样本产生极端结果的概率大。理解这个道理之后，我们再看一个实验：[2]

> 某个镇上有一大一小两家医院。在较大的医院，每天大约有 45 个婴儿出生；在较小的医院，每天大约有 15 个婴儿出生。如你所知，男婴在新生儿中的比例大约是 50%。然而，实际的比例每天都会有所变化，有时会高于 50%，有时会低于 50%。在一年的时间里，两家医院都记录了新生儿中男婴比率超过 60% 的天数。哪一家医院记录的天数更多？

大学生回答该问题时倾向于认为，两家医院记录的天数大致相等。其实，正确答案是小医院记录的天数更多。既然小样本均值要比大样本均值更容易偏离总体均值，那么在小样本所在医院（即小医院），这种偏离情况出现的概率会更高。

要破解对随机性的误解，你需要牢记：大数定律成立的重要条件是观测值足够多，观测值不足的小样本更容易出现极端结果，这些极端结果不一定有规律可循。

（四）趋均值回归：不要忽略运气的作用

卡尼曼曾为以色列空军飞行教练授课，教授其如何高效训练飞行员。他分享了一条训练学员的重要原则：嘉奖比惩罚更有效。然而结束演讲后，一位经

① Thomas Gilovich, Robert Vallone, and Amos Tversky, "The Hot Hand in Basketball: On the Misperception of Random Sequences," *Cognitive Psychology* 17, no. 3 (July 1985): 295 – 314.

② Tversky & Kahneman, "Judgment under Uncertainty: Heuristics and Biases," 1124 – 31.

验丰富的教练举手反对。这位教练认为奖励并不是训练飞行员的最佳方式："每当我赞许飞行员的特技飞行动作完成得不错后，下一次这些飞行员常常都会比上一次表现更差。相反，每当我斥责那些表现失误的飞行员后，他们常常会在下一次飞行中表现得比上一次更好。所以事实恰恰相反，惩罚比嘉奖更有效。"

实际上，这位教练观察到的是"趋均值回归"现象。[①] 远超平均的突出表现，一定有很大一部分源于运气，这种运气是小概率事件，不可能经常发生，那么下次表现必定会回归均值。学员的表现远远超出平均值时会得到教练表扬，但学员可能只是恰巧在那一次表现得很好，这与是否受到表扬毫无关系；同样，学员某次特别糟糕的表现招来教练怒吼，它可能只是坏运气使然，因此接下来的进步也和教练的惩罚没有关系。但教练把不可避免的随机波动与因果解释联系起来，才会将趋均值回归解释为惩罚和奖赏的后果。

为了让教练理解这个道理，卡尼曼在现场做了一个实验：他用粉笔在地上画了一个类似射击比赛中的靶子，然后给在场的每位军官两枚硬币，让他们转过身背对靶子连续扔两次，尽可能击中靶子中央。因为是背对着连续扔，所以这完全就是两次随机事件。之后卡尼曼分别测量靶子与两枚硬币的距离，结果不出所料：第一次投得准的人，第二次大多偏离准心；而第一次偏离准心者，第二次大多有所进步。糟糕表现往往会提高，优异表现则往往会下降，这和表扬还是惩罚都没有关系，只不过是回归均值而已。当两件事情相互独立时，回归均值的现象常常出现。

回归效应无处不在，比如"体育画报的诅咒"——凡是登上《体育画报》杂志封面的运动员大都会在后一赛季"走下神坛"。能够成为《体育画报》封面人物的运动员在前一个赛季一定表现出色，甚至"封神"。但这种出色表现在很大程度上有运气加持，而运气善变，运动员接下来的表现多半没有那么走运。

（五）合取和析取事件偏差

既然人在判断单个事件时会出现概率谬误，那么在判断多个事件发生的概

---

① 卡尼曼：《思考，快与慢》，第156—165页。

率时,也不可避免陷入混乱。

琳达,31 岁,单身,坦率直言,性格开朗,所学专业是哲学,当她还是学生时,就非常关注歧视和社会公正问题,同时参加了反对核武器的活动。
请选出可能性更高的选项:

A. 琳达是银行出纳。

B. 琳达是银行出纳,同时是活跃的女权主义者。

要回答该问题,我们先回顾统计学中的"合取"和"析取"概念。两个或者多个事件必须同时发生就是合取,相当于集合中的交集。两个或多个事件中只要有一个事件发生即可就是析取,相当于集合中的并集。"他变强也变秃了"就是合取,"天灾或人祸"就是析取。根据概率统计的集合关系,某事物既属于范畴 A 又属于范畴 B 的概率不仅不会大于,往往还小于它单独属于 A 或者 B 的概率,即$P(A \wedge B) \leqslant P(A)$,$P(A \wedge B) \leqslant P(B)$;而某事物属于范畴 A 或属于范畴 B 的概率不仅不会小于,往往还大于它单独属于 A 或者 B 的概率,即 $P(A \vee B) \geqslant P(A)$,$P(A \vee B) \geqslant P(B)$。①

回到"琳达问题",此刻你应该意识到,"琳达是银行出纳"="琳达是女权且是银行出纳"+"琳达不是女权且是银行出纳",积极参与女权主义的银行出纳的集合应该包含在银行出纳的集合之中,因此,琳达是积极参与女权主义的银行出纳的概率,一定比她只是普通银行出纳的概率低。

然而,几所重点大学中 85% 至 90% 的大学生都认为琳达更像主张女权主义的银行出纳。② 普通银行出纳不会这么热衷于女权主义,有了这个细节,B 选项

①　出于方便,概率公式中的合取运算通常记作" $\wedge$ "" and "或" & ",析取运算符为" $\vee$ "或" or "。

②　Amos Tversky and Daniel Kahneman, "Extensional versus Intuitive Reasoning: The Conjunction Fallacy in Probability Judgment," *Psychological Review* 90, no. 4 (October 1983): 293 - 315.

生动形象,即使它发生的概率更低。

这就是合取谬误(conjunction fallacy),即人认为两个或多个合取项组成的合取事件的概率大于合取项的概率估计。显然合取谬误违反概率统计的集合规则。

> 请思考下面两个描述,并评估其可能性:
> 明年北美某地将有一次洪灾,1000 多人将被淹死。
> 明年加利福尼亚某时将有一次地震,此次地震将导致洪水,1000 多人将被淹死。

加利福尼亚地震的情节要比北美洪灾的情节更合乎情理,尽管加利福尼亚地震的概率非常小。不出所料,人对更详细、更丰富的描述作出的概率判断更高,即使逻辑上它发生的概率更低。很多预言家也会给其客户设下陷阱,比如星座学家、谣言传播者,只要对情节加以详述就会使其看起来更可信,但事实上,它反而更不可能成为现实。

之所以会出现合取谬误,是因为人把认知中设想的合理性当成事件的概率,这是一种思维捷径。最具代表性的结果与个性描述相结合产生最连贯的故事,最连贯的故事并不最有可能发生,但是它们看起来最可信。连贯性、合理性和可能性很容易被粗心的人混淆。

与合取谬误相对的是析取谬误:两个或多个事件中只要有一个事件发生即可,人会低估该事件发生的概率。比如:

> 现在是周一晚上 10 点,你的老板打电话告诉你必须明早 9:30 以前到达位于北京的办公室。有五家航空公司的航班能在明早 9 点前抵达北京,你得知,每家公司各有 1 班这样的航班,但是所有航班都已订满。当你询问如果你明天早晨赶到机场,有多大可能搭上各航班时,失望地得知,五趟航班的可能性分别为 30%、25%、15%、20% 和 25%。因此,你不指望能及时赶到北京。

这个例子中,析取事件偏差让你预期会发生最坏的事情。但事实上,如果每家公司给出的可能性没有偏差而且相互独立,只要能搭上一家公司的飞机,你就能赶到北京。相反,只有当你错过每家公司的航班,才无法赶到北京。那么,登上航班的概率是1−P(每家航班都赶不上) = 1 − (1−30%) × (1−25%) × (1−15%) × (1−20%) × (1−25%) = 73%。

(六) 低估大概率,高估小概率

生活中,有些事情经常发生,例如刮风下雨、感冒发烧,有些事情则比较罕见,例如地震、罹患癌症。那么,人对概率大小的认识是否准确?

事实上,人常常低估大概率事件发生的可能性,高估小概率事件发生的可能性。例如,许多人购买彩票时,往往抱有过高期望,所估计的中500万元大奖的可能性远高于实际可能性,实际上彩票中大奖的概率非常低,但人往往高估这种可能性。然而相比于500万元的大奖,5元等小数额彩票中奖概率较高,但此时,人们又会低估该事件发生的概率。同理,有些人过分担心飞机失事、地震等小概率的灾难事件发生,忽视这些事件实际发生的概率非常低。相反,驾驶汽车时,有些人会低估发生交通事故的可能性,尤其在疲劳驾驶、超速行驶或酒后驾驶的情况下,事实上交通事故时有发生。

(七) 如何促进对概率的准确理解?

正如前文所述,由于人类接触概率的历史短暂,在漫长的进化过程中更多与频次打交道,因此,人们常常误解概率,错误估计事件发生的概率。而在如自然灾害、疾病预防、恶劣天气预防等事件中,错误估计有时会带来无法弥补的损失。那么,我们应该如何正确看待概率事件,促进对概率的准确理解呢?

一方面,我们可以将概率转换为自然频次的表述方式。小时候,妈妈会让我们通过数手指的方式计数,后来人们开始学会使用计算器、电脑等辅助工具,也懂得运用概率帮助理解数量问题。当经常错误估计概率时,不妨回到最初我们学习计数的时候,把概率转换为自然频次,这样能极大程度上避免出错。例如,吸烟者患肺癌的概率为27%,可以转换为100名吸烟者中,有27名患有肺癌;快递包裹的损耗率为百万分之二,可以转换为在一百万件包裹中会损耗两件。这样我们就能对概率事件有比较清晰的认知和理解。

另一方面,借助视觉辅助理解概率事件也不失为一个好办法。众所周知,相比于理解文字数字,人对图片的理解更加直观、清晰。因此,使用图标、图表等表达概率也能让原本让人难以理解的概率变得生动形象,一个个二维的数字变得立体起来。例如,在上述吸烟者患肺癌的概率为27%的例子中,我们可以想象一百个白色格子构成的格子图,其中27格是绿色的,那么绿色格子在整个格子图中的面积便对应着27%的概率。

二、归因推理

人在概率判断中出现谬误,部分原因在于人无法理解随机性,倾向于以因果关系理解世界。为了获得对世界的掌控感,人如何执着于寻求万物之间的因果关系?

(一) 归因理论

海德(Heider)认为,行为归因的关键在于此种行为源于人本身还是环境,即内因还是外因。[1] 以学生考试为例,考试成绩不及格可能源于学生不够努力、不够聪明等内部因素,也可能源于课程太难、考试时长太短、考试环境太嘈杂等外部因素。倘若将考试成绩不及格归因于内部因素,个人便需要为此承担相应责任,人也可以预测该行为在未来类似情况中再次出现的可能性,反之,个人则不需要负责,人也无法断定在相似情况下学生是否会再次出现考试成绩不及格。

韦纳(Weiner)继承了海德关于内外归因的思想,认为成败可以归因于个人或外界因素。[2] 例如,"高考失利因为我笨"是典型的内部归因,而"职业成功因

① F. Heider, *The Psychology of Interpersonal Relations* (New York: John Wiley & Sons, 1958).

② B. Weiner, *Achievement Motivation and Attribution Theory* (Morristown, N. J.: General Learning Press, 1974).

为我运气好"是典型的外部归因。如果进行内部归因,人会因成功而自豪,因失败而羞愧;如果进行外部归因,则会因成功而感到侥幸,因失败而生气抱怨。

与此同时,韦纳推陈出新,延伸出探究成败归因的另外两大维度——稳定性和控制点。

稳定性分为暂时和稳定两方面,用以考察成败的原因是否稳定。这两方面彼此独立,对形成期望、预测未来成败至关重要。以"高考失利"和"职业成功"为例,"我笨"是较为稳定的原因,而"我运气好"则不稳定。如果将成败归因于稳定的因素,成功者会预期自己未来仍会成功,失败者则预期自己未来仍会失败;如果归因于不稳定因素,人就不会根据此次结果预测今后的成败。

控制点指成败的原因是否受个人意愿控制。努力、注意、他人帮助等因素受个人意志控制,是可控因素;而能力、运气、心境等因素不受人的意志控制,是不可控因素。如果将成功归因于可控因素,人会积极争取成功;若归因于不可控因素,争取成功的动力便会减弱。反之,若将失败归因于可控因素,人会激励自己付出努力以获得下一次成功;而归因于不可控因素,当下的成功就无法起激励作用,失败让人绝望。最可怕的是,若是将失败归因于内部、稳定、不可控的因素,人会产生习得性无助感,对现实丧失信心,认为无力控制自己的生活。

（二）对偶然性的误解

霍尔巴赫曾说:"宇宙中一切事物都互相关联,宇宙本身不过是一条原因和结果的无穷的锁链。"人对此深信不疑。然而,并非万事万物都能用因果关系解释,有些事情只是偶然。过度解释偶然性会导致人过度相信自己的能力,出现控制错觉,也会让人出现"受害者有罪论",还会让人错把相关当因果。

（三）控制错觉:我能影响偶然性

有些时候,人可以控制事件和行为,有些时候则不能。但是,无法控制事件时,人仍会错误地认为自己能控制事件,比如控制偶然事件。

日本某保险公司发行了一批最高可获得 500 万美元的彩票,以 1 美元将每张彩票卖给员工。其中,一半彩票由买主挑选,另一半则由卖票人选定。到了抽奖那天早晨,公司派调查人员找到买彩票者,希望他们能转让彩票,售给朋友。员工会以多高价格出售? 研究者发现,不是自己挑选彩票的人愿意以 1.96 美元的价格卖出彩票,而自己挑选彩票的人却将价格抬高到了 8.16 美元![1] 实际上,别人选定的彩票和自己选定的彩票中奖可能性完全相同。尽管人们都知晓此理,可是一厢情愿,相信自己的努力能提高中奖的概率,因此认为自己"精心挑选"的彩票更值钱。

这种相信个人能力可以影响偶然事件的现象叫作控制错觉(illusion of control)。类似例子有很多。比如,考生考试前转发各路锦鲤,试图为自己的考试成绩添一份力;当有人想掷出"双六"的时候,心中就默念"六、六、六",甚至不知不觉使劲捏骰子;在一些地方,自选号码彩票价格比随机号码更昂贵,这是因为人错误以为自己选择的彩票更容易中奖。但事实上,偶然事件不可预测,掷骰子的结果与技术和能力毫无关系。只是人们错误地认为自己越努力,结果越可能如愿。

(四)公正世界信念:善有善报,恶有恶报

"可怜之人必有可恨之处。""善恶有报。"很多人相信在这个世界上,人们得其所应得,所得即应得。不幸之人所遇不幸皆咎由自取,而幸运者则心安理得享受他们应得的奖励。换言之,人们相信一切结果皆非偶然,由自身行为或品行导致,是人得其所应得。

这种思想即"公正世界信念"。研究者招募一批女被试,让她们观察另一名女性参加"学习测试"的情况。事实上,这位女性是研究者的"托儿"。"托儿"每次犯错都会遭受电击,痛苦不堪。当然,电击是假的,但被试并不知情,觉得这名女性太惨,不忍观看。不过随着实验不断进行,被试的态度悄然发生转变,她们对受害者一开始满怀同情,但渐渐充满敌意。观看完整个过程后,被试得知稍后将继续观看同一个受害者参加测试和被电击的场景。一部分被试得知,之后的电击将会变本加厉,而另一部分则得知在严酷的测试结束后,受害者将得到一大笔钱作为帮助完成实验的酬劳。当被试得知受害者将得到酬劳时,她

---

[1] Ellen J. Langer, "The Illusion of Control," *Journal of Personality and Social Psychology* 32, no. 2 (August 1975): 311–28.

们对受害者的敌意消失,甚至开始赞赏受害者。而那些不知道受害者会得到补偿的被试反而更加厌恶受害者,因为她们找不到合适的理由解释受害者被电击,只能将其归咎于受害者表现不佳、老是回答错误。[①] 受害者遭受的苦难越多,相信公正世界的人就越不喜欢受害者。

这种"受害者有罪论"在日常生活中也有迹可循。比如听闻某人夜跑遇害,人就指责其不该晚上一个人出门;得知某人被性骚扰,就认为一个巴掌拍不响。"为什么他不打别人,只打你?"说者轻松,受害人却接连受到加害,哑口无言。

人之所以相信善恶有报,是因为人很难接受不确定性和模糊性,总想获得秩序感、控制感和安全感,因此太期待罪有应得,愿意相信如果有人的生活充满苦难,一定是他们做了应该遭受如此际遇的事情。

(五) 错把相关当因果

人希望通过探究因果认识世界。日常生活中,人常常通过变量间的相关来推理其因果关系,甚至将相关(correlation)与因果混为一谈。

冰淇淋和啤酒的销量呈现正相关关系,是冰淇淋的销量增加导致啤酒的销量增加吗? 私立学校的学生成绩比公立学校的学生更优异,是否说明私立学校的教育更优质? 在经典日本动漫《名侦探柯南》中,只要柯南出现,命案紧随其后,是柯南的出现导致命案发生吗? 也许在这几个例子中,你会不假思索地从相关关系中推断出因果关系。那么我们再看一个例子:穿蓝色衣服的儿童玩跷跷板总能赢。这个例子中,你可能不认同穿蓝色衣服会导致赢得跷跷板比赛,因为它听起来太过荒诞。事实上,有可能因为大码童装只有蓝色,因此,体重更重的儿童只能穿蓝色衣服。体重同时影响着装颜色和跷跷板能力,它串联起了这两个变量,从而让二者之间的相关性具有迷惑性。

一份由人工智能算法(artificial intelligence,缩写为 AI)撰写的研究报告指出,美国啤酒厂的数量与亚马逊公司的股价之间呈现出正相关关系。然而,我

---

① Melvin J. Lerner and Carolyn H. Simmons, "Observer's Reaction to the 'Innocent Victim': Compassion or Rejection?" *Journal of Personality and Social Psychology* 4, no. 2 (August 1966): 203 – 10.

们能否就此断言啤酒厂数量增加导致亚马逊股价上涨？这显然不合逻辑。仔细推敲，我们或许可以这样理解：美国经济蓬勃发展使民众钱袋鼓起来，因而民众对啤酒的需求增加，促使啤酒厂数量增多；与此同时，这股经济增长势头也推动亚马逊公司股价上涨。这个例子中，美国经济这一隐藏因素起到关键作用，它同时影响啤酒厂数量和亚马逊股价，使得原本看似无关的二者在数据上呈现出虚假因果关系。同样，冰淇淋和啤酒销量同时增加的原因可能是气温上升，避暑需求驱动人们不断购买冰淇淋和啤酒；私立学校学生的成绩更优秀，可能是由于就读于私立学校的学生家庭经济水平更好、家长素质更高，从而导致学生成绩更优秀。这些例子告诉我们，判断两个变量之间是否存在因果关系时，需要思考是否还隐藏着第三个变量同时影响二者。

那么如何才能得出因果关系的结论？医生约瑟夫·戈德伯格（Joseph Goldberger）的行为堪称典范。回溯至 20 世纪初，美国南部地区数以万计的民众因糙皮病而丧生。当时，众多医生普遍认为糙皮病与卫生状况有着紧密的关联。这种关联进一步印证由于卫生条件糟糕，传染性疾病往往通过糙皮病患者的排泄物传播。医生戈德伯格十分怀疑这种解释，认为糙皮病源于营养不均衡的饮食，美国南部普遍贫困，人民饮食欠佳因而罹患糙皮病。他认为根本原因在于经济情况，经济状况良好的家庭拥有清洁管道，饮食也更均衡。①

为检验自己的假设，戈德伯格为真理"献身"。他给自己注射了一名糙皮病患者的血液，吃进了一名患者喉咙和鼻子内的分泌物。此外，他还将皮癣症状病人的皮癣和其他肮脏的排泄物混在一起，与四小撮面粉揉作成小药丸，勇敢服下。戈德伯格创造了糙皮病传播的所有条件，但平安无事。这显然推翻了先前的假设。当然，戈德伯格还需要做更多实验，比如控制其他条件一致，改变饮食条件，检验是否是不均衡的饮食条件导致糙皮病。不过，戈德伯格的行为极具启发；之所以认为糙皮病和卫生条件有关，是因为糙皮病和卫生条件都与经

---

① Joann G. Elmore and Alvan R. Feinstein, "Joseph Goldberger: An Unsung Hero of American Clinical Epidemiology," *Annals of Internal Medicine* 121, no. 5 (September 1994): 372 - 5.

济水平相关,而经济水平又影响饮食结构,不均衡的饮食最终导致疾病。隐含的第三变量极易导致两个本不相关的变量产生虚假相关。

人不仅会误把相关当因果,还会错误解读因果方向。在因果关系中,人有时会把因视为果,果视为因,出现因果倒置的现象。以孩子观看电视与暴力的关系为例,人看到孩子过度看电视后变得暴力,便误以为看电视是暴力行为的根源。然而,真相可能恰恰相反,那些有暴力倾向的孩子可能更倾向于过度观看电视。另一个例子是风车与风的关系,人观察到风车旋转得越快,风似乎就越大,因此认为风车旋转是风产生的原因。但事实上,风在风车出现之前就已存在,甚至在风车停止转动时风依然存在。这两个例子中,人显然把原因和结果倒置了。因果倒置的错误在生活中并不罕见,甚至可能出现于科学研究领域。阅读领域研究者经过深入探索,发现眼动模式与阅读能力之间存在显著相关:阅读能力较弱的人群在阅读时,其眼动轨迹无规律可循。很多人认为不规则的眼动导致阅读障碍,然而,事实却恰恰相反,研究表明,是识别单词速度缓慢、理解困难导致眼动不规律。当儿童学会每一个单词,并逐渐理解文字后,他们的眼动轨迹变得规律平顺。因此,想要提高儿童阅读能力,训练眼球运动无济于事,最佳方式是指导其学习词汇。①

由此可知,面对具有相关关系的变量 A 和变量 B,在断定 A 的变化会引起 B 的变化之前,我们还得问问自己,究竟孰因孰果。错误解释方向性可能会闹出"公鸡打鸣后太阳才会升起""贫穷会导致懒惰"等笑话。

第二节　逻辑分析与相关问题讨论

如第二章所见,在日常决策中我们有时很难做到完全的证实与证伪。事实

---

①　Marcel A. Just and Patricia A. Carpenter, "A Theory of Reading: From Eye Fixations to Comprehension," *Psychological Review* 87, no. 4 (July 1980): 329–54.

上,在生活中几乎一切重要问题上,我们都很难得到完全确定的结论。之所以如此,是因为尽管大多数人心理上有"安全偏好",甚至也常有哲学家告诫我们"任何时间,任何地点,任何人,基于不充分的证据而去相信某种东西,都是错误的"①,但是,我们很多时候都很难获得完全充分的证据。也正是在此意义上,来自巴特勒(Samuel Butler)的一句格言似乎更有指导价值:"生活的艺术就是从不充分的前提中得出充分的结论。"②这里所谓"得出充分的结论",不应理解为"结论一定为 A",而是指"A 的可能性比非 A 的可能性大"。概率(probability),正是为衡量可能性大小而引入的思维工具。

历史上,逻辑学科曾经重点关注确定性信息,也因为此,麦斯威尔(James Clerk Maxwell)在 1850 年提出批评:"目前,逻辑科学实际上只关注那些要么确定要么不可能要么完全无知的东西,但(很幸运)我们没必要基于这些东西进行推理。因此,真正适用于我们这个世界的逻辑是概率演算,它所要考虑的是一位理性之人心中的概率实际或应该有多大。"③不过,这种局面今天已被扭转,概率问题是当代逻辑学诸多研究分支的焦点。从包含概率等不确定信息的诸多前提命题出发,我们可以推出许多尽管并非必然却颇有实用性的结论。

一、概率与不确定性

在第一节中,我们已见识到了各种概率和随机性,现在让我们试着从哲学角度多讲一些。毕竟,哲学的主要特征之一就是对世界不确定性(即所谓"无常")的反思。

①　William Kingdon Clifford, *Lectures and Essays*, vol. 2, ed. Leslie Stephen and Frederick Pollock (New York: Cambridge University Press, 2011), 186.

②　摘自 Samuel Butler, *The Notebooks of Samuel Butler* (New York: Barnes & Noble, 2011)。倘若经常因一味追求"完全充分的证据"或"结论一定为 A"致使"迟迟不下决定",那很可能是患上了"分析麻痹症"(paralysis by analysis)。

③　L. Campbell and W. Garrett, *The Life of James Clerk Maxwell* (London: Macmillan, 1884), 97.

（一）不确定世界的风险

心理实验表明，人对于确定性有强烈的渴求，譬如，相比一种把损失降至一半的方案，如果一种方案能把损失由一半降至零，它将被认为明显更有价值。这种"安全偏好"在哲学上也是可以理解的，因为，即便单从节省个体精力的角度来看，低风险仍旧是风险，也是让人放心不下的。但是，回到现实世界，在很多情况下，我们不得不冒险，甚至不做事也是一种冒险。

"我们身处的世界是不确定的"，这句话经常是指这个世界的状态分布或事件发生是偶然的。纯粹的偶然性被认为是随机性（randomness）。不过，正如我们在第一节所见，此种随机性并不意味着"同一要素不会接连出现"，也不意味着"不同要素必须交替出现"。甚至很多看似巧合或被人误以为必然性的结果，如"体育画报的诅咒"，也都是随机性的体现。之所以如此说，是因为运动员登上《体育画报》封面之后成绩下滑的"厄运"并非100%发生，倘若把时间线拉得足够长，我们不难找到"反例"——除非你决定选择性呈现事实。至于说"某事纯属巧合"，那也并非不可能（impossible）发生的事件，顶多是不大可能发生的（unlikely 或 improbable）事件。从本质上看，所谓偶然性或随机性不过是指我们人"无法准确预期"，凡是无法准确预期的东西，我们都认为带有不确定性。

然而，我们无法准确预期某些事件，并不意味着这个世界上毫无规律可循，更不意味着我们在面对"风险世界"时束手无策。出乎意料洒掉的牛奶是收不回来了，但是我们知道下次可以更当心一些。事实上，很多事情的发生或不发生即便不是100%如我们预期的那样，通过观察以往出现的"意外事件"，我们也能从中寻找线索（如某类结果相比另一类结果更为常见），获取有用的参考信息。概率就是我们对这方面信息的记录和统计，有助于我们作出面向未来的理性决策。

（二）三种意义上的概率

我们常用概率表示风险。不过，"风险"一词的意思模糊，不同人对于同一件事的风险经常有不同的理解。譬如核电站的风险有多大？普通民众经常从它可能造成的重大灾难以及对于后代生存环境的威胁来看，认为风险很大；而核工业专家则基于每年的致死率来判断,认为风险并不是很大。① 这种差异是常见的,因为不同人心目中的"有危害性的结果"并不完全相同。除此之外,不同人对"概率"一词的解读或同一个人在不同场合对于"概率"一词的用法也不尽相同。事实上,学界常用的概率概念至少有三种:古典概率,经验概率和主观概率。②

中学教科书上提到的那种局限于某种理想封闭系统内的事件概率,③可称之为"古典概率"。譬如,一枚均质的双面硬币,单看一次抛掷结果,由于其只有两种可能性,我们在排除干扰因素的理想情况下,可以直接计算出正面朝上的概率是50%。

然而,你自己亲自测算过你连续抛掷硬币的结果吗? 如果两个人抛掷同一枚硬币,结果也总是一样的吗? 如果两个人抛掷的不是同一枚硬币呢?

如果一枚硬币经过特殊设计(如可能是空心的),或是原本就有设计上的瑕疵,那么,基于足够多次抛掷的结果统计,正面朝上的概率就可能明显高于或低于50%,此即"经验概率",它是基于频率统计所得到的概率。就同一枚均质的硬币来说,通常认为,从长远来看,其落地后正面朝上(或背面朝上)的经验概率应该是与古典概率相一致的。不过,这里的关键词是"长远来看"(in the long term),即经验概率与古典概率的相符性仅适用于大样本(并不必体现在局部的小样本上)。如果短期来看,譬如,你仅仅抛掷10次或50次,那么正面朝上的相对频率很可能与50%有较大偏离。从长远来看,你抛掷的次数越多,其"经验概率"越是接近"古典概率"。这种差别,在第一节讲到大数定律与"小数定律"时其实已经涉及。此处可以补充提到的一个启示是:当我们通过测量来确定某种重要情况(如大学生的学习成绩)时,由于单次测量容易受偶发因素影响而出

① Plous, *The Psychology of Judgment and Decision Making*, 139 – 40.
② 心理学家对"概率"一词的适用情境的区分,可参看 Hastie & Dawes, *Rational Choice in an Uncertain World*, 159 – 63。
③ 所谓"理想封闭",主要体现在:(1) 我们能预先获知都有哪些可能的结果,因而有机会把所有可能的结果都考虑在内;(2) 每一种可能的结果都是机会均等的,因而不必考虑每一种可能结果的特殊性。

现偏误,建议采取更多次的测量,然后求平均值(如平均绩点 GPA),因为,测量的次数越多(即样本越大),平均值越会接近于真实值。

古典概率和经验概率,一个跟事物的本性有关,一个跟实际观察结果有关,二者都可算作"客观概率"。除此之外,还有用来刻画个人行为习惯或选择倾向的"主观概率"或"认知概率"。有些时候,我们无法先验获知事物的可能状态究竟有多少,也尚未有可资利用的观察记录,①但我们对于某一事件发生的可能性或不发生的可能性仍抱有不同的预期,此即主观概率。当然,每个人或每一群体,由于各自的背景条件和价值信念不同,大家对同一件事的主观概率(譬如张三选择某一类型伴侣的几率有多大,中国足球队世界杯出线的几率有多大)会有差异,而且随着我们掌握的证据变多或变少,我们不同时间点的主观概率也会发生变化。但是,这些"主观概率"并非完全随意,其变化也是有规律的,因为我们每个人通常都愿意或尽量做到前后一致。

古典概率在适用性上的一个不足是:它要求我们知道可能结果的总数,但实际生活中我们可能无从了解。有些人之所以只看到古典概率,或许是因为他们所研究的可能结果是"简单可数的":比如,袋子里只有黑球或者白球,一个硬币抛出只有正面和背面,一个骰子只有 1 至 6 个点。可是现实生活中的大多数事物并没有那么简单直观。例如,要你评估一个人的创业成功可能性。难道这时你还可以直接说 50% 吗? 还能用"要么成功要么不成功"这句话去解释吗? 很显然是不合理的,因为其中的可能情况已经不是简单可数的了。影响创业成功与否的因素有很多且权重各有不同,例如这个人是否勤奋,是否具有创业头脑,是否拥有一定的人脉,是否可以团结周围的伙伴同事,等等。这是一个连续且不可数的事件空间。倘若引入主观概率,可以如此回答上述创业问题:姑且假定这个人比较勤奋,推断其创业成功率在 80% 以上,这称作"先验概率估计"。

---

① 有些事情或许只会在我们人类世界上发生一次,譬如"世界核战争的爆发",这时当然根本不可能获知"经验概率"。还有,当我们谈论有些问题时(譬如"上帝存在时会有多大可能性减少恶的存在"),其中所涉及的事件(如"上帝存在"或"上帝不存在")或许根本无法观察到。

但是随着公司的运营,你发现公司的财务状况非常差,此时可以推断创业成功率由 80% 下降到 30%,这称作"后验概率估计"。这种动态估计概率的方法,被称为贝叶斯方法。[①]

(一)条件概率

关于概率问题,还有一种复杂情形是:有时,我们所评估的不是一个简单事件的概率,而是由多个简单事件组成的复合事件的概率,譬如,"连续 2 次从袋子取到蓝色球"(合取事件)和"张三或李四被录取"(析取事件)的可能性。这一点,我们在第一节中已见到有关"心理偏差"。现在,让我们接着多讲一层,并试着弄清常用概率公式换算的逻辑原理。

合取事件中所涉及的多个事件并非彼此独立(independent)而是有着某种依赖性时,其概率计算公式更为复杂。譬如,假若从袋子取出一个球后不放回入,接着再取,此时,为了计算"连续 2 次从袋子取到蓝色球"的概率,除了考虑简单事件"第一次取到蓝色球"的概率,还要考虑第一次取到蓝色球之后会在多大程度上影响第二次取到蓝色球的概率。[②] 当析取事件中所涉及的多个事件并非彼此相斥(mutually exclusive)而是有可能同时发生时,析取概率计算公式也要复杂一些。譬如,或许本次招录名额不止一个,这时,为了计算"张三或李四被录取"的概率,除了考虑每个简单事件的概率,还要考虑它们同时发生的可能性有多大。[③]

以下为计算析取概率和合取概率的通用法则,不论其中所涉及的两个简单事件是否彼此独立,是否彼此相斥:

通用析取概率法则:$P(A \text{ or } B) = P(A) + P(B) - P(A \text{ and } B)$

通用合取概率法则:$P(A \text{ and } B) = P(A) \times P(B \text{ given } A)$

---

① "贝叶斯方法"以及"贝叶斯公式""贝叶斯定理""贝叶斯统计""贝叶斯网络"等名称,均是为了纪念 18 世纪英国神学家、数学家、数理统计学家和哲学家贝叶斯(Thomas Bayes)在相关领域所做出的开创性工作。

② 否则,即便袋子中只有 1 个蓝色球,按照简单相乘的计算公式,"连续 2 次取到蓝色球"的概率可能不至于为 0。

③ 否则,当张三和李四每个候选人的实力都很强时,按照简单相加的计算公式,"张三或李四被录取"的概率可能出现大于 1 的荒唐结果。

这里,P(B given A)("given"读作"已知"或"假设")是条件概率,即在 A 发生的情况下 B 发生的概率,或者说,B 以 A 为条件发生的概率,也经常被视作充分条件句"如果 A 那么 B"为真的概率。有时简记为 P(B/A)或 P(B|A)。当我们发现 AB 彼此独立时,由于 P(B given A) = P(B),上述合取概率法则就简化为 P(A and B) = P(A) × P(B);而当我们发现 AB 彼此相斥时,由于 P(A and B) = 0,①上述析取概率法则就简化为 P(A or B) = P(A) + P(B)。

条件概率和合取概率是更复杂,也更有趣的概率问题,有几点需要特别留意。

(1)条件概率 P(B/A)有别于后件概率 P(B),它不是简单地说 B 的概率有多大,而是说**在 A 发生的条件下** B 发生概率有多大。仅在**已知** AB 为独立事件(即彼此发生的概率互不影响)时,条件概率才等于后件概率。

在获知事件 A 的概率之前,我们很可能对于事件 B 预先有一个主观概率,这属于 B 的"先验概率",而当得知相关事件 A 的发生概率后,我们会以此作为新证据及时更新我们关于 B 的主观概率,此时的新概率为条件概率 P(B/A),可称作"后验概率"。正是因为条件概率是相对于证据的后验概率,所以,条件 A 是什么以及前件概率 P(A),直接影响条件概率的值。正如(第一章所提到)不同人基于有差异的前提自然会推出不同结论一样,分不清条件(即当前所获证据)究竟是什么,我们计算出的条件概率值可能与真相相差甚远。譬如,在著名的辛普森案中,"在丈夫殴打妻子**且妻子被杀**的家庭中丈夫谋杀妻子"的概率要远远大于"在丈夫殴打妻子的家庭中丈夫谋杀妻子"的概率。② 在计算"丈夫谋杀妻子"的主观概率时,前者基于"丈夫殴打过妻子且妻子被杀"这一条件,而后者则基于"丈夫殴打过妻子"这一条件。

(2)条件概率是有方向的,即,P(B/A)不同于其逆概率 P(A/B)。前者是说"在 A 发生的条件下 B 发生概率有多大",后者是说"在 B 发生的条件下 A

① 需要注意,当发现 AB 为相斥事件时,A 和 B 的概率具有一种特殊的相关性,即,P(A given B) = P(B given A) = 0。也就是说,两个互斥事件一定不是独立事件。

② 参看 Hastie & Dawes, *Rational Choice in an Uncertain World*, 109 - 10。

发生概率有多大"。仅在前件概率和后件概率相同的极端情形下，条件概率和其逆概率才是一样的（具有对称性），这可以从以下所谓的"比率法则"中看出：

比率法则：$\dfrac{P(A/B)}{P(B/A)} = \dfrac{P(A)}{P(B)}$

混淆条件概率方向的错误，有时被称作"条件概率谬误"。如：有时，我们真正想知道的是"在驾车死亡事故中有多少人是在离家远处驾车的"，而另一个人告诉你的却是"在离家远处驾车的人有多少交通死亡事故"。此种谬误甚至也出现在包括心理学家在内的专业人士那里。譬如，为了让人相信自尊心不足可能导致心理疾病，有心理医生强调"在产生心理疾病的人群中几乎所有人都是自尊心不足的"，但真正有参考价值的可能是"在自尊心不足的人群中有心理疾病的人有多少"，因为，凡是来诊所接受心理治疗的人大都是意识到自己有疾病的人，而很多自尊心不足的人可能不影响正常生活因而不算是心理疾病。[1]

当先验概率明显偏低时，混淆条件概率与其逆概率的错误，也表现为"基础比率忽视"（base rate neglect）。依据著名的贝叶斯定理（如下），可以看出：当先验概率（或曰基础比率）[2]P(H) = 0.1%（也即 P(~H) = 99.9%）时，倘若 P(D/~H) = 5%，即便逆概率 P(D/H) = 100%，最终算出的条件概率 P(H/D) 却仅仅约为 1.96%。

贝叶斯定理：$\dfrac{P(H/D)}{P(\sim H/D)} = \dfrac{P(D/H)}{P(D/\sim H)} \times \dfrac{P(H)}{P(\sim H)}$

（这里，D 即 Data，表示我们在认识过程中新获取的相关证据或数据。H 即 Hypothesis，表示我们所关心的一种可能会发生的事情。~H 表示我们所关心的事情未发生。）

（3）条件概率和合取概率可以相互界定。二者究竟哪一个更基础，学界存在争议。不管怎样，要意识到：仅在前件 A 确定发生即 P(A) = 1 的极端情形下，条件概率才等于合取概率；否则，简单把二者等同起来，就是概率谬误。

---

[1]　参看 Hastie & Dawes, *Rational Choice in an Uncertain World*, 112 - 3。

[2]　当谈论某一疾病时，此种基础比率经常又被称作它在特定时间点的"流行率"（prevalence）。

条件概率的定义：$P(B/A) = \dfrac{P(AandB)}{P(A)}$

合取概率的定义：$P(AandB) = P(A) \times P(B/A)$

（4）虽然合取事件的概率不会大于其中任一简单事件的概率，否则便是第一节中所谓的"合取谬误"，但是，我们在特定情境下所要判定的究竟是合取概率还是条件概率，有时可能并不是很清楚。譬如，别人问你："一个人夜里站在零下 20 摄氏度的室外感到冷"，这个事件的概率有多大？对此问题的回答，取决于我们是把"一个人在零下 20 摄氏度的户外感到冷"理解为复合事件"一个人在零下 20 摄氏度的户外，**并且**他在户外感到冷"，还是理解为复合事件"**假若**一个人在零下 20 摄氏度的户外，他在户外会感到冷"。倘若你有理由在后一种意义上理解问题并因此而回答"有很大的可能性"（至少比"一个人在户外感到冷"的概率高），便不存在所谓的"合取谬误"，因为，条件概率并不一定总是要小于后件概率。[1]

二、统计相关与因果关系

概率不只是对世界不确定性的记录或表征，我们还能从中探求因果关系。因果关系的发现，被认为代表了人的认知能力或科学成就。我们通过因果认知来预期未来，获得安全感。容易造成麻烦的是，如第一节所见，我们倾向于断言实际上并不存在的因果关系（至少是未加证实的因果关系），这或许是因为我们渴望确定性，愿意相信我们自己有更多的控制能力。

（一）因果关系推理

通常，当我们说 A 是 B 的原因时，其中的因果关系断言并非仅就当前两个

---

[1] 有心理学家已经意识到，这种情形并不属于"合取谬误"。在某种意义上，合取概率关注的仅仅是"两个事件的复合"，而条件概率有时还用来表示"两种理由的复合"，譬如，之所以相信他会感到冷，不仅是因为他在户外，还因为户外温度是零下 20 摄氏度。参看 Hastie & Dawes, *Rational Choice in an Uncertain World*, 119。

特殊事件而言,它具有一般性或可重复性,即,每当类似 A 那样的事件出现时,不管是过去、现在还是将来,类似 B 那样的事件都会出现。故此,一旦获知某种因果关系,我们的很多决策将大为便捷。譬如,当我们得知 A 是 B 的原因时,每次看到有 A 大都可以预见有 B,就像看到闪电会预测随后有雷声一样;假若我们没有看到结果 B,我们也可以推断原因 A 并不存在或被抑制了。

不过,在"依据因果知识作决策"之前,我们经常要完成的一个"困难任务"是:推断何时有因果关系,或 A 和 B 之间是否有因果关系。根据日常对于因果关系的宽泛理解,当我们发现 A 是 B 的必要条件、充分条件或充分必要条件时,似乎都可以推测 A 是 B 的原因。

那么,如何分辨必要条件(necessary conditions)和充分条件(sufficient conditions)呢? 逻辑学家密尔(John Stuart Mill)的求同法、求异法和求同求异法,为我们提供了一种粗略的理解方式。

哪一个可能是"生病"的必要条件?

场 合	A	B	C	D	E	F	G	"生病"现象
1		—	—	*	*	*	*	*
2	*	—	—	—	*	*	*	*
3	*	*	—	—	—	*	*	*
4	*	*	*	—	—	*	—	*
5	—	—	—	—	—	*	—	*

如上,在所关注现象(phenomenon)"生病"出现的诸多场合(occurrence),F 之外的所有其他条件(A、B、C、D、E、G)都可以不满足,因此,都不是必要条件;[①]相比之下,唯有 F 是在每个场合下都满足的条件,似乎必须满足 F 才会

① 这里排除法的逻辑依据是:没有前件却可以出现后件,这意味着前件并不是后件的必要条件。"必要条件关系"要求:无"前件",则必无"后件"。

"生病",可以推测 F 是该现象得以出现的必要条件,即 F **可能是**它的原因。此乃求同法。

哪一个可能是"生病"的充分条件?

场 合	A	B	C	D	E	F	G	"生病"现象
1	*	*	*	*	*	*	*	*
2	*	*	*	*	*	*	—	—

如上,在场合 2,G 之外的所有其他条件(A、B、C、D、E、F)都满足了,但所关注的现象"生病"并未出现,这意味着这些并非"生病"的充分条件。① 相比之下,在同时满足条件 G 的场合 1,所关注的现象却出现了,由此推测 G 是"生病"的充分条件,即 G **可能是**它的原因。② 此乃求异法。科学研究中通过区分实验组和控制组所做的对照实验(也译为"受控实验",controlled experiments)或"随机对照实验"(randomized control trials,缩写为 RCTs),原理与此相类似。③

---

① 这里排除法的逻辑依据是:有了前件却未出现后件,这意味着前件并不是后件的充分条件。"充分条件关系"要求:有"前件",则必有"后件"。

② 当然,更为谨慎的推测是,G,连同 A、B、C、D、E、F 一起,可能是"生病"的充分条件。不过,假若 A、B、C、D、E、F 属于更为常见的自然状态的一部分(即不论是否生病都会存在的状态),习惯上我们会直接单把 G 作为充分条件。这就像是:我们通常认为,90 分成绩是"考试及格"的充分条件,尽管脱离语境来说,可能还得申明"试卷未发现有作弊""本次考试是百分制"等其他常规条件。

③ 当然,严格来讲,二者并不尽相同,密尔的求异法主要是通过自然条件下的观察而尝试提出一种可能的因果关系,相比之下,当代科学中的随机对照实验要求更高,主要是通过在受控环境下观察和评估自变量(通常只保留一个自变量)和因变量之间的关系来检验一种因果关系假说。随机对照实验对于探求因果关系固然重要,但有些时候,譬如,要研究受教育程度与工作收入的关系时,并不适合开展随机对照实验,因为我们在道义上无权随机让一部分接受教育而让另一部分不接受教育,或让一部分人多接受教育而让另一部分人少接受教育。参看 J. D. Angrist and A. B. Krueger, "Does Compulsory School Attendance Affect Schooling and Earnings?" *The Quarterly Journal of Economics* 106, no. 4 (1991): 979 - 1014。因此,当代科学研究方法中,除了随机对照实验,还包括现场实验、单组(前测后测)实验以及调查法和访谈法等。

哪一个可能是"生病"的充分必要条件？

场　合	A	B	C	D	E	F	G	"生病"现象
1	—	—	*	*	*	—	*	*
2	*	*	—	—	*	*	*	*
3	*	—	*	*	*	—	—	*
4	*	*	*	—	—	—	*	—
5	—	*	*	*	—	*	—	—
6	*	—	—	*	—	*	*	—

如上，在所关注现象"生病"出现的场合 1、场合 2 和场合 3，E 之外的所有其他条件（A、B、C、D、F、G）都可以不满足，可以推断它们都不是"生病"的必要条件；同时看到，在场合 4、场合 5 和场合 6 下，E 之外的所有其他条件（A、B、C、D、F、G）得以满足却未出现所关注的现象，可以推断它们都不是"生病"的充分条件。相比之下，唯有条件 E 在每次出现"生病"现象时都得以满足，也唯有 E 是每次未出现"生病"现象时均未得以满足的条件，由此推测 E 是该现象得以出现的充分而且必要条件，即 E **可能是**它的原因。此乃求同求异法。

（二）对因果关系的概率统计刻画

谈到必要条件和充分条件时，我们经常说：A 类事件是 B 类事件的充分条件意味着"有 A 时必有 B"，而 A 类事件是 B 类事件的必要条件意味着"无 A 时必无 B"。这当然反映了 A 和 B 两类事件之间的共变关系（covariation，协相关）。然而，现实生活中，由于诸多变量相互纠缠，经常难以区分，因此我们所看到的往往不是那么理想的共变关系（即 A 和 B 每次都共同出现或同时不出现），而是不那么"纯净"的伴随关系，譬如，在医疗诊断记录中，我们可能发现，症状 B 和疾病 A 同时出现的病例有 20 个，症状 B 和疾病 A 均未出现的病例有 40 个，症状 B 出现而疾病 A 未出现的病例有 10 个，症状 B 未出现而疾病 A 出

现的病例有 80 个。对此,可以用四格表(fourfold table)①显示如下:

	疾病 A 出现	疾病 A 未出现
症状 B 出现	20	10
症状 B 未出现	80	40

注意:在理想情况下,若确信 A 是 B 的充分条件,则意味着左下格应为 0;若确信 A 是 B 的必要条件,则意味着右上格应为 0;若确信 B 是 A 的充分条件,则意味着右上格应为 0;若确信 B 是 A 的必要条件,则意味着左上格应为 0。②但如上表所示,现实中观察到的"伴随现象"有很多是"非理想的",往往是每一格中均有一定数量的案例。

这倒不是说现实世界没有因果关系(尽管关于何谓真正的因果的确存在哲学争论),而是说是我们所搜集到的数据很可能已经受到其他变量的影响(而且我们无法通过实验室创设理想条件来排除那些影响因子的干扰)。也正是因为这一点,一种比单纯考虑充分条件和必要条件更具现实针对性的用以刻画因果关系的方法是概率统计。这里所指的概率统计就是"统计相关"(statistical correlation)意义上的高条件概率。也就是说,所谓 A 是 B 的原因,至少意味着:$P(B/A)$ 是很高的(虽然不必高至 1)③,而且 $P(B/A)$ 明显大于 $P(A/B)$ 和 $P(B)$。

借助"四格表"那样的概率统计信息④,弄清相应的条件概率值,我们就可

---

① 此种用以显示不确定性的矩阵图,在统计学上又叫作"列联表"(contingency table)。

② 这里,细心的读者或许已注意到,当我们说"A 是 B 的充分条件"时,其意思相当于"B 是 A 的必要条件";当我们说"A 是 B 的必要条件"时,其意思相当于"B 是 A 的充分条件"。这种关系提示我们:必要条件和充分条件是密切联系的一组概念,并不能简单地说它们彼此矛盾或相互反对。

③ 借助于合取概率和条件概率之间的转换关系,可知:此种条件概率高,意味着 A 和 B 同时发生的概率小于但接近于 A 发生的概率。

④ 当涉及检测仪器的准确性时,"四格表"中的信息还可以帮助我们推算出"假阳率"、"假阴率"、"敏感性"(真阳率)、"特异性"(真阴率)等。其中,特异性+假阳率=1,敏感性+假阴率=1。

以推测谁更可能是谁的原因。此种推断法至少在两个方面具有优势。

其一,单凭个体经验和记忆进行"启发式"判断时,由于"症状 B 与疾病 A 共现"这种情形更容易受到急于寻求病因之人的关注并在记忆中留下印象,从而造成决策时的"过度自信",相比之下,若是借助此种表格,同时统计另外三种情形(即"有症状 B 无疾病 A""有疾病 A 无症状 B""无疾病 A 无症状 B"),然后尝试对相关的条件概率值进行比较,就可以减少错误归因。[①] 譬如,虽然 P(有症状 B/有疾病 A)高达 80%,但假若 P(有症状 B/无疾病 A)也有 50%,或者 P(有疾病 A/无症状 B)也高达 70%,或者 P(无疾病 A/无症状 B)只有 40%,这时就不能推断疾病 A 是症状 B 的原因了。有心理实验表明,由于气象预报员倚重统计概率而外科医生多喜欢凭自身经验判断,后者出现预测失误的情形明显高于前者。[②]

四格表之所以有此效用,根本上是因为其传达的"统计"信息更为清晰且完整。以下来自日常生活中的一则简单对话,足以说明这一点。

> 老人甲:"我的医生告诉我,我必须戒烟,否则我会因此而死。"
>
> 老人乙:"不!不要戒!我有两个朋友都听医生的话戒了烟,然后他俩都在几个月之内就死了。"

初看上去,"老人乙"已经提供了某种事实证据,似乎由此便可以作出某种理性决策。但如果我们把他所传递的信息用如下四格表显示,不难发现该信息如何之片面:仅显示了"戒烟老人死亡"的数字,对于"戒烟老人未死亡"的数字、"未戒烟老人死亡"的数字和"未戒烟老人未死亡"的数字一概未提。

---

① 症状和疾病同时出现的情况习惯于记录在四格表的左上格,而左上格又经常被标记为"A 格"(Cell A),所以,这种仅凭左上格信息而推断因果的思维习惯有时被称作"A 格偏差"。参看 David Dunning, "Judgment and Decision Making," in *The SAGE Handbook of Social Cognition*, ed. Susan T. Fiske and C. Neil Macrae (Los Angeles: SAGE, 2012), 251–72。

② Plous, *The Psychology of Judgment and Decision Making*, 222–3.

倘若仅凭如此有限的信息便认为已经证实了"老人戒烟会导致死亡",那将是典型的"证实偏差"。

	老人死亡	老人未死亡
老人戒烟	②	?
老人未戒烟	?	?

其二,由于条件概率本身具有方向性,即,一种条件概率的值很高并不意味着其逆概率的值也同样高,当以条件概率来显示相关的统计信息时,可以减少单凭统计相关而误置因果的情形。譬如,虽然我们观察到了 A、B 大量共现的实例,但假若 P(A/B)明显比 P(B/A)更高,那么,很可能是"B 因 A 果"而非"A 因 B 果"。

（三）统计相关与因果关系之间的裂隙

统计相关,对我们推断因果关系来说,无疑是非常重要的参考信息。但是,在精确把握了各种变量之间是如何具有统计上的相关性后,并不意味着我们由此可以直接确定因果关系了。从"统计相关"到"因果关系",二者之间有一条裂隙(gap),如何跨越这条裂隙,并非只是统计学问题,而且是典型的逻辑学问题。

从逻辑推理的角度看,顶多可以说,有因果关系的一定会存在统计相关,但不能反过来说,存在统计相关的就一定有因果关系。之所以有统计相关而未必有因果关系,根本原因或许是哲学家休谟(David Hume)所说的归纳难题,即,纵使我们在过去一直观察到 A 和 B 彼此伴随出现,但这并不意味着它们在将来也一定会如此,当我们称它们"因果关系"时或许只是把某种心理上的联想习惯当作了因果关系。这当然是个大的哲学问题。不过,即便单从经验的角度,我们也不难看到"有统计相关而未必有因果关系"的实例。除了第一节中所讲过的那些,还可以提到:小学生的阅读能力提升与鞋码变大之间存在明显的统计相关,但通常认为,这并不意味着后者就是前者的原因,或与其说后者是前者的原因,毋宁说二者都是第三变量(如"年龄增长")的结果。类似的"非因果"统计相关有：穿短裤的人经常被发现去买冰淇淋，运动较多的人往往罹患皮肤癌，等等。一个最能说明"以统计相关替代因果"何以导致深层困境的经典案例，当属"辛普森悖论"。①

另外，当我们说"有因果关系的一定会存在统计相关"时，这也仅仅是就理想的统计工作而言。② 由于人类现阶段在统计方法或能力上的欠缺，有可能无法捕捉到本应有的"统计相关"。譬如，有心理实验发现，虽然我们都认为有性关系是怀孕的原因，但从被试的报告情况来看，二者的相关系数却不高。③ 当然，从逻辑的角度看，与其说这表明了性关系与怀孕之间实际上不存在相关性或相关性低，毋宁说是由于实验设计不够精细或统计方法有瑕疵从而使得我们无法揭示其中全部的相关性。

三、反事实条件句及其验证

当我们习惯于把因果关系理解为条件句时，不应忘记，日常语言中的条件句有直陈条件句（indicative conditionals）与虚拟条件句（subjunctive conditionals）或反事实条件句（counterfactual conditionals）之分。历史上人们大都是从直陈条件句的角度来研究因果关系的，20 世纪下半叶，反事实条件句的研究路径开始出现，并逐步得到越来越多的重视。

（一）对因果关系的另一种理解：反事实条件句

从反事实条件句的角度来理解因果关系，这种想法最早可以追溯至休谟。休谟在《人类理智研究》一书中提出了两种"因果"观念。

---

① 有兴趣的读者，可参看［美］朱迪亚·珀尔（Judea Pearl）、［美］马德琳·格利穆尔（Madelyn Glymour）、［美］尼古拉斯·P. 朱厄尔（Nicholas P. Jewell）：《统计因果推理入门》，杨矫云、安宁、李廉等译，北京：高等教育出版社，2020 年，第 2—6 页。

② 这就像是上一章讲到的"真的"与"可强证实的"、"假的"与"可证伪的"之间的关系那样，即仅在理想情况下，我们才可以承认，一切真的说法都是可证明为真的，一切假的说法都是可证明为假的。

③ Plous，*The Psychology of Judgment and Decision Making*, 170.

我们可以把原因界定为一个对象伴随有另一对象,而且,所有与第一对象类似的对象都伴随有与第二对象类似的对象。或换言之,倘若第一对象不曾出现的话,第二对象永远都不会存在。①

尽管休谟本人这里用到了"换言之"一语,但当代学者大都认为,他其实谈到的是两种不同的观念:第一种因果就是"统计相关"或"经常相继发生"(regularity of succession)意义上的,第二种是"反事实依赖",即,"假若第一对象不曾出现,第二对象永远都不会存在"。休谟本人主要关注的是第一种因果,但他对其不是很满意。

反事实条件句的因果观念,特别引入了"实际未发生的虚拟情形",这被认为可以有效缓解由于混淆因子所可能造成的认知偏差。这一点在人类探究活动中非常重要。因为,人们直觉上过于依赖正性事件(即仅仅考虑四格表中的左上格,而忽视其他三个格);但是,为了穷尽可能性,我们显然需要反事实考量,即四格表中的另外三个格,即便我们尚未知晓相关信息。譬如,在关于福尔摩斯的一个探案故事中,很多人都只看到当天夜里院子里的狗未叫的事实,并由此急于推断"当晚没有人闯入家中",但福尔摩斯提醒我们要设想那种"有人在夜间闯入家中却未引起狗叫"的情形,进而推断当晚闯入家中者可能是个熟人。②

心理学家普劳斯(Scott Plous)曾评论:"在涉及偶然性问题的判断中,那些实际未曾发生的情形经常跟那些实际发生的情形一样重要。"③这话是公正的。倒不是说未发生的比已发生的重要,而是说:实际已发生的情形,并不意味着它总是会发生或必然发生。模态逻辑上的一个典型谬误就是:由"实际上有 A"到"必然有 A"。

---

① David Hume, *An Enquiry Concerning Human Understanding* (Oxford:Oxford University Press, 2007), 56.
② Plous, *The Psychology of Judgment and Decision Making*, 164.
③ Plous, *The Psychology of Judgment and Decision Making*, 173.

(二) 刘易斯对因果性的逻辑刻画

美国逻辑学家和哲学家刘易斯(David Lewis)最早在 1973 年提出了对于反事实条件句的逻辑刻画。[①] 他在技术上运用了可能世界语义学来界定反事实条件句的真值：

> "假若 A 属实的话,C 将会属实"在现实世界为真,当且仅当,要么(i)并不存在可能发生 A 的世界,要么(ii)有某个发生 A 且 C 成立的世界,相比于任何发生 A 而 C 却不成立的世界,更为接近现实世界。

在此基础上,他把"A 是 B 的原因"(A has caused B)解释为反事实依赖性,即,"要不是有 A,B 就不会发生"(B would not have occurred if it were not for A)。具体来讲就是：设 A 和 B 是两个不同的现实事件,B 因果依赖于 A,当且仅当,假若 A 不曾发生,B 就不会发生。

这里要提示一下,大多数反事实条件句分析都聚焦于**两个**事件之间的因果关系,这被称作"单称的"(singular)或"现实的"(actual)因果,以区别于**两类**事件之间的"类型因果"(type causation)。我们日常决策所涉及的问题,有时并非"酒驾"之类事件与"交通事故"之类事件之间是否存在因果关系,而是"他昨晚的酒驾行为"(作为单个事件)与"他昨晚发生的交通事故"(作为单个事件)之间是否存在因果关系。刘易斯借助"反事实依赖性"所要刻画的就是一种单称因果。通常而言,单称因果的判定对于科学家们更具挑战性。因为,某一件事,就其自身的特定性而言,可能是不可重复的,因而不存在统计学上有参考价值的经验数据。例如,美国社会 20 世纪上半叶肺癌发病率翻两番。

---

① 需要注意,这里的"反事实条件句"有别于决策心理学上的"反事实推理"(counter-factual reasoning)。后者把"避免后悔"作为一个参数,是"后悔理论"(regret theory)的重要基础。相关讨论,参看 D. Dunning & M. Parpal, "Mental Addition Versus Subtraction in Counterfactual Reasoning: On Assessing the Impact of Personal Actions and Life Events," *Journal of Personality and Social Psychology* 57, no. 1 (1989): 5 – 15。

（三）玻尔的集成性工作

刘易斯在哲学上经常遭受诉病的一点是：他诉诸被认为具有实在性的诸多可能世界（就像是科幻电影中的"多重宇宙"或"平行世界"），但是，这些可能世界如何与现实世界通达呢？这导致了反事实条件句的"验证难题"。刘易斯"反事实因果"的其他问题，还包括："传递性"、"先发制人"（preemption）、"多样充分因"（multiple sufficient cause）等。

当代计算机科学家、图灵奖获得者玻尔（Judea Pearl）继承并改进了刘易斯对于反事实依赖的刻画方式，同时将其与统计学方法、科学实验方法等结合起来，提供了一种更具集成性的探求因果之法。新近出版的《为什么：关于因果关系的新科学》一书①，是对他相关思想的通俗表述。该书提示我们：借助单一方法，我们很难确定"当时大量美国人长期吸烟"（作为单个事件）是否导致美国 20 世纪上半叶"肺癌患病率翻两番"（作为单个事件）的原因，但是，通过调用科研人员业已掌握的科学证据（尤其是过去所取得的观察性和试验性成果，包括白鼠实验、烟雾致癌物成分等等）来计算所需的条件概率，综合比较各种"因素"的相对重要性，最后可以合理推断：在"长期吸烟"之外没有任何其他因素更有可能是导致美国当时"大批肺癌"的主因。

玻尔工作的集成性还在于，他把人类探求因果的各种尝试分为三个层级：seeing、doing 和 imagining。这三个层级被称作"因果关系之梯"。第一层级的 seeing 是通过"被动观察"发现周边现实环境中的"律则"（regularities）或"关联"（association），第二层级的 doing 是通过实验等干预手段控制现实世界中的某些条件，然后观察这会引起什么变化；第三层级的 imagining 是主动想象一个反事实的虚构世界里会有什么样的状态。在玻尔看来，当前很多统计学家和实验科学家的工作仅停留在前两个层级，有待上升至第三层级的"反事实因果"——后者也是未来人工智能所努力的方向。

---

① 该书中文版为［美］朱迪亚·珀尔、［美］达纳·麦肯齐：《为什么：关于因果关系的新科学》，江生、于华译，北京：中信出版集团，2019 年。

四、如何增强溯因推理的可靠性

在不确定世界里追求理性的决策，我们不是要回避世界本身（包括我们人自身）的不确定性，而是希望借助已有的知识和大量的观察实验，学会恰当应对各种不确定性。因果关系无疑是最诱人的一种帮助我们决策的东西，但永远不要低估探求因果关系的难度，我们的探究结果本身往往带有不确定性。这倒不是要我们停止寻找万物之间的因果联系（那差不多意味着要我们放弃整个科学事业），我们从逻辑上可以做的是，尽可能增强因果推理的可靠性。

（一）探求因果关系时的双重困境

探求因果，是人类知识增长和社会进步的动力，但当我们竭力探求因果关系时，经常面临双重困境。一方面，我们希望尽可能全面细致地考察一切有可能相关的东西，并从中找出原因，但实际上我们常常会忽视一些东西从而看不到原本存在的因果关系。无视因果关系被认为是一种严重的认知缺陷。另一方面，"急于获知因果"也是一种诱人陷阱。我们所观察到的可能只是"相关幻相"（illusory correlation），但为了尽快确定因果关系，我们往往高估某些因素的影响力，错误断言（即"制造"而非"发现"）原本并不存在的因果关系。正如第一节中讲到的"趋均值回归"提醒我们的，在球队比赛最差时更换教练，下一次成绩往往会提高；一位明星名声大噪之后，接下来的成绩往往会下降，但这不意味着一定是新教练的能力导致了成绩提升或是明星成名之后的心态变化导致了成绩下降。当对某些因果关系的判定关乎当事人的个人贡献、选择能力、眼光品位时，我们往往更容易高估来自个人的主观因素的影响力，从而导致所谓的"计划谬误""控制错觉""禀赋效应"（endowment effect）等。[1]

如果说前一种困境通过掌握更多现成的科学知识可以有所缓解的话，那么后一种困境则只有从"推理的可靠性"上多加反思才能缓解。"匆忙下结论"

---

[1] Plous, *The Psychology of Judgment and Decision Making*, 170‑2.关于这方面的"根本归因误差"（the fundamental attribution error），可参看该文献第180—181页。

（jumping to the conclusion）是最常见的逻辑谬误。从逻辑推理的角度看，我们不能把本应有的或然性结论①误当作必然性，也不能把本应很弱的结论变成强结论。

（二）溯因推理的或然性结论

前文讲到多个可以帮助我们探求因果的方法。从逻辑上看，这些方法的推理型式都可归为"溯因推理"（retroduction），大致可以表示为：

若 A 则 B，现在我们发现了 B 的实际存在，所以，有可能 A。

为了更好地理解本节提到的各种探求因果方法的逻辑原理，我们可以把这里的"若 A 则 B"视作我们某个时期的因果观念，譬如，两种现象之间若存在因果关系则它们之间的条件概率很高，或者，如果两类事件之间有因果关系，那么每当前一类事件出现时总能发现后一类事件的出现。所谓"B 的实际存在"代表我们当前所掌握的事实，譬如，某两种现象之间的条件概率的确很高，或者，至今为止，某一类事件出现后总有另一事件随之出现。"有可能 A"则代表我们对当前情境中所存在因果关系的推断，譬如，这两种现象或两类事件之间存在因果关系。

需要注意，上述推理型式不是演绎推理，其结论为或然性的，譬如，我们从"如果刚下过雨则地面湿"和"发现地面湿"只能推出"有可能刚下过雨"，否则就属于演绎逻辑中的"肯定后件谬误"。这意味着，即便我们所倡导的某种形如"若 A 则 B"的因果观念是正确的，即便我们当前所认为的"B 的实际存在"（如：两种现象之间的条件概率很高，两类事件一直以来都伴随出现）的确属实，②即，两个前提均为真的，我们合乎逻辑的结论也只是"有可能 A"，而不是"必定 A

---

① 对于结论的或然性，一种理解方式是"可废止性"（defeasibility），即当未来掌握新的证据并将其增加到原来的前提集中时，之前被认为很有可能的结论或许就会被大大弱化。

② 这个环节的"统计"或"归纳"也经常因为样本不够典型而出现问题。虽然"大数据"可以减少这方面的误差，但是获取"大数据"往往意味着成本增高，而且会增加"数据挖掘"方面的工作量。

是真的"，即当前两现象或事件之间并非一定存在因果关系。当我们说"有可能A"时，无法彻底排除"非 A"的可能性，因而这依然是一个开放的结论。

溯因推理是典型的或然性推理，除此之外，其他的或然性推理还包括归纳推理和类比推理。或然性推理与必然性演绎的一个重要差别是：某些适用于必然性演绎中的推理法则在或然性推理中会失效。譬如：由 A 可推测很可能 B，由 B 可推测很可能 C……由 Y 可推测很可能 Z，但我们往往无法因此而由 A 推测有可能 Z，即传递性原则不成立。很多所谓的"滑坡论证"（slippery slope arguments），都与此有关。

（三）最佳解释推理：多种假说的评估和比较

作为对原因的推测，溯因推理是或然性推理。对于或然性的非演绎推理，我们从逻辑上所追求的既非"绝对的必然结论"也非"纯粹理论上的可能性而已"，而是尽可能增强结论的可靠性，尤其是设法表明"当前结论比起相反结论更有可能性"。一种合乎逻辑的溯因推理，其结论不应该仅仅是"有可能 A"，而是"很有可能 A"，尤其是"相比于非 A 的可能性，A 的可能性更大"。在此意义上，我们探求因果时，所追求的结论既不是"原因一定是什么"，也不是"原因有可能是什么"而是"原因很有可能是这个而非其他"。

这也正是大多数科学家们为增强溯因推理的可靠性所立足的方法论。有科学哲学家将此种探求因果的方法概括为"最佳解释推理"（Inference to the Best Explanation，缩写为 IBE）。根据科学哲学领域中的 IBE 理论，我们探求因果关系时，不能简单地得出一种可能的原因作为最终结论，[1]而是要将其视作一种"假说"，同时考虑还可能有哪些其他"假说"（即其他可能存在的原因），然后把这些不同假说放在一起进行比较。[2] 通常来说，每一种"假说"都可以解释我们

---

[1] 对于既有现象，提出一种可能的原因，然后直接将其视作"真正的原因"，这种做法的不当之处类似于第二章中提到的"直接把例示作为对某一抽象说法的全面证实"，本质上都是错误放大了原本只是很弱的支持力。

[2] 从科学哲学上看，之所以出现"多种假说"，是因为单看我们某方面的"观察数据"，往往不足以决定我们应该持有哪一种"理论"。

所观察到的某些现象,但它们所能解释的现象范围有所不同,如果经过评估后发现,某一种假说不仅能解释所有其他假说能解释的现象而且还能解释它们无法解释的一些现象,或者即便它跟其他假说解释的现象范围一样但它的解释明显更好时,我们就可以把这个假说当作"更可能存在的原因"或"最主要的原因"。

一个值得反复强调的事实是:面对一种令人好奇的现象,单是提出一种解释是远远不够的,因为泛泛的解释,跟第二章提到的种种"弱证实"一样,往往来得过于容易了。在你怀有或听到一种解释时,必须意识到其他人对此现象的解释有可能不同,然后最重要的事情就是,你如何分辨哪一种解释至少在当前阶段属于最佳解释(包括解释更多的相关现象)。否则,单是认为某假说能解释自己所抓到的某个现象片段便紧接着宣称该假说是导致某现象的原因,这种"半途而废的"工作虽不能说毫无益处,但比"盲人摸象"也好不到哪里去。

IBE 关于如何增强溯因推理的建议,与一些心理学家的建议不谋而合。譬如,为了避免错误归因,很多学者从"变异框架分析"的角度提出:(1)当一个人意识到人类其实有很多"抽象"或"隐藏"的共同习性,而且发挥实质性作用的往往是这些共同习性时,你就可能不只考虑个性因素对行为的影响,还会把环境或时间因素考虑在内。(2)当你试着改变角色,换位体验(trading places),你会发现,在旁观者角色那里凸显的"因素"很可能不同于在行动者角色那里凸显的"因素"。(3)甚至单是"停下来思考为何你最初的判断可能是错误的",即有可能其他判断也有很好的理由,就有助于我们避开"虚假因果"。①

练习与讨论

1. 某市初二学生的 IQ 平均数是 100。你从该市抽取 50 名学生进行有关学业成就的研究。你抽取的第一个学生的 IQ 为 150。你认为你抽取的这 50 人的样本的 IQ 平均数为多少?

2. 你是某连锁超市的经理,现在临近年底,你需要预测明年各分店的销售

---

① Plous, *The Psychology of Judgment and Decision Making*, 174–88, 228.

量。有确切证据显示,明年你们连锁超市的销售总额会增加 20%,请你预测 4 号和 5 号分店的表现。

分 店	今 年	明 年
1	100 万元	
2	90 万元	
3	110 万元	
4	80 万元	?
5	120 万元	?
合 计	500 万元	600 万元

3. 你负责公司的 A 项目。该项目包括 12 个独立的子项目,每一个子项目都由一家承包商负责完成。12 个子项目全部顺利完成后,该大项目才能取得成功。这 12 家承包商的资质都不错,每一家都有 90% 的可能性顺利完成自己的子项目。A 项目取得成功的概率是多少? 公司的另一个 B 项目难度极高,你把它承包给了 12 个承包商。任何一个承包商顺利完成,该大项目就能取得成功。由于该项目太难了,每个承包商都只有 10% 的可能性顺利完成。B 项目取得成功的概率是多少?

4. 很多人相信参加昂贵的辅导班有助于提升成绩。据统计,参加辅导班的学生后来 80% 考取了重点大学,而全体平均来看,仅有 30% 学生进入重点大学。如何评价其中的相关性或因果性? 然后,同时设想另外几种可能的因果解释,你有办法检验哪种解释更为可信吗? 最后,试与"家用电器与避孕工具"①、"购

---

① 该案例是 20 世纪 70 年代在亚洲某地开展的一次旨在调查哪些因素与人们对避孕工具的使用有关的大规模研究。一个由社会学家和内科医生组成的研究团队收集了环境和行为变量方面的大量数据。数据汇总之后,研究者发现,有一个变量与使用避孕工具的相关性最强,那就是家庭中烤箱等家用电器的数量。于是有人推测:在高中免费发放烤箱,是不是能解决青少年早孕问题? 参看 Keith Stanovich, *How to Think Straight Psychology* (New York: Pearson, 2013), chap. 5。

买打印机与学习成绩提高"①等案例对照,它们各自声称的"统计相关"在参考价值上有何异同?

6. 国际医学实践中,有医生向被认为将来有很大可能患上乳腺癌的人建议提前做乳房切除手术,并为此提供了统计概率上的支持。据报道,1979 年美国密歇根州海湾市有一名外科医生,查尔斯·罗杰斯(Charles R. Rogers)博士,他是全国范围内采用先进疗法治疗乳腺癌的几位先驱之一。其研究团队认为,乳房 X 光透视中所呈现的乳导管和小叶的形态是判断是否存在发病风险的依据。统计显示,属于高患癌风险组的女性中,会有一半以上的人在 40 到 59 岁之间形成肿瘤。② 对于医生的溯因推断,你怎么评判? 你认为可用作决策依据的、更可靠的溯因法应该是什么样子的?

7. 篮球运动中的"热手效应"是否存在? 如果有人坚持认为其中存在某种因果关系,你怎么驳斥他? 你觉得,更为谨慎的归因策略是什么? 或者说,我们能说其中完全没什么原因可言吗?

8. 斯坦福大学数学与统计学教授戴康尼斯(Persi Diaconis)在猜硬币游戏的研究上颇有建树。他与同事发现,大部分涉及硬币的概率游戏都不如你想象的那样机会均等。例如被普遍认为输赢几率各占 50% 的抛硬币游戏,其实正反面出现的几率也不是 50/50,而是更接近 51/49,抛出时朝上的那一面概率占优。不过据《科学新闻》(Science News)报道,有研究发现,背面为林肯纪念堂图案的一美分硬币,硬币停止旋转后背面朝上的次数大致占到 80%。原因是,铸有林肯头像的正面比背面稍重一点,导致硬币的重心略微朝向正面。③ 你认为,

---

① 该案例出自一则广告,其核心证据是:在对 400 位中学和大学老师开展的一次独立调查中,50% 的人认同"使用打字机的学生往往成绩更好"。它没有说"使用打字机的学生成绩一定会提高",但很多消费者看了之后仍会心动:它似乎"证实"了打字机能提升成绩,即便不完全确定,高概率的事情还是值得尝试的。详情参看 Plous, *The Psychology of Judgment and Decision Making*, 169。

② 详细报道,参看 Hastie & Dawes, *Rational Choice in an Uncertain World*, 170 - 1。

③ 详情参看 David Kestenbaum, "The Not So Random Coin Toss," accessed 19 April 2024, https://www.npr.org/2004/02/24/1697475/the-not-so-random-coin-toss。

这些发现能用大数定律来解释吗？或者，它们与大数定律相矛盾吗？不同硬币在设计上的差异究竟有多大，它对于我们推算抛硬币游戏中的概率有何影响？

9. 关于上帝存在，中世纪哲学史上有著名的宇宙论证明。① 其中有一种重要的理据是：宇宙万物按照某种秩序运行，这种秩序背后一定有一个伟大的设计者，这位设计万物秩序的伟大设计者就是上帝，即所谓的"造物主"。这里的一种条件概率即 P(B/A)（其中 A 代表"造物主存在"，B 代表"万物运行有序"）很高，尤其是 P(B/A)明显大于 P(B/~A)，或许正是这种高概率使得一些神学家相信可以用来证明上帝存在。请尝试引入其他相关的概率值（如某种主观概率、条件概率或逆概率）来评价此种证明的效力。特别地，你觉得 P(A/B)明显大于 P(~A/B)吗？你觉得，为了表明上帝很有可能存在，P(B/A)>P(B/~A)，P(A/B)>P(~A/B)，二者哪一个更为关键？

---

① 不过，千万不要小看此种论证的吸引力。当代有些科学家，援引科学研究中发现的某些极其复杂的生物结构（如细菌的鞭毛），认为它们不可能只是自然进化而来，唯有智能设计者的存在才能解释这一切。这位智能设计师（intelligent designer）很可能就是很多人所信仰的上帝。参看［美］朱迪斯·博斯：《独立思考：日常生活中的批判性思维》，岳盈盈、翟继强译，北京：商务印书馆，2015 年，第 334—339 页。

第四章
决策中的归纳与类比

或然性不仅涉及概率统计和溯因推理,还天然地跟归纳推理联系在一起。甚至统计或概率推断本身就是由样本到总体的归纳概括。除了归纳,类比推理也是最为常用的或然性推理。本章第一节作为引子,以当代心理学中那些为人所熟知且发人深思的实证案例,帮助读者直观了解我们日常决策中何以经常出现不当归纳和类比以及如何设法避免思维陷阱;第二节则从逻辑学层面埋清归纳和类比作为推理方式的底层原理,试图提供更系统和全面的框架图,帮助读者抵制心理诱惑,自觉增强归纳推理和类比推理的可靠性。

第一节　认知实验及心理分析

　　生活中,用已有信息推断未知情况的情况不计其数。这类推断中,人常常会犯两种推理错误:过度概括和类比不当。前者指将自己从过往经验中总结出的规律过度应用于不适合该规律的情境,后者指根据事物之间的相似点错误判断它们在其他方面同样相似。这两种错误判断都反映了人推理时过度考虑情境之间或者事物之间的相似性。殊不知,在一些情境中适用的规律可能在另一些情境中全然失效,而在一些方面相似的事物可能在其他方面千差万别。因此,只有充分考虑情境和事物的独特性,才能少犯过度概括和类比不当的错误。

一、过度概括

从过往经验中总结规律是学习。在关于经典条件反射的实验中，巴甫洛夫研究了狗的学习过程。狗进食时会分泌唾液，这很自然，巴甫洛夫将该反应称为非条件反射。有意思的是，巴甫洛夫总是在给狗喂食时摇铃。于是乎，狗看到美味食物时总能听到"叮铃铃"的铃声。渐渐地，狗学会将食物和铃声联系起来，听到铃声时就开始分泌唾液，即使此时未见食物。这一过程叫作条件反射，反映狗的学习"成果"。

学习"成果"会泛化：狗不仅会在听到"叮铃铃"铃声时分泌唾液，也会在听到与之相似的其他声音（如"铛铛铛"）时分泌唾液，把对"叮铃铃"铃声的反应泛化到其他铃声中。事实上，每个人都是"巴甫洛夫的狗"，人类的学习过程与狗相似，也同样会表现出泛化。例如，当小孩子学会了看到猫时称之为"猫"后，他们可能会在见到小狗、兔子和狐狸等与猫相似的动物时也称其为"猫"。市场上层出不穷的山寨产品也正是利用了消费者的泛化心理。例如，当消费者对某些知名品牌建立好感后，就会出现一大批山寨品牌，它们顶着长相与知名品牌极其相似的商标，拥有类似的品牌名称，企图以假乱真。消费者能火眼金睛地发现两者的差异吗？即使能，他们也会对山寨品牌形成好感，这种心理规律的幕后推手正是泛化。同样，品牌延伸也利用了泛化心理。品牌延伸指某款产品取得成功后，商家推出与之相关的产品。例如，某品牌洗发水广受欢迎，商家趁势推出相同品牌的沐浴露、洗手液、洗衣液等。通常情况下，出于泛化心理，消费者会对延伸产品抱有好感。放眼市场，品牌延伸并不罕见。某品牌汉堡大火，商家脑洞大开，赶紧推出汉堡味的指甲油；某品牌可乐热销，商家一不做二不休，索性开售可乐味香水。

泛化是人将过往经验中得到的规律用于判断未来情况的典型案例。如果这些规律适用于当前情境，这种方式无疑能帮助人更快捷地作出准确判断。但如果这些规律不适用于当前情境，就会出现"过度概括"现象，造成判断失准。

将局部过度概括至整体、将常见情况过度概括至特殊情况、将从前因到后果的关系过度概括至从后果到前因的关系是三类典型的过度概括。

（一）将局部过度概括至整体

人判断时往往只见树木，不见森林，以点概面，以偏概全，心理学家称之为"晕轮效应"。人会将自己对他人某局部特征的看法泛化到对此人的其他方面甚至总体的看法。[①] 美貌偏差就是晕轮效应的典型例子，即人认为美貌的人往往其他方面也表现上佳。研究者让被试观看一些照片，照片上的人有些美丽，有些姿色平平，观看之后，被试需要在和美貌完全无关的方面评价这些人。结果表明，被试给美丽的人在各方面的评分都高于其他人。[②] 以貌取人就是一种过度概括。

人也会将对群体中单个成员的判断过度概括至对群体中其他成员乃至整个群体的判断。生活中，人常根据群体中某个成员的表现形成对整个群体的印象。例如，如果你从未听闻马耳他，你们班新来的留学生来自马耳他，非常擅长打网球，此时你很有可能认为马耳他人个个都是网球高手。群体中排序第一的成员表现如何尤其会左右旁人对该群体的推断。如果排序第一的成员表现亮眼，人就会推测其他成员的表现同样出色；如果排序第一的成员表现糟糕，其他成员就会遭殃。这种判断不无道理，因为很多情况下，第一个成员可能是这个群体的创始人，在招兵买马的过程中他们很可能招募和自己相似的人进入群体。例如，跑步俱乐部的创始元老可能会邀请和自己跑步水平相当、年龄相似、性格相投的人加入俱乐部。

这类情况下，根据排序第一的群体成员表现如何推测群体表现合乎情理。但若不分场合，一律采用此种推理方式则会让人掉入过度概括的陷阱，尤其是当某成员排序第一纯属巧合时。实验中，被试得知某小组由七名大学生运动员

---

① E. L. Thorndike, "A Constant Error in Psychological Ratings," *Journal of Applied Psychology* 4, no. 1 (March 1920): 25-9.

② Karen K. Dion and Steven Stein, "Physical Attractiveness and Interpersonal Influence," *Journal of Experimental Social Psychology* 14, no. 1 (January 1978): 97-108.

组成,他们正在按序进行自由体操表演。研究者强调,表演顺序由抽签决定。运动员从罐子里抽取数字,抽到的数字是几就第几个上场表演。电脑会随机给被试呈现其中一名运动员的表现。被试被随机分为三组,分别得知第一个、第四个或者第七个上场的选手表现完美无瑕。接着被试预测其他六名运动员的表现。结果显示,得知第一个上场选手表现完美的被试会比得知第四个或第七个上场选手表现完美的被试认为其他选手的表现也会更好。

对群体成员有何预期会塑造人们对群体成员的态度。实验中,被试想象五名癌症研究者申请到自己国家的签证,他们拿到签证的顺序完全随机。被试被随机分为三组,分别得知这五名研究者中第一、第三或者第五个拿到签证的人在工作中犯下大错。被试预测其他四名研究者的表现。随后,被试得知这四名研究者有机会延长签证有效期三年,报告自己多大程度支持延长这些研究者的签证。结果显示,得知第一个拿到签证的研究者犯错的被试比得知第三个或第五个拿到签证的研究者犯错的被试预测其他研究者的表现更差,因此反对延长他们的签证时限。① 很显然,这些被试不幸掉入过度概括的陷阱,因为拿到签证的顺序随机决定,不含任何额外信息,排序第一成员的表现并不能比其他成员更好地代表整个群体的表现。总之,人常过度依赖局部情况推断总体情况,作出错误判断。

(二) 将常见情况过度概括至特殊情况

生活中,人会根据经验总结规律,例如坚持投入就会有回报、越急的事越需要予以关注、消除不确定性会带来好处。这些规律可能在大多数情况下均适用,可以帮助人们快捷作出判断与决策。但是即使在这些规律不适用的特殊情况下,人仍然会基于这些规律进行判断,因此作出错误的决策。

第二章提及的沉没成本效应就反映了此种过度概括。通常情况下,坚持投入就会有回报。但在先前投入已经完全失败,投入的成本也无法收回这一特殊

---

① Janina Steinmetz, Maferima Touré-Tillery, and Ayelet Fishbach, "The First-Member Heuristic: Group Members Labeled 'First' Influence Judgment and Treatment of Groups," *Journal of Personality and Social Psychology* 118, no. 4 (April 2020): 706 – 19.

情况下,坚持投入很可能不会带来任何回报。此时,人的决策应着眼未来,毕竟往者不可谏,来者犹可追。但根据沉没成本效应或承诺升级现象,人在此类特殊情况下仍会过度践行"坚持就会有回报"的规律,不明白不是所有的承诺都值得遵守的道理。

此种过度概括现象在生活中十分常见。例如,研究者揭示了虚假的急事效应。① 通常情况下,关注急事有诸多合理的原因。比如,急事可能和其他事情有关联,一旦错过就会造成之后的一系列损失;完成急事可能会让人立刻得到回报;人们可以先完成急事再慢慢做其他不紧急的事情等。因此,一般情况下急事确实需要予以关注。一门课程的作业提交日期是今天中午,另一门是今天晚上,目前你还未开始撰写两门课的作业。很显然,你应该赶紧完成第一门课程的作业,这无可厚非,毕竟"大限"临头。但研究发现,当急事和不急但更重要的事在其他所有方面都无差异,且只能从中选择一项完成时,人还是会忽视更重要的事,选择做急事。

实验中,被试需要在两项任务中选择一项,并获得相应的报酬,被试仅可选择做一项任务且仅能做一次。两项任务都让被试在五分钟内,为五类商品写五篇短评,每写一篇短评可获得积分,10 积分可以兑换一块巧克力。控制组中,两项任务的紧急程度相同。若选择任务 A,被试每写一篇短评可获得 6 分(也就是说选择完成任务 A 的被试可以获得 3 块巧克力),任务 A 将于 24 小时后过期;若选择任务 B,被试每写一篇短评可获得 10 分(即选择完成任务 B 的被试可以获得 5 块巧克力),任务同样将于 24 小时后过期。这种情况下,绝大多数被试都能意识到任务 B 的报酬更高,因此仅有 13.3% 的被试选择完成任务 A。紧急组中,主试操纵了两项任务的紧急程度,将任务 A 改为 10 分钟后就会过期,而任务 B 仍为 24 小时后过期。此时,选择任务 A 的被试显著提升至31.3%。在被试面临的这一选择中,即使完成紧急任务不会给被试带来任何好处,只会让他们获得更少报酬,被试也会被这种虚假的急事迷惑,将通常情况下

---

① Meng Zhu, Yang Yang, and Christopher K Hsee, "The Mere Urgency Effect," *Journal of Consumer Research* 45, no. 3 (October 2018): 673–90.

需要关注急事的倾向于过度概括至当前的特殊情境,作出不理性的决策。

另一个例子是人将消除不确定性的好处过度概括至不适用的情境。① 一般而言,消除不确定性能带来好处。比如,准确预报天气和自然灾害能让人更好规划出行及作好准备。但是即使消除不确定性没有任何益处,甚至对人有害,人仍然希望消除不确定性。实验中,研究者让被试先在等候室中等待几分钟,并告诉他桌上有一盒其他实验剩下的恶作剧电击笔。被试可以按笔帽来打发时间,并把自己按过的笔放在旁边的盒子里。被试被随机分为两组,每组桌上都有 10 支笔。确定组中,10 支笔中有 5 支贴着红色贴纸,另外 5 支贴着绿色贴纸,被试得知,贴着红色贴纸的电击笔装有电池,被试如果按下笔帽就会被电一下,显然被电击的滋味不好受,而贴着绿色贴纸的电击笔未装电池,被试按下笔帽不会遭受电击。不确定组中,10 支电击笔都贴着黄色贴纸。被试得知,这些电击笔中有些装了电池,被试如果按下就会被电,而有些未装电池,被试按下不会遭受电击。结果显示,不确定组的被试平均按了 5.11 支笔,远远多于确定组被试按的 3.04 支。这样的结果表明,被试想通过按笔帽搞清楚哪支笔装有电池,消除不确定性。但此时,消除不确定性对被试而言没有任何益处,反而会让他们更多遭受电击。因此,被试的选择不理性,他们将消除不确定性的好处过度概括到这一特殊情境。

(三)将从前因到后果的关系过度概括至从后果到前因的关系

另外一类过度概括是颠倒事物之间的因果关系。生活中,人常观察到某两个变量间紧密关联。其背后的本质原因可能是二者之间存在因果关系,变量 1(前因)导致变量 2(后果)。例如,"一分价钱一分货",商品的质量和价格常紧密关联。那么,孰因孰果? 显然,质量是前因,价格是后果,质量高导致商品价格高,质量低导致商品价格低。但人有时会将这种从原因到结果的关系过度概括至从结果到原因的关系,认为价格高的商品质量高,而价格低的商品质量低。②

① Christopher K. Hsee and Bowen Ruan, "The Pandora Effect: The Power and Peril of Curiosity," *Psychological Science* 27, no. 5 (May 2016): 659 - 66.
② 如果我们运用第三章中的条件句或条件概率来表示这种差别,会更清楚。

判断任务难度时,人也会出现类似的过度概括。[1] 规定的任务时限和任务难度往往紧密相连。例如,课程作业难度较小,往往需要在一学期内完成;毕业论文难度颇大,需要花费四年时间。规定期限与任务难度之间的相关性在于,难度越大的任务通常需要更长时间完成,而难度越小的任务往往需要的时间也更短。因此在任务时长和难度关系中,任务难度是前因,任务时长是后果。但人可能会将这种从难度到时长的关系过度概括至从时长到难度的关系,认为规定时间长的任务更难,规定时间短的任务更简单。实验中,研究者让被试想象朋友将来其家中参加聚会。被随机分至长时限组的被试得知,现在离朋友来访还有三个月;而被随机分至短时限组的被试得知,现在离朋友来访还有一个月。然后被试需要报告自己将花多少钱准备聚会以及组织聚会的难度。结果显示,相比短时限组的被试,长时限组的被试认为组织该聚会的难度更大,因此预计自己将花费更多钱准备该聚会。但事实上,离朋友来访还有多长时间并不会影响组织聚会的难度。人判断时再次犯下过度概括的错误,并可能因此投入过多资源来准备长时限任务。

同样的错误还出现在判断关系亲密度方面。[2] 空间距离和心理亲密度往往紧密相连。其原因是人总是愿意和关系好的人黏在一起,远离陌生人。例如,在饭局中挑选座位时,你总会想和好朋友坐在一起,与不熟悉或者讨厌的人离得远远的。因此,在心理亲密感和空间距离的关系中,心理亲密感是前因,空间距离是后果。但人可能会颠倒因果关系,依据空间距离判断心理亲密感,认为在空间上更近的人心理上也更亲近,空间上更远的人心理上也更疏远。这种判断很有可能令人啼笑皆非。比如,上下班高峰期的地铁车厢里人贴人,贴在一

[1] Meng Zhu, Rajesh Bagchi, and Stefan J. Hock, "The Mere Deadline Effect: Why More Time might Sabotage Goal Pursuit," *Journal of Consumer Research* 45, no. 5 (February 2019): 1068-84.

[2] Ji-eun Shin, Eunkook M. Suh, Norman P. Li, Kangyong Eo, Sang Chul Chong, and Ming-Hong Tsai, "Darling, Get Closer to Me: Spatial Proximity Amplifies Interpersonal Liking," *Personality and Social Psychology Bulletin* 45, no. 2 (February 2019): 300-9.

起的人关系亲密吗？他们在很大概率上只是萍水相逢。实验中，研究者招募了一批单身男士，将其随机分为空间距离近组和空间距离远组。所有男士都会观看关于同一位年轻女士的10秒视频，视频中这位女士直视镜头，就仿佛面对男性被试。在空间距离近组，视频中的女性距离摄像机60厘米，而在空间距离远组，视频中的女性距离摄像机120厘米。因此，空间距离近组的被试会感觉视频中的女性仿佛离自己更近。然后，研究者要求被试报告自己有多大可能成功邀请到视频中的女性和自己约会，以及自己有多喜欢这位女士和未来有多愿意和这位女士一起互动。结果显示，相比空间距离远组的被试，空间距离近组的被试觉得自己更可能约到这位女士，并且感觉自己更喜欢她，也更想和其进一步交往。这说明，空间距离会影响人对心理亲密感的判断。人在判断亲密、喜欢时也存在颠倒因果关系的过度概括。

二、类比不当

除了从过往经验总结规律来帮助判断，人还常将具有某类性质的事物作为比较基准，推论与之在其他性质上相似的事物也具有该类性质，这种推理方式被称为"类比推理"或"比较类推"。但显然，不同事物在某些性质上相似，并不意味着它们在其他性质上也一定相似。即使是完全相同的事物，其性质在不同情况下也会发生变化。因此，类比推理常会出错，产生类比不当。

（一）投射偏差

第一章提到的投射偏差就属于类比不当。推测他人时，人常以自己作为基准，认为"我和你有相似之处，因此我这么想，你也会这么想"，却忽视自己和他人的想法未必相似；推测未来时，人常以现在作为基准，认为"不同情境间存在相似之处，因此现在如此，未来亦如此"，却忽视未来可能会发生诸多变化。

（二）同化效应

人对一个人的判断常受到与这个人相比较的他人影响。在此过程中也会出现类比推理,即当人认为所要判断的标准和与之相比较的对象之间存在相似点时,就会觉得他们在其他方面也相似。这种类比推理会带来"同化效应",即当所评价的目标和优秀的他人相比较时,人对该目标的评价提升;而当所评价的目标和糟糕的他人相比较时,人对该目标的评价降低。

现实生活中的同化效应往往难以觉察,甚至藏匿于"公平公正"之下。近年来,选秀节目在国内风生水起,这类节目往往设有大众评审环节,由现场或电视机前的观众投票决定表演者谁胜谁负。这样的做法既能提高观众参与度,又能对外表明评比公平公正,自然成为大量节目争相采用的环节。然而在一档选秀节目观众的投票中,研究者发现存在同化效应。大众评审可能没有想象中那般公平公正。通过分析 1522 场《偶像》节目(一档选秀节目)的投票情况,研究者发现前一位表演者的得票数和后一位表演者的得票数存在显著关联,电视机前的观众一定程度上将前一位表演者作为比较基准来评估后一位表演者的表现。如果前一位表演者表现精彩,那么观众会认为后一位表演者表现也不错,倾向于给他投票;如果前一位表演者的表现令人失望,那么后一位表演者会被殃及,得到寥寥数票。[1]

如果评审不是普通人而是专家,是否能减少同化效应带来的判断失准? 比如奥运会的跳水、体操等项目的评比由专家裁判。作为全球体育盛事,奥运会裁判自然要比普罗大众更加专业公正,他们理应不受无关信息干扰。但令人惊讶的是,即便是奥运会裁判也无法"幸免",研究者在奥运会打分项目中也发现选手的评分"一荣俱荣,一损俱损",他们的比赛成绩会受先前出场选手表现影响。研究者分析 2004 年雅典奥运会中体操比赛裁判员的打分情况,将每位运动员与比他早一、二、三个位次出场的运动员的得分分别进行统计,发现如果前一个出场的运动员表现抢眼,后一个出场的运动员就会沾光,得到不错的分数;如果前一个出场的运动员表现较差,后一个出场的运动员就可能倒了大霉,得

① Lionel Page and Katie Page, "Last Shall Be First: A Field Study of Biases in Sequential Performance Evaluation on the Idol Series," *Journal of Economic Behavior & Organization* 73, no. 2 (February 2010): 186–98.

到裁判齐啬的打分。①

为什么会出现同化效应？根据选择可得性模型（selective accessibility model），人在进行社会比较时，首先会依据凸显信息评估所要评价的目标和与之相比较的标准之间的相似性，如果认为两者大致相似，则会进一步寻找能证明两者相似的证据。② 因此，观众和裁判会寻找前一位出场的表演者表现与后一位出场的表演者表现相似的证据，进而给出相近的评分。这反映了人在类比推理时，更多考虑类比对象之间的相似点，而忽略类比对象之间的差异，因此常犯类比不当的错误。

即使相比较的双方在微不足道的方面相似，也会导致人的判断出现同化效应。实验中，被试看到极具吸引力或"颜值"平平的人物照片，然后评价自己的"颜值"。结果表明，当被试得知照片上的人生日和自己相同时，他们对自己"颜值"的评价出现同化效应，即在看到高吸引力照片时相比看到"颜值"平平的照片时觉得自己的"颜值"也更高。③ 显然，人再一次犯下类比不当的错误，凭借自己和照片上的人同一天出生这一相似之处，就认为自己和此人在外表吸引力上也相似。

（三）忽视边际效用递减

边际效用递减是经济学经典规律，即随着消费者消费某种产品的数量增加，每单位这种产品带给消费者的效用减少。举个简单的例子，想象你正在品尝一块巧克力蛋糕。当你吃下第一口时，你会觉得非常满足。但之后，每一口蛋糕带给你的满足感逐渐减少。当你吃到最后一口时，你甚至可能感觉很腻，一段时间内再也不想吃巧克力蛋糕了。同样，金钱带给人的效用变化也遵循这

① Lysann Damisch, Thomas Mussweiler, and Henning Plessner, "Olympic Medals as Fruits of Comparison? Assimilation and Contrast in Sequential Performance Judgments," *Journal of Experimental Psychology: Applied* 12, no. 3 (September 2006)：166－78.

② Thomas Mussweiler, "Comparison Processes in Social Judgment：Mechanisms and Consequences," *Psychological Review* 110, no. 3 (July 2003)：472－89.

③ Jonathon D. Brown, Natalie J. Novick, Kelley A. Lord, and Jane M. Richards, "When Gulliver Travels：Social Context, Psychological Closeness, and Self-Appraisals," *Journal of Personality and Social Psychology* 62, no. 5 (May 1992)：717－27.

一规律。想象你衣不蔽体,食不果腹,获得 1000 元对你而言意味着下个月的伙食有了着落;而如果你家财万贯,那么获得 1000 元对你来说可能只是今晚晚餐能多点一道菜。显然同一笔钱给财力不同的人带来的开心程度不同,随着财力的增加,同一笔钱带给人的开心程度会下降。根据此规律,富人相比穷人为获得同一笔钱的付出也应下降。例如,你愿意花多少时间赚 1000 元? 因为 1000元对穷人的效用远大于对富人的效用,因此,穷人应该花费更多时间赚 1000 元。但人却忽视边际效用递减,认为同样的钱在任何情况下带给自己的开心程度相同。

实验中,研究者先让被试填答一份无关问卷,然后询问他们愿意花费多长时间再完成一个耗时较长的调查。被试愿意花费的时间越长,就越可能被选中参与这个调查,获得 25 美元的报酬。最后,被试还需要报告他们觉得自己的财力如何。结果显示,无论觉得自己是穷人还是富人,被试愿意为获得 25 美元付出的时间精力相同。[1] 此时,富人便犯下类比不当的错误。虽然 25 美元可能是穷人很多天的伙食费,但很可能买不起富人的一顿早餐。同样的 25 美元带给富人的开心程度远小于带给穷人的开心程度。因此,理性而言,富人愿意为 25美元付出的时间应该少于穷人。类比不当使人错误决定自己该付出多少努力获取金钱。那么该如何减少这种错误? 研究者在被试报告财力之后,提示被试思考根据他们的财力他们有多需要这 25 美元,然后再决定愿意花费多长时间完成调查以获取这 25 美元。经过提示,富人更准确地意识到 25 美元能带给自己多大效用,愿意为之付出的时间精力大幅减少。

三、认识个体差异和视角差异

应该如何减少生活中的过度概括和类比不当? 正如前文所说,人常从自身过往经验中总结规律,帮助进行判断。但实际上,大千世界,无奇不有,人与人

---

[1]　Xilin Li, and Christopher K. Hsee, "The Psychology of Marginal Utility," *Journal of Consumer Research* 48, no. 1 (June 2021): 169 – 88.

之间存在差异,不能一概而论。此外,当人们所处位置不同,视角不同,对同一件事的看法也往往千差万别,正所谓"横看成岭侧成峰,远近高低各不同"。所以,要想减少过度概括和类比不当,首先就要认识到日常生活中这些常见的差异——个体差异和视角差异。

(一) 个体差异

个体之间常见的差异是人格差异。人格的大五(Big Five)模型指出,人有五项核心、稳定的人格特征:外倾性(extraversion)、宜人性(agreeableness)、尽责性(conscientiousness)、神经质(neuroticism)和开放性(openness)。[1] 这五种特征刻画了个体之间的巨大差异。例如,外倾性高的人喜欢与人接触并充满活力,他们热爱冒险、挑战,追求刺激,喜欢受到他人关注;而外倾性低的人往往安静、谨慎,喜欢独处。神经质水平较高的人常常表现出烦恼、不安全感和自怨自艾;而神经质水平较低的人则平静、富有安全感和自我满足。由此可见,不能将不同人格特质的人进行简单类比。试想,如果你刚刚进入一个新环境,遇到一个热心且乐于帮助你的人,虽然你们刚刚认识但他很信赖你,你可能觉得自己接下来遇到的人也会如此。但实际上,你遇到的第一个人具有高宜人性的人格特质,但其他人不一定都很宜人,你也可能遇到不愿合作、多疑、无情的人。

除了人格差异,人在决策中也表现出截然不同的风格。最优化决策者(maximizer)在决策中精益求精,力求找到最佳选择,获得最优结果;而满意型决策者(satisficer)在决策中满意即止,只寻求足够好的选项,获得让自己满意的结果。这两类人在决策目标、决策过程、决策结果、决策偏好、决策后感受等方面都截然不同。研究者对正在找工作的毕业生进行调查。首先,他们通过最优化决策风格问卷将被调查者分为最优化决策者和满意型决策者。然后,测量这些毕业生申请工作的数量("您预计要申请多少份工作?")、对外部信息源的依

---

[1] Paul T. Costa Jr. and Robert R. McCrae, "Stability and Change in Personality Assessment: The Revised NEO Personality Inventory in the Year 2000," *Journal of Personality Assessment* 68, no. 1 (February 1997): 86.

赖程度("求职过程中,您使用了学校就业服务办公室提供的多少服务?""关于找工作,您会向家人寻求多少建议?""您在多大程度上将自己的求职过程和结果与同龄人比较?")。此外,研究者还询问被试参加了多少次面试、收到多少份工作录用通知以及最终所选工作的年薪。最后,他们测量了被试对所选工作的满意度。调查结果显示,最优化决策者比满意型决策者的工作起薪要高出20%,且最优化决策者更多使用外部信息源,但他们反而对决策结果更不满意,体验到更多负性情绪。[①] 由此可见,最优化和满意型决策者在很多维度上都不能简单进行类比。除求职情境,最优化决策者和满意型决策者在多种决策情境中也都存在差异。网上购物时,最优化决策者比满意型决策者浏览更多的商品,并体验到更大的时间压力。[②] 寻找伴侣时,相比满意型决策者,最优化决策者会力图穷尽选项。[③]

总而言之,人与人之间差异巨大,了解人与人之间的种种差异才能更好进行归纳与类比推理。

(二) 视角差异

横看成岭侧成峰,远近高低各不同。有时人们看待事物的差异并非由于其人格或决策风格不同,而是因为他们所处视角不同。

请设想你是一家小餐馆的常客,和老板相熟,某天就餐时因为店里人很多,老板忙得不可开交,便询问你能否帮忙招呼要粥的客人,你答应了他,但没想到你在盛粥时碰倒了粥桶,整桶粥洒了一地。这时候,你可能觉得老板一定很生气,即使他嘴上不说,内心早已怒火中烧。生活中,这种好心帮倒忙的事时有发

---

① Sheena S. Iyengar, Rachael E. Wells, and Barry Schwartz, "Doing Better but Feeling Worse: Looking for the 'Best' Job Undermines Satisfaction," *Psychological Science* 17, no. 2 (February 2006): 143–50.

② Tilottama G. Chowdhury, S. Ratneshwar, and Praggyan Mohanty, "The Time-Harried Shopper: Exploring the Differences between Maximizers and Satisficers," *Marketing Letters* 20, no. 2 (October 2009): 155–67.

③ Mu Li Yang and Wen Bin Chiou, "Looking Online for the Best Romantic Partner Reduces Decision Quality: The Moderating Role of Choice-Making Strategies," *Cyberpsychology, Behavior and Social Networking* 13, no. 2 (April 2010): 207–10.

生。施助者出于善意为他人提供帮助，但却意外帮忙失败，倒霉的受助者反而蒙受损失。帮忙失败后，施助者常陷入自责，担忧受助者埋怨自己，友谊的小船说翻就翻。然而，施助者的预测准确吗？研究者邀请一批被试体验上述场景，一部分被试代入施助者的角色，设想自己好心帮忙却不慎打翻粥桶，然后预测老板会索赔多少钱。另一部分被试则代入受助者的角色，决定要向好心帮倒忙的顾客索赔多少钱。结果发现，施助者高估受助者的不满。平均而言，施助者以为老板会索赔 37.54 元，而老板实际上只索赔了 14.97 元。为何帮倒忙的施助者会过分担忧，猜不准求助者的想法？背后的原因在于施助者和受助者的视角不同，因此对能力和温暖两个因素的看重程度不同。我想自己能力强，但要他人热心肠。评价自己时，人们在意自己能力如何，而评价他人时，反倒更在意对方热情与否。对应好心帮倒忙这件事，施助者更在意自己帮的是倒忙，而受助者更看重对方施以援手的善意。实验中，帮倒忙的施助者常感叹"我帮了倒忙，我太差劲了。""我太糟糕了，这点小事都办不好。"反观受助者，他们却很宽容："对方也是出于好心，不该责怪他。""是我求人帮忙的，人家能答应就感激涕零了。"总之，施助者关心自己能力如何，之后以己度人，错误以为受助者也关注能力，误会就此发生。①

请再设想你报名参加一场国画比赛，选手需要提交一幅写意画或工笔画作品。仔细查阅评委简介后，你发现评委恰好是写意画大师，有百余幅写意画作品获奖。此时，你很可能会避开评委擅长的写意画而选择提交工笔画作品。古人言，"操斧于班郢之门，斯颜耳！"意为若在鲁班和郢人这两个操斧能手门前展现自己用斧子的本事，此人脸皮竟比城墙还厚。自古以来，人们将这个典故铭记于心，不愿班门弄斧，不敢在关公面前耍大刀，总认为在行家面前卖弄自己不值一提的小本领实属自不量力，必定暴露不足。但是这种担忧有必要吗？研究者邀请一批被试"参加"国画比赛，一部分被试作为参赛选手，了解到自己在两种画技上水平相当，而评委虽然对写意画和工笔画熟悉度相当，但更擅长写意

---

① 尚雪松、陈卓、陆静怡，《帮忙失败后我会被差评吗？好心帮倒忙中的预测偏差》，《心理学报》2021 年第 53 卷第 3 期，第 291—305 页。

画,然后被试需要预测提交哪类国画作品更容易晋级。另一部分被试则作为评委,了解上述背景信息后,从水平相当但提交作品类型不同的两位选手中选择一人晋级。结果表明,班门弄斧非但没有招致差评,反而有助于脱颖而出。晋级赛中,仅26.56%的被试认为选择评委擅长领域作画更可能晋级,而高达70.31%的评委让选择自己擅长领域的选手晋级。为什么候选人极力避免班门弄斧,评委却青睐胆大包天的班门弄斧者? 这是因为候选人担心班门弄斧容易让评价者发现自身的瑕疵和缺点,认为避开评委擅长的领域就可以浑水摸鱼,说不定被录用的概率更高。而评委看到自己擅长领域的作品时会眼前一亮,回想起自己的光辉成就。由此看来,候选人过于聚焦自身感受,担心暴露自己的缺点,却忽略了评委听到选手谈论自己擅长领域时油然而生的自豪感。①

从这两个例子中我们可以发现,人处于不同的视角时具有不同的关注点,因此不能简单类比。想要消除偏差,人需要认识到这类差异点,换位思考,才能尽可能减少出错。

第二节　逻辑分析与相关问题讨论

从广义上理解,归纳推理不只是由个别情况到一般情况,它泛指所有**由已有信息到未知情况的或然性推理**,既可以是由过去推测将来,也可以是由现在推测过去,既可以是由当下情境推测其他情境,也可以是由彼处情境推测当下情境。当我们由已观察到的数据推测两个/类事件之间的因果关系时,这种溯因推理可以算是一类广义归纳。除此之外,类比推理也是经常用到的广义归纳。从逻辑学的角度看,任何广义上的归纳推理,其追求目标都是尽可能增强结论的可靠性,尽管不能保证必然性。

---

① 邱天、江南、陆静怡:《切忌班门弄斧? 低估在评价者擅长领域展现能力的好处》,《心理学报》2023年第55卷第5期,第766—780页。

一、归纳作为一种认知能力

"归纳"（induction）一词，在日常生活中以及科学文献中广泛使用，很多时候可以与"概括"一词互换。就其与人类认知的相关性而言，归纳可以视作一种概括能力，不过，在逻辑学和哲学文献上，"归纳"之意也经常超出"概括"。为使我们的讨论更为精确，有必要对二者的义理稍作辨析。

（一）归纳作为一种概括

概括，对应于英文"generalization"（或译为"一般化""泛化"），是一个歧义词。学术文献中的"概括"至少有两种主要的用法：

一是作为"概念形成过程"（concept formation）的概括。对人来说，外部陌生世界像是一团杂多，我们需要把进入脑海中的印象进行整理。这种整理的结果之一就是形成一些有统摄作用的概念，此可谓"以类行杂"或曰"范畴化"（categorization）。譬如，当孩子多次看到某一重复出现或相似的东西后，慢慢懂得用"小草"加以概括，从而形成一种不局限于特定场景或对象的概念"小草"。不仅如此，在成长过程中，我们还会在各种知觉经验的基础上进一步概括，形成更为抽象的概念（如"绿叶植物"）。这些概念，本身无所谓真假，甚至我们可以有"神仙"或"幽灵"之类被认为在现实世界找不到对应物的虚概念，但正是它们在帮助我们记忆、储存和交流彼此的观察所得或心得，从而大大加快了知识学习与传播。

二是作为由个别到一般之推理方式的"概括"，即逻辑教科书上常讲的归纳。这种概括，是由被确信为真的一些单称或特称命题推测某个全称命题或概称命题可能为真。它能总结我们过去已有的经验性认识，从中获取面向未来、可推广至其他未观察场合的一般教训，对于我们人类在茫茫宇宙中作出恰当预测和决策至关重要。

这种归纳式的概括（inductive generalization），是典型的不完全归纳法，常用的有枚举归纳法（induction by simple enumeration）和统计归纳法（statistical induction)。譬如，一个人在不同的地方多次看到天鹅是白色的，由此归纳得到"可能所有天鹅都是白的"。这种归纳是简单枚举法，其可靠性取决于推理主体本人的枚举能力，因为，他实际列举出来的那些"天鹅"实例尽管数量多但仍旧很有局限，他所举出的实例之所以全都是"白天鹅"，或许只是因为他碰巧只见过或只记住了那些实例，而那些被他漏掉的大鹅中或许有不少是"黑天鹅"。当代社会科学调查中经常运用的是统计归纳法，即，通过对被认为具有典型性的一个或多个样本的观察，对这些样本所在总体的情况进行推测。譬如，由对大量收到并返回问卷的南方人食物偏好的统计，推测我国整个南方人群体"更喜欢吃肉粽子"。

不过，在当代学术文献中，"归纳推理"也在广义上泛指一切或然性推理，并不限于以上这些以概括为目的的归纳推理。"归纳式概括"只是广义归纳的一部分。

（二）作为或然性综合推理的归纳法

很多时候，我们会觉得那种由一般到个别的演绎法更吸引人，因为其具有保真性（即在前提"所有人都是可朽的"和"苏格拉底是人"为真的情况下，结论"苏格拉底是可朽的"必然同时为真）。不过，此种"吸引人"的演绎法，往往要求我们事先已知"前提"中所提供的那种一般性知识（如"所有人都是可朽的"）。当追问这种前提知识来自何处时，我们不能仅仅说那是一种假设，也不能通过诉诸另一种演绎推理而陷入"无穷倒退"——我们需要回到现实生活，从生活中的实际情况"归纳"出一般性知识。另外，演绎推理，很多时候被认为仅仅是把前提中隐藏的信息引申出来而已，并未增加任何新东西。譬如，凡知道"所有人都是可朽的"之人通常已经知道了"苏格拉底是可朽的"。就此而言，演绎推理是分析性的（analytical）或重言式的（tautologous）。相比之下，归纳推理则是综合性的（synthetical）或扩展型的（ampliative）。总而言之，归纳法虽然只能获知或然性结论，却是我们生活中不可或缺甚至在某些方面比演绎法更为重要的推理类型。

随着近代自然科学的诞生，人类对归纳的重要性有了更深刻的认识。与欧洲中世纪支配一切思想的神学相区别,人类科学的主要特征就是:它们建立在经验观察之上。培根的《新工具》第一次强调:在日常生活和科学研究中,基于经验观察的归纳法,往往比亚里士多德《工具论》所倡导的那种演绎法更有价值。与之相伴,一种经验主义的哲学观念开始流行起来,那就是:我们知道,从经验来的知识可能出错;但首先,一切知识要有经验源头,接受经验法庭的审判,才有资格称作知识。归纳法所提供给我们的结论正是这样典型的"人类经验知识",可以说,归纳法就是经验推理,它渗透在人类一切的"经验性活动"中。

当今社会,我们的科学研究已从自然科学拓展到社会科学,对于经验的理解也已从对外部自然环境的观察到对人类自身的观察,从密闭的实验室拓展到开放的社会环境(如问卷调查、田野调查等等),但不论怎样,基于经验的归纳推理仍被视作科学研究的核心工作,它代表着人类"从经验中学习"的自然冲动,也是人类科学进步的根本动力所在。

需要注意的是,当代逻辑学者倾向于对我们从经验中学习所用的这种归纳法作广义上的理解,即一切或然的但能拓展知识的推理都是归纳推理。在此意义上,除了上述狭义上的归纳推理,"诉诸权威""溯因推理""类比"等都可归在"归纳法"名下。[①] 因为,这些推理方式虽然彼此之间有着这样或那样的差别,但它们共有的一点是:前提被认为能支持结论,且结论超出了前提所断定的信息范围。

(三)归纳之谜

归纳推理的结论不确定,且经常被发现有出错的情况,但它在人类生活中不可或缺:倘若没有归纳,我们人类将无法在这个世界上存活,更无法想象有科学技术的进步。这在一定程度上可以说是为归纳推理的合理性提供了一种辩护(哲学上称之为"先验辩护"或"实践辩护")。有逻辑学家和哲学家不满足此种辩护,试图为归纳推理提供更为严格的证明,以表明它是一种真正合理的思

[①] 牛津大学在线课程"批判性思维初步"(Marianne Talbot, "Critical Reasoning for Beginners," accessed 19 Aprile 2024, https://podcasts.ox.ac.uk/series/critical-reasoning-beginners),就是采取这样广义的归纳法。

维方法。但是,哲学家休谟令我们意识到一个根本上的难题——尤其是对一位经验主义者来说。

在《人性论》一书中,休谟提到所有归纳推理均依赖的一条原则,即,"我们尚未经验到的实例必定相似于我们已有的那些经验,自然进程总是一直具有齐一性。"这后来被称作"自然齐一性原则"(Principle of Uniformity of Nature),有时也被称作"归纳原理"。正是由于对这条原则的相信,我们才可以由当前情形推断未来情形,由局部情形推断整体情形。初看起来,这条原则所传达的似乎就是我们对于"万物有序"或"存在自然规律"的信念。但是,它所断言的远比"有秩序""有规律"更强,它其实是说:如果至今为止我们所经验的实例都具有某种特征,即关于某类重复出现的事情至今未发现反例,那么,它便具有一种不变规律或曰"齐一性",即未来依旧会呈现某种特征。这里的"至今未发现反例"是问题的根源所在,因为,至今未发现反例并不意味着不存在反例,一个人或群体未发现反例并不意味着其他人或群体也未发现反例。当结合自身行动决策来理解这条原则时,你很快发现它能把你引向什么样的行为陷阱。譬如,你拨通某个热线电话,电话提示:"当前话务正忙,请不要挂机,稍后会为你接通。"你等待了半分钟,没人接电话;又耐心等待了半分钟,还是没有接。等到第三分钟时,你能依照前述自然齐一性原理得出结论"后面一直不会有人接电话"吗?再如,你在尝试做某件事,做了一次、二次……十次,全都失败了。你能依照齐一性原则得出结论"我永远都做不成这件事"吗?

休谟本人认为,我们无法从经验上证明自然齐一性原则的存在,所谓的"规律"顶多是人类心理联想上的习惯而已。后来的理论家尝试对自然齐一性原则进行辩护,但大都宣告失败。之所以如此,是因为这里存在理论上的二难困境:为了对自然齐一性作出辩护,要么依照演绎法要么依照归纳法,但是,前者是必然性推理,对归纳这样的或然性推理的辩护而言显得太强了,而后者又相当于是"自己论证自己"的循环论证。此乃哲学史上著名的"归纳难题"或曰"休谟问题"。

当代哲学家古德曼(Nelson Goodman)把归纳推理理解为一种投射(projection),但是,既有的观察能支持我们作什么样的投射,这似乎总是带有某种不确定性,甚至可以说是任意的。他的"绿蓝悖论"(the grue paradox),所揭示的就是这方面的哲学难题,有时被称作"新归纳之谜"。①

二、"过度概括"作为一种逻辑谬误

不同于休谟等哲学家,当代大多数人(包括职业科学家)对待"归纳的合理性"有一种更为乐观和务实的经验主义态度:即便无法证明大自然本身具有齐一性,我们仍可以负责任地进行归纳推理,仍大体能分辨哪些是"自然规律/法则",哪些是"过度概括"谬误。不过,这并不意味着日常决策者对"如何归纳才恰当?"就不存在任何困扰了。当我们把归纳作为一种或然性推理使用时,通常追求双重目标:既要得到有足够信息量的结论,同时又要防止得出过强的推断。把握这其中的度,是归纳推理的主要难点。由于人心固有的一些限制条件,这种困难经常被加剧。

(一)归纳推理的诸种受制条件

归纳是以经验为基础的,但我们每个人当前实际所掌握的经验有限,无法得到全部的观察材料,而那些不可得的材料,其中有些或许是重要的;即便是尝试超出自身之外去寻求更广泛的材料,但我们精力有限而且搜索成本不断上升,出于经济上的考虑,最终也不会确保不遗漏任何重要的经验。就此而言,归纳推理注定是"信息不完全的",其结论也难免"或然性"。

就实际决策而言,我们进行归纳时所遭遇的主要困难倒不在于那种由自身能力或时间精力有限所导致的"数量少"。倘若说归纳推理结论的不确定性根源在于经验的有限性,那么这种"有限性"至少体现在两个不同方面:(1)单纯由于数量少而导致的"有限经验";(2)由于主体自身选择而导致的"自我设限的经验",尽管此种选择过程有时不为我们意识到。单是第1点,通常并不会导致"不当归纳"。致使出现"不当归纳"的往往是第2点,即,虽然我

---

① 有兴趣的读者,可参看[美]纳尔逊·古德曼:《事实、虚构和预测》,刘华杰译,北京:商务印书馆,2010年,第三章。

们意识到有很大数量的经验数据存在,但我们希望**选择**那种被认为更重要的经验数据,或为了快速作出决定而**只考虑**当前或手头的经验数据。此时,由于一些心理习惯经常影响我们对经验材料的选择,出现"不当归纳"的风险倒是会更大一些。我们在本章第一节第一部分中看到,当代认知心理实验提供了大量这方面的有趣例子。

不难发现,受制于各类"可得性启发式"和"代表性启发式",我们倾向于选择媒体报道出来的那些经验事实("轰动效应"),倾向于选择符合自身固有观念的经验事实("刻板印象"),倾向于选择最先出现或最近发生的经验事实("近因效应""初始效应"),倾向于选择某一方面具有显著特征的经验事实("晕轮效应"),倾向于选择跟自身经历或某个参照点接近的经验事实("锚定效应"),等等。而如果主要以自传体记忆作为归纳的经验材料,情况会更糟,因为,由于短时记忆存储量非常有限,我们在提取长时记忆信息时又受信息提取难易度(生动性、巧合性等)的影响,这导致每个人"记住的经验"或"难忘的经验"往往只是现存经验的很少一部分,而且往往不是典型经验或最重要经验。在最糟糕的情况下,我们有时甚至会为了维护某种不当归纳结果而修改记忆。①

(二) 如何提防"过度概括"

在诸多"不当归纳"现象中,最突出的是"过度概括"(或曰"过度泛化")。虽然听上去有些悖谬,但人们的确经常从孤例出发直接得出概括性结论。② 之所以如此,原因之一可能是一个人认为他的孤例是诸多实例中的"范例",但是,其他实例是否存在,那是需要事先论证的。另一种原因,或许跟"证实偏差"有关。正如人们想到一种规则句时首先甚至仅仅考虑前后件均成立的情形一样,反过来的倾向也是存在的,即一个人容易单从两类事情的一两次伴随性发生便推断二者之间的因果关系(且很多时候不区分条件概率与逆概率)。但是,一种观察或尝试结果能作为一条规则的例示,并不意味着该规则就成立,因为正如我们在

---

① 参看 Hastie & Dawes, *Rational Choice in an Uncertain World*, 133 − 7。
② 参看 Hastie & Dawes, *Rational Choice in an Uncertain World*, 93 − 4。

第三章最后所讲到的,同样的观察数据或能同时支持与之竞争的其他规则。

为提防"过度概括",第一节中提到"要认识到生活世界本身存在的各种差异",这当然是最根本的方略。从归纳逻辑的基本精神看,有多少经验支持多强的结论。因此,为增强归纳推理的可靠性,一定不能局限于一时一地的所见所想,不能仅靠一人之力。从正面看,也可以给出一些更为具体的建议:

首先,要搞清楚能确定属实的经验实例有多少,不要把那些仅仅**设想**可能存在的例子(如道听途说的有关外星人活动的故事)当作归纳的基础材料。毕竟,归纳推理的最可贵之处就在于:坚持从真实可查的经验出发。

其次,要记住:归纳作为推理,其结论是从当前经验材料**推测**而来的,并非已有的某种公认知识,否则就不需要归纳推理了。铭记这一点,有助于你作出更谨慎的推测。

第三,来自诸多心理偏差的实验研究的一个教训是:在面临重大决策且有时间准备时,不要仅凭记忆和想象(即便你是一位专业人士),而要查阅记录和档案以及有条件开展的其他调查研究,以便获取足够完整的经验材料。后者并不意味着一定比前者重要,但有助于校准或调整你的记忆和想象。

第四,作为归纳推理前提的样本不仅数量要大,而且要多样化,尽可能广泛涉及不同领域的情况。关于"极化"现象的研究表明,群体内部不同个体的意见趋于均质和固化,而不同群体之间的意见却可能差别甚大。①

第五,在归纳的过程中尽可能借助一些公认的一般性知识。当我们不得不诉诸归纳时,往往是因为缺乏相关的一般性知识;但是,缺乏**某些**一般性知识,并不意味着我们在作归纳推理时仅有零散的经验材料而无**任何**既定的一般性知识。事实上,在我们作任何一次归纳推理时,人类共同体已经积累了大量公共知识,尤其是科学研究成果。诸多决策心理实验表明,为了避免"过度概括",借助当代概率学的某些知识(如第三章中讲到的"大数定律""随机性""基础比率"),可以显著增强决策的质量。② 这些概率性知识属于当代科学家共同体所

---

① Plous, *The Psychology of Judgment and Decision Making*, 207–209.
② 参看 Hastie & Dawes, *Rational Choice in an Uncertain World*, 105–8, 143–50。

提供的"新成就",是经过反复检验因而可以接受的"一般性知识"。认知心理学家尼斯贝特(Richard E. Nisbett)提出,随着科技的进步,当代知识大众需要通过加载新的心智程序(mindware,可译为"心件",相对于软件和硬件)而升级心智,概率知识就是其中一项重要的内容。[1]

（三）科学实验作为一种精致的归纳概括

当我们说当代科学家共同体提供了有助于我们增强归纳推理可靠性的一般性知识时,并不意味着科学家们及其科学实验结果就是独立于归纳的。恰恰相反,包括心理实验在内的当代各类实验研究代表着一种值得我们追求和模仿的精致归纳法。可以说,当代科学成果之所以值得信赖,也主要是因为其更善于从经验中归纳,尤其是从**更多**经验中学到**可靠**的知识。事实上,培根和密尔等逻辑学家提出的许多经典的归纳方法都是从近代科学的成功实践中总结出来的。

如果我们意识到科学实验法本质上代表着一种精致的归纳概括程序,将能更好地理解为何很多实验如此讲求程序,为何要强调"随机抽样"和"结果的可重复检验",为何要尽可能追求"双盲对照实验"。科学的归纳法之所以往往能避免"过度概括"谬误,不是因为科学家推理时其结论总是未超越前提信息的范围,而是因为他们通过严格遵循特定的程序,对此种"超越"提供了足够好的理由支持。当然,我们在日常生活中的归纳,在可控性和系统性程度上或许会低于专业科研人员,但是,如果我们能主动将自己当前的归纳推理(尤其是在所能获取的经验材料数量和质量上)与科学家的"精致归纳法"标准相比较,将有助于防止我们在下结论时"过度概括"。[2]

---

[1] 参看 Richard E. Nisbett, *Mindware: Tools for Smart Thinking* (New York: Farrar, Straus and Giroux, 2015)。

[2] 也正是在此意义上,社会心理学归因理论的奠基人海德(Fritz Heider)把日常生活中的理性人称作"天真科学家"(the naive scientist),即相比实验室中的职业科学家,他们缺少一些精密仪器或算法,但也在采用基本类似的程序和策略设法理解周遭世界和他人。参看 Richard J. Crisp, *Social Psychology: A Very Short Introduction* (Oxford: Oxford University Press, 2015), 11 – 3。

三、类比：比喻与推理

在诸多广义归纳中，有一种推理方式值得特别讨论，那就是，类比推理。"类比"在我们言语交际和思想活动中的地位非常突出。有一门学科叫作仿生学。医学实验经常拿"小白鼠"作类比，工程模拟实验中也会用"沙盘"类比。学术中的"案例分析"有时被认为有"解剖麻雀"功能，即用具体案例类比，甚至英美法系国家中的判例法也被认为是在作"类比思维"。除此之外，或许更多人联想到的是"比喻"。不过，正如并非所有概括都是归纳推理一样，也并非所有的"类比"都是类比推理。

（一）比喻的认知功能

必须承认，"类比"是多义词，其中一种意思似乎就是我们口语以及文学中所用的"比喻"，即，把某种东西（"本体"）喻为另一种东西（"喻体"）。为什么要作比喻呢？这往往是因为我们要用一种熟悉的东西帮助记住或了解新发现的事物。在这个意义上，比喻可谓是人认识事物所用的一条很重要的途径。每个民族的语言中都有大量具有比喻用法的词汇，甚至在我们讲到推理和决策时常用的"推出"一词以及英文中的"follow from"已经成为所谓"死的隐喻"，即，由于它们用得非常频繁，大家已经忘记"推出"原意是指"凭借双手用力推"，而"follow"原意只是"跟随"。

不过，比喻主要的认知功能是在心理联想时提供一种"路标"（guide）或"直觉泵"（intuition pump），引导读者或听众对自己的观点获得一种更直观的理解。譬如，有人说"时间就是金钱"，或有人说"A 是房间里的大象"。前者告诉我们时间很重要，重要程度犹如金钱一般；后者告诉我们 A 显而易见但大家秘而不宣，就像是房间里有一头大象而众人都假装看不见。在言语交际中，借助这些比喻，听者或许轻易理解了说话人的观点，但是，这些观点并不是说话人通过推理所得出的结论。就此而言，比喻只是一种修辞方式，并非推理方式。

跟比喻和类比经常一起提到的,还有"寓言故事"。寓言故事是否也只是比喻呢? 就故事的创作者而言,他心中原本有一个严肃的"大道理",当他借助一个故事将其表达出来时,可以说是在用故事情节来比喻他心中的"大道理"(即作者预期但通常未明述的"寓意")。不过,当故事写下来轮到读者去解读时,由于故事的寓意并未写出来,如果读者想要试着从故事中得到某种启示,他就需要把故事情节类比于其他某种场景,从而推出某种寓意作为"结论"。这时,我们可以说,寓言故事至少在读者那里引发了某种"类比推理"。需要注意的是,正如不同读者从同一故事得到的寓意不同一样,类比推理的结论也具有不确定性。①

（二）类比作为一种推理方式

作为一种或然性的推理方式,类比推理可以简称为"类推"。顾名思义,"类"是此种推理的关键点,即同类相推。作为一种独特的推理方式,类比推理并不是"先通过归纳概括为一类,然后再作演绎",譬如,由于对象 A 和 B 具有一系列共同的性质,由此将它们归为同一类别,然后由该类中的 A 对象具有某一新性质推断另一对象 B 也具有这一新性质。类比推理是**直接**从对象 A 具有某某性质推断对象 B 具有某某性质,其推理结构可以显示如下:

$$A \text{ 对象具有属性 a、b、c、d}$$
$$B \text{ 对象具有属性 a、b、c}$$

所以,B 对象可能具有属性 d

这是从两个事物或个例之间已知具有某些初级相似点(primary analogues,即 a、b、c),推测它们也会具有某个次级相似点(secondary analogue,即 d)。很显然,这里的类比结论是或然性的。因为,两个对象或许碰巧具有某些相似点,这并不意味着它们在每一点上都相似,毕竟它们是两个**不同**对象。譬

---

① 结合第一章中所提到的知识点,不难想见,不同人之所以有不同的类比结论,多是因为他们用作类比推理的前提不尽相同。

如，我们会说麻雀虽小五脏俱全，就此而言跟人类具有诸多相似性，但我们可以由此类比推出"麻雀跟人一样会呼吸"，却不能类比推出"麻雀跟人一样会思考"。

（三）类比推理的心理受制条件

在实际生活中，正如人们不会作无缘无故的归类（范畴化）一样，我们也不会无缘无故地作类比推理。毕竟在任意两个对象之间找到二三个相似点，并非什么难事，即便在方和圆之间或矛和盾之间也都存在诸多共同点。但我们很少会在两个被认为不相关的东西之间作类推。所以，在类比推理活动中，重要的不是把两个对象进行比较，而是我们为什么会选择**这两个**对象比较，为什么我们会选择它们之间的**那些性质特点**进行比较。后面这两点，应该是类比推理时需要重点考察的地方，若不慎重对待，直接会导致类比不当。然而，诸多心理实验告诉我们，在作类比推理的人经常受制于各种心理因素，不知不觉中选择了不恰当的对象或类比点。除了第一节中讲到的那些，我们还可以提到更多。

譬如，在经典的"合取谬误"案例中，当讨论 B 是否为女性主义者时，我们会类比于我们心中所谓的女性主义者"典型代表"A：如果已经看到 A 和 B 已有明确的诸多共同点（譬如，修读哲学专业，关注社会公正问题，参与反核示威活动），这时似乎就很容易由 A 为女性主义者身份推出 B 也有女性主义者身份。这显然是"代表性启发式"和"可得性启发式"在干扰我们，因为，与 B 同时具有"修读哲学专业""关注社会公正问题""参与反核示威活动"等共同点的并非只有 A，也并非只有女性主义者这一类人，而之所以我们选择跟 A 进行类比，或许只是因为心理联想上更为容易而已。

再如，人们倾向于认为别人拥有跟我们一样的愿望和习惯，这有时也属于类比不当：注意到自己跟别人同属一个行业或一个圈子并因此拥有各种共同点，进而由自己具有某某愿望或习惯推断别人也拥有该愿望或习惯。之所以容易如此草率地类比推理，或许是受某些心理上的"投射偏差"或"自我中心偏差"所驱使，抑或是用心理联想误导甚至取代了逻辑推理。

四、如何增强类比推理的可靠性

本章第一节最后提到,要减少类比不当,有必要认识到日常生活中容易被忽视的种种差异。现在,我们可以把这种建议细化,落实到刚刚提到的两个问题:类比推理时,我们为什么会选择**这两个**对象比较?为什么会选择它们之间的**那些性质特点**进行比较?意识到并积极回答这两个问题,不仅可避免不当类比,还能启发我们设法增强推理的可靠性。

(一)同时考虑相似点和差异点

当我们选择把 A 与 B 作类比推理时,不能仅仅考虑二者之间有如此多的相似点(analogue),还要考虑它们之间实际存在的那些差异点(disanalogy)。千万不要以为有差异点就不能作类比,毕竟同一类之中的对象经常呈现这样那样的不同。问题的关键点在于:A 和 B 之间是否有什么差异点比它们之间的那些相似点更为重要以至于会阻止我们由已知初级相似点推测次级相似点?

譬如,相比于张三的情况,李四的情况存在颇多相似点:二人都是 45 岁以下女性,都曾毕业于名校,目前都在国际大都市担任 IT 企业高管,智商都在 140 以上,等等。现在我们知道张三被评为 A 市杰出青年,若按照类比推理,似乎可以推测李四也很可能被评为 A 市杰出青年。但是,当我们询问二人情况有哪些差异点之后,或许得知:张三为 A 市市民,而李四为 B 市市民。这时,考虑到"A 市市民杰出青年"评选活动有严格的地域限制,仅仅这一个差异点就足以驳斥"李四被评为 A 市杰出青年"这种推测。

再如,下图左上区域的图案是标准的艾宾浩斯错觉图,其他三个区域的图案均跟它存在诸多相似点:都是一组对比图,图案都有 个圆圈在中央,该圆圈周围都有上下左右四个同样大小的图形环绕,等等。现在知道艾宾浩斯图案引起了视错觉,能否类推认为其他三个图案也会引起视错觉呢?反复观察之后可以验证这种类推结论是错误的。而之所以如此,其实是因为忽视了其他三个图案与艾宾浩斯错觉图之间的重要差异点：不同于后者，前者分布在圆圈周围的图形都不是圆圈，不会令人因为受到"框架"干扰而产生错觉。①

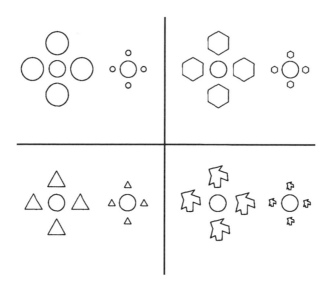

认识到差异点对类比推理的重要性之后，我们可以说，上文那种常见的类比推理型式过于简化了，它掩盖了人们实际在作类比推理时的困难情况：每当发现两个对象具有诸多相似点时，我们同时也知道二者之间有明确的差异点。所以，一种略微复杂但更值得参考的类比推理型式（可称作"增强型式"）是下面这样的：

源对象（Source）	目标对象（Target）	
P	P*	（正类比）
A	~A*	（负类比）
~B	B*	（负类比）
Q		
	Q*	（推测有可能）

① Plous, *The Psychology of Judgment and Decision Making*, 38 – 41.

"源对象"是被类比的熟悉对象,"目标对象"是不太熟悉因而希望比照"源对象"来判断的对象。P 和 P* 代表源对象和目标对象之间的一系列初级相似点,这些事实可称作两对象间的正类比(positive analogy)。A 和 ~A* 代表:源对象有性质 A 而目标对象那里却没有相对应的性质 A*,~B* 和 B 代表:目标对象有性质 B* 而源对象那里却没有相对应的性质 B,这些事实可称作两对象间的负类比(negative analogy)。① 然后,我们就可以充分意识到接下来的类比推理任务及其要点:鉴于源对象和目标对象之间有诸多相似点,尽管我们也知道二者之间存在一些差异点,但当我们得知源对象具有性质 Q 时,仍有理由推断目标对象也具有相对应的性质 Q*(即二者具有次级相似点)。

(二)评估初级相似点与次级相似点之间的关联度

在上述类比推理的增强型式中,我们不仅看到了左右两个对象各种情况之间的横向对比,还看到了每一对象那里自上而下由初级相似点和差异点到次级相似点的纵向推广。在充分注意到两对象之间差异点的情况下,为何我们仍可以由已知的初级相似点推测它们也具有某个次级相似点?这要求我们对初级相似点与次级相似点之间的关联度进行评估。

如果初级相似点与次级相似点之间具有某种因果联系,或至少是大概率的伴随关系,即每当前者出现在一个对象那里时,往往也能在这个对象那里发现后者,那么,我们的类比推理就是比较可靠的。譬如,两人都是在校大学生,都主修哲学专业,均保持优异成绩,现在已知其中一个人接受过系统的逻辑思维训练,由此,可类推另一个很可能也上过逻辑课。当然这是或然性结论,但由于成绩优异的哲学专业大学生大多已接受系统的逻辑思维训练,所以,这个结论很有可能为真。

相反,如果初级相似点与次级相似点仅仅是偶然被同时提及,经常可以发现一个对象那里出现前者而不出现后者,或仅出现后者而不出现前者,那么,我们的类比推理结论就很不可靠了。譬如,你和他都是男性,都在城市里工作,都

---

① 当然,还有一种情况,那就是:我们知道一方对象具有某个性质却无法确定另一方是否具有此种性质。此种事实可称作"中性类比"(neutral analogy)。

在教育行业,现在你知道自己准备 30 岁之前结婚,能否类推他也准备在 30 岁之前结婚呢？不是说完全没这个可能性,但其可能性并不会**因为那些已知相似点**而增加多少。

还有,即便初级相似点与次级相似点确有关联,但是,当某些变化因素超出一定范围以至于由量变引起质变时,此种关联对于类比推理结论所提供的支持力也将大幅下降。譬如,两个无业青年在某日某地先后被发现吸毒,其中一个人说他之所以吸毒是因为吸毒能让他增加快乐,由此能否类推另一个人吸毒也是因为想要增加自己的快乐呢？在很多情况下,似乎是可以的。但是,当我们知道吸毒所带来的快乐具有明显的"边际效用递减"效应①以至于很多长期吸毒者最后吸毒只是为了摆脱吸毒副作用所带来的痛苦时,这种类比推理结论的可信度便被削弱了。

（三）尝试作多样化类比

为何一定要拿 A 跟 B 作类比,难道其他对象不可以跟 B 算作一类吗？提出这种问题的人是在提醒你：或许,A 和 B 并不具有你所以为的那种可比性。这话的另一种说法是：或许,其他人认为 A 和 B 并非同类,C 才跟 B 算是一类呢。

研究表明,人们作比较时的确经常考虑"同类才可比",譬如,大多数人只考虑跟自己相似的人进行比较。② 不过,当涉及类比推理时,这种"同类相比"原则并不能起到指导或规范作用,因为,大家各自所认为的"同类"很可能不同,由此类推所得到的结论往往差距很大。譬如,正像第一节中"投射偏差"所提示的那样,张三跟他的朋友李四相比,张三认为他们很相似：二人都是法律专业,都在同一个学校读书,都报考了考前辅导班,现在张三知道李四去年司法考试通过了,由此类推,他认为自己今年也能顺利通过司法考试。不过,善意的王五可能提醒张三：你跟李四并不具有可比性,他专业课成绩记录明显优于你,而且他考前每天花费的时间明显高于你;倒是你跟赵六具有可比性,可惜他去年没能

---

① 除了这里以及第一节中所提到的例子,其他明显具有"边际效用递减"效应的还有：杀虫剂在长期使用后,由于具有抗药性的害虫更易存活,杀虫效果明显下降。

② Plous, *The Psychology of Judgment and Decision Making*, 197–9.

通过司法考试。这里，重要的不是王五的意见是否公正或代表"多数人的意见"，而是王五提出了另一种可能的"类比"。

如上，面对同一件事或同一种现象，倘若不同的人作出不同的类比，并且结论明显相反，这是在预警我们：当前的类比推理要格外谨慎，除非我们能表明其中一种类比避免了其他类比所带有的缺陷，否则，我们的类推结论就不具有可靠性。

不过，出现多样化类比或多重类比（multiple analogy）的可能，并不意味着我们无法追求可靠的类比推理了。有些时候，多样化类比所带来的不确定结论能提醒我们接下去应该如何寻求更好的类比方案，从而避免明显不当的类比；还有些时候，多样化类比所带来的结论是一致的，此时，我们推理结论的可靠性将会增强。有鉴于此，一个人在得出类比推理的结论之前，可以主动尝试多样化类比，然后评估和比较每一种类比所考虑到的相似点和差异点。这一点，跟我们对待所有其他或然性推理（广义归纳）的态度是一致的，即，这些推理的结论顶多是一种"可废止"的假说，而为了增强推理结论的可靠性，我们需要试着多考虑一些因素，并对可能出现的不同假说进行综合评估。

练习与讨论

1. 任选一篇关于某种心理偏差的实验研究论文，当作者从已观察结果归纳得出某种一般性倾向时，他为防止"过度概括"做了哪些工作？你认为，还可以考虑哪些因素以使得实验结果更为可靠？

2. 试举一个"黑天鹅"事件①，分析它对我们开展推理和理性决策有何启示。你觉得在我们生活的世界中能避免"黑天鹅"事件吗？如果不能避免，是否意味着归纳推理是一种糟糕的推理方式？

3. 有心理学研究表明，假若在出现某次严重的不道德行为之前已经发生过多次轻微的类似不道德行为，人们就会更容易接受这种不道德行为。这种对于

---

① 关于何谓"黑天鹅事件"，可参看［美］纳西姆·尼古拉斯·塔勒布：《黑天鹅：如何应对不可预知的未来（珍藏版）》，万丹译，北京：中信出版社，2009年。

不道德行为的接受度的"滑坡"现象，类似于"温水煮青蛙"。① 你觉得，可能是什么样的不当推理导致了这种"滑坡"现象？我们能确定不可接受的不道德行为的阀限值在哪里吗？

4.《列子》中记载的故事"两小儿辩日"，其中两个孩子作了不同的类比。由于二人结论矛盾，这可以视作一种对"匆忙下结论"的警告。现在设想，假若一个孩子同时作出了故事中两个不同的类比，你觉得他本人会作何反思？是放弃类比，还是追求更好的类比？

5. 管理学上的"破窗效应"提醒我们：一幢出现少许破窗的建筑物，如果那些窗未被及时修复，可能将会有更多的窗户被人破坏。在你看来，这是在比喻什么？你在理解这种现象时，有没有作出某种类比推理？如果有，你是如何设法增强类比推理可靠性的？

---

① 详情参看 F. Gino & M. H. Bazerman, "When Misconduct Goes Unnoticed: The Acceptability of Gradual Erosion in Others' Unethical Behavior," *Journal of Experimental Social Psychology* 45, no. 4 (2009): 708-19。

第五章
穷尽可能性的理性决策

本书最后一章,有意成为前面各章逻辑和心理学知识点的综合训练和总结提升。正如我们在前面各章所看到的,对于很多推理和决策问题,心理学家有心理学家的视角和侧重点,逻辑学家有逻辑学家的视角和侧重点;不过,就帮助人改善理性决策这一点而言,二者的目标一致。事实上,从诸多心理实验研究以及逻辑哲学讨论的内容看,二者对理性决策的阐释以及所提供的对策也存在重叠共识。本章第一节不仅直观展示了心理学家如何通过"穷尽可能性"提升实验结论的严谨性,而且对我们如何在思考的广度和深度上提升复杂问题决策的水平给出实用建议;第二节的逻辑学探讨试图接着往下讲,解释和论证"穷尽可能性"何以是逻辑思维和理性决策的要义,另外,作为全书的结语,建议读者从积极批判性思维者的角度看待各类"偏差"或"谬误"研究成果的功用和限度。

第一节　认知实验及心理分析

谋定而后动,三思而后行。为作出理性决策,你需要跳出单一思维陷阱,穷尽搜索无数可能性并巧妙排除错误解释,才能更接近问题本质与真相。为了从芸芸众生中脱颖而出,"想得广"还不够,你也要"想得深",分析问题更深入,凡事比旁人多想一步,方可百战不殆。本节将结合心理学研究、博弈论相关知识揭示兼顾思考广度和深度在理性决策中发挥的重要作用,启发决策者不妨在启程前做好攻略,以免大意失荆州。

一、思考的广度

爱迪生为研制性能最优的电灯泡,尝试了 1600 多类耐热发光材料。同理,人们要作出最佳决策,需要广泛搜索各种可能方案。只有深谙决策广度之道,洞察通往罗马的千万条路径,眼光才不至于被锁定在某条羊肠小道,直到头撞南墙仍不知错在何处。

(一)现象背后蕴藏无穷解释

请设想餐餐不落的舍友小张今天竟没吃晚饭,请你揣测其中的原因。多数人的第一反应是"小张今晚没胃口",这无疑是最直接的解释。但别着急轻易下结论,不妨再想想还会有哪些可能原因。"小张今晚开始打卡减肥计划。""小张可是工作狂,说不准正废寝忘食做任务呢。""可能是小张的选择困难症犯了,不知道吃什么,索性不吃。""外卖小哥迷了路,晚饭送错了地点。""食堂新换了红色背景和彩色日光灯,就餐环境让小张食欲全无。"仔细思考后,你发现看似简单的行为背后竟隐藏各种可能性。而真相到底是什么,不妨等今晚小张回到寝室后请他亲自揭晓谜底。

再设想命悬于任务"死线"的你在马不停蹄地打字,电脑竟无故黑屏。根据以往经验,你笃定有木马病毒入侵电脑,而凭借自己有限的计算机知识根本无法抢救电脑于水深火热之中。先别垂头丧气,你不妨从电脑软件到硬件逐一排查造成故障的可能原因。没准你会发现原来是家中的猫不小心踢掉了电源线,或是突然断电导致电脑黑屏,根本不存在什么难以解决的技术难题。

设想你在楼下碰到邻居老赵牵着他家的贵宾犬。这只小狗可是小区里出了名的"高冷贵妇",基本不会正眼瞧人。反常的是,它今天多看了你两眼,你在心中泛起嘀咕。"它可能馋我手里的鸡腿?""也许是我今天画了精致妆容,小狗都忍不住多欣赏我几眼。""或许它现在心情好,看谁都会多看几眼。"为了检验以上假设哪些为真、哪些为假,你需要再想想:"我带鸡腿和不带鸡腿时,它都会多看我两眼吗?""面对化妆的我和素颜的我,它都会多看我两眼吗?""除了我,今天它是否也对其他邻居投以热烈目光?"你突然记起先前几次它难得打量你,当时你手里都拎着香气飘飘的炸鸡腿。你也曾三番五次素面朝天或妆容精致和小狗擦肩而过,却从未博得它的回眸;今日小区内熙熙攘攘,但它的目光似乎只为你驻留。分析一通,你会发现最有可能为真的原因是:小狗只对炸鸡腿垂涎三尺,但对你本人丝毫提不起兴趣。

日常生活如此,科学研究亦然。心理学家往往不满足仅揭示人的心理与行为表层规律,他们更热衷打破砂锅问到底,为自己的发现提供坚实可靠、最接近事实真相的解释。接下来的两例研究会帮助你理解这一点。

环境亮度如何影响消费者对食品的支付意愿?想象你在灯光明亮的水果商超购物,看店铺中摆放着苹果,你愿意为一斤苹果付多少钱?再想象你在光线昏暗的水果商超购物,此时看到店里摆放着苹果,你又愿意为一斤苹果付多少钱?研究者发现相比昏暗环境,人们在明亮环境中愿意花更多钱来买苹果,尽管两家售卖的苹果没有任何差异。作者解释其背后成因为——明亮环境可以提升食品安全感知。简言之,相比环境昏暗的店铺,消费者主观上认为环境明亮的店铺售卖的苹果更新鲜、安全系数更高,所以愿意为苹果花更多钱。[①]

或许你觉得研究者说得头头是道,但想想是否还有其他解释?其实,最容易想到的解释是:在昏暗环境中,消费者根本看不清商品,自然无法准确判断商品质量究竟如何,因此不愿出高价为其买单。为了排除这一解释,作者不妨测量在昏暗环境和明亮环境中人们认为判断商品质量有多困难,若在两类环境中,消费者都认为很容易就能判断出产品质量,且没有统计上的差异,那么可以排除该解释。倘若有差异,作者就需要再想方设法检验哪种解释对效应的解释力度更强。

第二项研究关乎食物之间的距离如何影响消费者的购买欲望。请想象某工作日的下午茶时间,你打算买块巧克力蛋糕犒劳自己。打开美食网站,你发

---

① 冷亦欣、青平、孙山、侯明慧:《环境亮度对食品消费决策的影响:食品安全感知的中介作用》,《心理科学》2020 年第 43 期,第 705—711 页。

现公司楼下就有一家甜品店,此时你多渴望吃到巧克力蛋糕?再来试想另一种情境,当打开美食网站,你发现公司附近竟没有一家甜品店,方圆五公里外倒有一家,此时你多渴望吃到巧克力蛋糕?两种情境下,消费者对吃到蛋糕的迫切程度存在差异吗?研究者对此问题展开系列研究,发现当消费者感知到食物与自己的距离更远时,购买欲望将大打折扣。①

为何如此?研究者认为当感觉到食物距离自己较远时,对吃蛋糕的心理模拟程度较低,因此购买意愿下降。所谓心理模拟,你可以简单理解为在心中播放做某事的过程,例如你可以想象吃巧克力蛋糕的画面,绵软的奶油在口中融化,细腻的巧克力酱在唇齿间留香。当甜品店就在公司楼下时,你更容易想象到进食蛋糕的快乐,消费欲望噌噌上涨;然而当甜品店距离你太远时,你便难以模拟进食蛋糕的过程,导致消费欲望下降。

读到这里,你可能觉得作者给出的解释有几分道理,没什么逻辑漏洞。不妨再花心思考虑是否还有更简洁的原因能解释此效应。你大概已经意识到,在这项研究中有一项格外突显的原因——消费者嫌弃甜品店太远而不够便利,光想想购买途中要花费的大把时间和精力就已经很头大了,消费欲望自然萎靡。作者若想让自己提出的机制处于不败之地,必须想方设法排除"太远不便利"的解释。我们不妨在"距离远"和"距离近"两类情境中都添加一段话:甜品店只提供外卖服务,配送时间为半小时。此目的在于控制两类情境中购买蛋糕的便利程度相同,无论店面距离消费者多远,他们均不需要上门自取,拿到蛋糕的时间也大差不差。如果此时相比方圆五公里外的巧克力蛋糕,公司楼下的巧克力蛋糕仍具有压倒性魅力,就可以将"太远不便利"这一原因一键删除。否则,可能就需要重新审视效应的机制。

通过稀松平常的生活琐事和规范严谨的科学研究,想必你对穷尽搜索的必要性有了更深见解。每种现象背后总隐藏无限可能,多给自己点时间思考,多追问几个"为什么",你或许会发现自己距离真相更近一步,你的思维逻辑和问

---

① 熊素红、张全成:《越近越诱惑?感知食物空间距离对消费欲望的影响》,《心理科学》2021年第44期,第398—404页。

题解决能力也随之得到极大提升。

（二）群体盲思：在集体狂欢中丧失思考能力

独木难成林，我们仅凭个人力量往往难以穷尽可能性。众人拾柴火焰高，群体智慧可以帮助你开拓思路，高效解决问题。然而，水能载舟，亦能覆舟。法国社会心理学家勒庞（Le Bon）在《乌合之众：大众心理研究》一书中给群体贴上"无知""冲动""盲目"等标签，他认为集体力量常让人陷入群体盲思（group thinking），理性将彻底湮灭。①

群体盲思指组织决策中，成员倾向于让个人观点与团体一致，有争议或别出心裁的想法往往被压制，这让群体产生简单化和模式化认知，最终导致组织决策失灵而误入歧途。美国社会心理学家詹尼斯（Janis）曾在其著作《群体盲思的受害者》中分析"猪湾事件"的决策过程。② 1961年，美国中央情报局纠集1500名流落美国各州县的古巴流亡分子，组成"精英梦之队"突袭古巴，意图制造古巴人民自愿反抗的假象来推翻卡斯特罗革命政权。然而，这支队伍竟派出8架大型运输机，14架轰炸机，十多艘军舰参与，并在机身、舰身上贴上古巴国旗。不出所料，这些拙劣演技被一眼识破，古巴革命军火速歼灭"精英梦之队"，美国政府因此颜面扫地，沦为老百姓茶余饭后拿来一乐的笑话。很难相信，如此低级愚蠢的决策安排竟来自美国总统决策团队，该团队以肯尼迪总统为首脑，其余几位成员均为部长、教授等专业大咖。导致决策失误的重要原因之一便是群体盲思，团体成员都过于关注共识而忽略事实本身，为了达成一致意见而放弃纠正错误并提出更优方案。

除却复杂问题，即使在正确答案显而易见的情境中，决策者仍然会受群体盲思影响。1956年，美国心理学家阿希（Asch）通过巧妙的实验设计，发现人为迎合群体偏好，情愿指鹿为马。每名研究参与者被分配至7~9人小组，实际上除参与者外，其余几人均为事先安排好的演员。阿希向小组成员展示标准线 X 和3条长短不同的直线 A、B、C，询问小组成员 A、B、C 中哪条线与 X 线的长度

---

①　G. Le Bon, *The Crowd: A Study of the Popular Mind* (London：Transaction, 1895).

②　I. L. Janis, *Victims of Groupthink* (Boston：Houghton-Mifflin, 1972).

相同。只要视力正常的参与者均能正确回答该问题。在参与者报告答案前,几位演员先后故意报出错误答案。此时,参与者面露难色,不知该坚守本心还是随波逐流,最终约75%的参与者报出和其他几人一致的错误答案。①

由此看来,群体决策未必是智慧与智慧的叠加。所以你要格外谨慎,切勿掉入群体盲思的陷阱,在集体狂欢中丧失独立思考能力与提出异议的勇气,沦为泱泱之众。

二、思考的深度

为作出理性决策,仅拓宽思考问题的广度显然不够,思考问题的深度同样关键。以高考志愿填报为例,你首先需要考虑与自己分数匹配的所有大学及专业,此为广度。但穷尽搜索无数院校只能帮你圈定范围,而找到录取概率最大且自己喜欢的院校才是终极目标。因此,你紧接着要搜索每所学校的综合排名、师资力量、地理位置等信息,更重要的是预测同分数段同学报考该所院校的意向,仔细评估竞争压力及录取概率,此为思考问题的深度。

对于每所院校的信息,上网搜索便可尽收眼底。但想准确预测他人的选择却困难重重,毕竟知人知面难知心。想想每年填报志愿时都会发生某名牌院校"断档"的情况,即院校招不满计划人数。很多考生追悔莫及,埋怨自己为何当初畏首畏尾,与心仪的院校失之交臂。这正是"决策深度还不到位"的典型体现!人人面对梦校都想放手一搏,但又预测同分数段的其他考生也抱有与自己类似的想法,心里便开始打鼓,担忧大家一窝蜂报考让自己的落选率骤增,只好退而求其次选择保守选项。事实上,该分数段的多数同学有相同的顾虑,然而他们均未准确意识到对方也同自己般惴惴不安,于是不约而同地选择放走飞到嘴边的鸭子。若此时你能比他们多想一步,预测到多数人都在踌躇观望,那么

---

① Solomon E. Asch, "Studies of Independence and Conformity: I. A Minority of One against a Unanimous Majority," *Psychological Monographs: General and Applied* 70, no. 9 (January 1956): 1 - 70.

你只需再勇敢向前一步,梦校录取通知将非你莫属。

再让我们通过"节假日出行"的例子来理解思考问题要有深度的重要性。每逢小长假,人们自驾出游热情高涨,然而制定行程安排常常令人头疼。人人都担忧选不到合适的出发和返程时间,一不小心就会加入拥堵大军行列,令游玩体验大打折扣。究竟要在假期第几天出发、第几天返程才是明智之举?此时需要你调用深度思考的能力,尽可能准确预判他人的计划。例如,你预测假期第一天出行、最后一天返程的游客数量将抵达高峰,因此应选择尽早出发、尽早返程。当你为自己的计划沾沾自喜时,别忘记多数人可能抱有和你一致的想法,你还需要再比多数人多谋划一步,才可能选到最佳时机。

纵观古今,在博弈中脱颖而出的人往往具备深度思考的优秀能力。《三国演义》中诸葛亮巧用空城计劝退来势汹汹的司马懿兵团。马谡失街亭之后,蜀军战略大撤退,诸葛亮退至西城县时,被司马懿大军追上。诸葛亮身边只有一班文官和少量士兵,到底该用何种计谋才能躲过此劫?他深知司马懿生性多疑、不敢贸然出兵,于是决定制造城中空无一人的假象来迷惑司马懿。诸葛亮命令仅有的 2500 名兵士偃旗息鼓,大开城门,同时让少量士兵扮作百姓打扫街道,自己则亲自登城,凭栏而坐,焚香抚琴,表现出悠然自得之态。这一奇招的确拿捏敌方要害,司马懿深恐步入圈套,迟迟不敢进攻,最终只得撤兵。由此可见,诸葛亮在考虑究竟出哪张"牌"时,精准预判对手的反应,才能出奇制胜。若司马懿能多想一步,考虑到诸葛亮深谙人心,早就把自己看透并会结合自己的性格选择策略,没准就能识破"空城计",坚持选择进攻,故事或许就是另一个结局了。

接下来,我们聚焦需要预测他人决策的情境,探讨罗列所有备选项后,如何深入分析每个备选项对参与者的吸引力,以及如何准确预测其他对手的选择,以确保能挑选到令自己满意且获胜几率最大的选项。

(一)从一阶预测到多阶预测

若要准确预测他人选择,你需要向下拓展思考深度,学会作多阶预测。何为多阶预测?让我们通过纽约《金融时报》发布的猜数字游戏来理解这个概念:

1987 年某天，《金融时报》刊登了一则奇怪的竞猜广告，邀请读者参与数字竞猜比赛，参与者必须在 0 到 100 之间选择一个整数寄回。谁猜的数字最接近所有数字的平均数的三分之二，谁就是赢家。如果猜中数字的人不止一个，就以随机抽签的方式选出唯一赢家，奖品是一套协和航空从伦敦到纽约的头等舱往返机票，价值超过一万美元。

你如果报名参加竞猜，会填写什么数字？

显然，你无法得知每个参与者的选择，所以，如果你直接放弃思考，可能会随便写一个数字，这时你是零级参与者。也有人会猜测：也许人们选择的数字在 0 到 100 范围内随机变化，这样的话，平均数大约是 50，所以 50 的三分之二——33——会是个不错的选择。到这一步，你已经作出一阶预测，是一级参与者。

然而，再进一步思考你就会想到：如果其他人都和你想得一样呢？如果这样，那么其他人也会选择 33 左右的数字，所以平均数就不是 50，而是 33 左右，此时你应该猜 33 的三分之二，即 22。这样你便完成了二阶预测，属于二级参与者。

以此类推下去，不难发现，随着预测阶数增加，数字越变越小：15，10……甚至可能是 0。至此，你已从一阶预测逐步走向多阶预测，具备了深度思考的能力。但新问题随之到来：究竟要深到哪一步呢？

（二）比旁人多想一步

回答该问题前，让我们先来揭晓猜数字游戏的结果。《金融时报》回收数据显示，少数具备丰富经济学知识的参与者深谙多阶预测之门道，果断选择 0 和 1，而多数人的预测深度停在第一阶或第二阶，即填报数值在 33 或 22 上下。所有参与者填报数字的平均数为 18.9，猜测 13 的游戏参与者成为博弈赢家。故意乱报数字的搅局者难以赢得比赛，而绝对理性填报 0 或 1 的经济学家也常与大奖无缘，我们不妨来想想这背后的原因。实际上，《金融时报》的读者鱼龙混杂，一、二级参与者不在少数。比起普通人，经济学家固然了解进行多阶预测的必要性,但罔顾决策所处环境和对手水平,错误以为旁人与自己一样保持绝对理性,于是自顾自地向深处思考,不懂适可而止自然无法获胜。

回答"预测究竟要深到哪一阶"的关键在于考虑其他参与者的水平,你只需要比他们多想一步即可。以猜数字游戏为例,如果其他参与者都为猜测 33 的一级参与者,你只需猜 22。如果旁人都能想到这步,你就需要再多向前挪一阶,选择 15。倘使游戏参与者都是绝对理性的经济学家,此时你自然也要作无穷级预测,填报 0 就是绝佳选择。因此,需要深入预测到哪步不存在固定答案,唯有充分了解决策环境和旁人水平方可做到见招拆招。

到这里,你可能已经把握保持恰当思考深度的两点秘诀:第一,了解旁人水平,包括知道他们是谁、懂多少知识、能作几阶预测等;第二,比旁人多想一步,便能鹤立鸡群。

让我们再通过一项站队博弈温习上述秘诀:

> 有两支队伍。A 队共有奖金 400 元,所有成员平分奖金。B 队共有奖金 600 元,所有成员将平分奖金。每位参与者选择加入一队。你会怎么选择?

首先,让我们设想最理想的情况:40%的参与者选择加入 A 队,60%的参与者选择加入 B 队。在该占优方案下,任一参与者更改选择都会使自己的获益减少,所以参与者都会选择按兵不动,这种所有人不再愿意单方面改变选择的稳定状态被称为"占优均衡状态"。我们将选择 B 队的人数占比低于 60%的情况称为"调整不足",而将选择 B 队的人数占比高于 60%的情况称为"过度调整"。当"调整不足"发生时,站 B 队显然比站 A 队机智;而在"过度调整"状态下,平均而言站 A 队会获得更多奖金。那么问题来了:人们会作出什么选择,达成何种状态,均衡、调整不足还是过度调整? 放弃思考的零级参与者可能会通过抛硬币随机选队;一级参与者假定其他参与者都处于零级,又留意到 B 队奖金更多因而涌向 B 队。二级参与者则假定其他多数参与者处于一级,B 队肯定人满为患,选 A 队才是明智之举……以此类推。

哪一级参与者人数最多?研究者发现,绝大多数人是二级参与者,认为对手会选择奖金总额更多的 B 队,所以自己果断跑向 A 队,最终形成"调整不足"的尴尬局面:人人挤在小池子里透不过气,而宽敞的大池子无人问津。若想增加获胜概率,你需要考虑到旁人和你一样聪明,多数情况下你能想到的他人亦能想到,所以你要成为比旁人多想一步的三级参与者,冲向能为自己带来更多福利的 B 队。①

三、兼顾广度与深度的博弈

从第二部分的有奖竞猜和选队游戏中,你大概已体会到与人博弈的乐趣。不过,博弈并非仅局限在你死或我亡的竞争关系中,博弈双方未必发生激烈冲撞,也可能为了共同利益而握手言和。若想在博弈中最大化个人利益,参与者就要制定周密的策略,兼顾决策的广度和深度,罗列所有可能性并揣测对方的棋子最有可能落在哪里。

让我们先通过一则令人啼笑皆非的故事来明确博弈到底是什么。张三和李四同行狩猎,突然遇一头猛狮。张三丢下随身包袱狂奔。李四愣在原地,疑惑问道:"汝能胜狮?"张三答:"非需胜狮,只需胜汝!"张三显然更快判断出自己究竟和谁竞争——并非狮子,而是李四。除了明确对手是谁,他们还应分析当下处境,面对不同类型的狮子应有不同选择。

若两人面对的是普通狮子,并且能判断自己和狮子相比谁的速度更快,那么比狮子更快的猎人无论选择什么方向都稳操胜券,而比狮子更慢的猎人最好选择与同伴相反的方向。若不能判断自己和普通狮子相比谁的速度更快,为提升存活率,比同伴跑得快的猎人应选择与对方相同的逃跑方向,而比同伴跑得

---

① Christopher K. Hsee, Ying Zeng, Xilin Li, and Alex Imas, "Bounded Rationality in Strategic Decisions: Undershooting in a Resource Pool-Choice Dilemma," *Management Science* 67, no. 10 (October 2021): 6553–67.

慢的猎人应选择与对方相反的方向。若两人面对的是贪婪狡猾的狮子,狮子先抓跑得快的猎人,随后再抓跑得慢的猎人,此时双方选择相反方向逃跑为最佳选择,这样两人都被吃掉的概率会显著降低。若面对的是攻击力较弱的幼狮,两人应联合起来战胜狮子,这时双方就从比谁跑得更快的竞争关系转变为同舟共济的合作关系。猎人需要在短时间内想到各种情况以及应对策略,例如狮子是否聪明、谁的速度更快、猎人之间竞争还是合作等。选择具体逃生方向时,他们还要预测同伴大概率跑向什么方向、同伴背叛合作契约的概率等。只有快速考虑所有可能性并准确预测对方想法后,两人才能作出有利于实现自身利益的决策。如上述"二人忽遇一狮"的故事,在规则约束下,基于直接相互作用的环境条件,参与者根据自己掌握的所有信息作出对自己最有利的策略选择,这便是"博弈"。

"策略"是博弈论中的核心概念,毕竟博弈论也被称作"策略思维"。它指参与者在行动之前准备好的一套完整行动方案,即事先排兵布阵,计划好遇到什么情况就采取什么行动。策略必须具备完整性,参与者要谨慎考虑到所有可能情况,保证没有任何遗漏,这极其考验参与者的思维广度。如在"二人忽遇一狮"的故事中,张三和李四要顾及所有可能性,想好在每种情形下自己该如何逃生,从而形成对自己最有利的策略方案。又如"人不犯我,我不犯人;人若犯我,我必犯人"也是一套完备策略,参与者对他人犯或不犯这两种可能性都作了充分准备。除了选定合适策略,多数情况下你还需要根据有限信息推测对手的出牌套路,对照策略清单作出行动,而能否准确地预测他人的所思所想又极其考验参与者的思维深度。

本节最后将为大家介绍几种来源于生活的经典博弈模型。

(三)囚徒困境:自利选择导致更差结局

王五和赵六是惯偷,警察因没有确切证据而无法逮捕两人。恰巧最近二人行窃时被警察抓个正着,警察把他们带入两个独立且不能相互通讯的审讯室录口供。两人均面临两个选择:坦白,背叛同伙,供述以往犯罪事实;或沉默,只承认本次偷窃,隐瞒以往犯罪事实。如果两人都保持沉默,警察只能以本次犯罪事实定罪,两人都坐 1 年牢。若两人都选择背叛,警察将根据以往所有犯罪事实定罪,两人各坐 10 年牢。若王五和赵六中有一人坦白,另一人保守秘密,那么坦白者可免除牢狱之灾,而惨遭背叛的沉默者要把牢底坐穿,服刑 15 年之久。

表 1　囚徒困境损益矩阵表

	王 五 坦 白	王 五 沉 默
赵六坦白	王五、赵六每人被判刑 10 年	赵六无罪释放,王五被判刑 15 年
赵六沉默	王五无罪释放,赵六被判刑 15 年	王五、赵六每人被判刑 1 年

从表 1 不难发现,两人都选择沉默是共赢,然而双方沉默却不是占优策略均衡。第二部分站队游戏中已涉及"占优策略均衡",这里再次与读者澄清此概念。占优策略指无论其他参与者采取何种策略,某参与者采取该策略的结果都优于其他策略;占优策略均衡则是由所有参与者的占优策略组合所构成的均衡。无论同伙选择坦白还是沉默,王五和赵六选择坦白总是最优解,因此双方坦白才是该博弈的占优策略均衡。出于自私,王五应坦白;又出于对赵六定会背叛自己的预测,王五更坚定坦白。王五如此考虑,赵六亦然,于是他们纷纷选择背叛,迎来对二人来说糟糕至极的结局。

导致囚徒困境的原因在于,每个囚犯都狂热地追求自身利益,而未能看到自私选择之外的其他可能。倘若他们能兼顾同伴利益,抱着自己牢底坐穿也要让对方舒服快活的利他信念,那么无论对方如何选择,他们自然都会沉默,不知不觉中两人就得到了最好的结果。每个人都想少坐牢,于是选择背叛,结果多坐牢;每个人都想多坐牢,便守口如瓶,结果反而是少坐牢。或许,如美国逻辑学家库尔特·哥德尔所说,"世界的意义就在于事与愿违"。

囚徒困境模型在日常生活中的体现颇多。例如著名的"公地悲剧",由于人们过度使用公共资源,导致资源枯竭、自然环境遭到破坏。渔民无节制捕捞极大破坏海洋生态系统平衡,牧民过度放牧令生机盎然的绿洲变为光秃秃的荒漠……这些现象均可以用囚徒困境模型解释。当人们看到他人通过侵占共有资源发家致富,而自己颗粒无收时,心中必然不是滋味,因此毅然决然加入侵占共有资源小分队。最终，每位渔民、牧民都只考虑个人利益，算计着多捕几条鱼、多喂饱几只羊就能够为自己带来多少财富，唯恐免费资源被他人捷足先登。结果却是，人类赖以生存的环境被破坏得体无完肤，这场资源争夺赛中没有赢家，皆为输家。

商场如战场，"价格战"时有发生。囚徒困境模型同样适用于解释商户之间的"勾心斗角"。例如，当今各大奶茶品牌遍地开花，为了吸引顾客，压过竞争对手，商家推出"买一送一"活动以及其他折扣优惠。一旦有商家开始压低价格，此时摆在其他商家面前的通常有两条路：保持原价但失去顾客、折扣力度更大但利润更薄。前一条路万万不可走，多数商家只能被迫吹响"价格战"号角，比对手出价更低。如此一来，越来越多的商户做起亏本买卖，破产近在眼前，恶性竞争局面一发不可收。

当今社会处于"内卷"时代，内卷同样是囚徒困境模型在日常生活中的真实写照。在内卷洪流的裹挟之下，多数人疲于奔命，机械地学习、机械地工作、机械地积攒财富。大学老师要求学生写一篇一千字左右的论文，有同学为了获得高分，硬是把论文写到五千字；职场人士为了早日晋升，主动加班到晚上 10 点；公司中层领导为了在上级面前塑造勤奋形象，不断召集员工开无实质性内容的会议……你或许发自内心想让自己躺平，但当看到身边人的作为，你便不由自主地跳入内卷洪流，费尽心思将论文写到六千字，主动加班到凌晨，更频繁召开会议。因为倘若不卷，你极有可能成为囚徒困境中选择沉默不作为但惨遭同伴背叛的囚徒，面临被打低分、被优化、被上级讨厌的风险。

（四）懦夫博弈：激烈交锋，还是以退为进？

所有人或多或少有过与他人发生利益冲突的经历。例如在狭窄胡同里，你驾车与对面方向来车交会，两方若都不退让，谁也无法通行，此时你会怎么做？有人为你加油助阵："狭路相逢勇者胜！绝不退让，等对方让行。"有人则试图抚平你的情绪："退一步海阔天空，忍一时风平浪静。倒车吧，让对方先行。"懦夫博弈模型就是对此类生活现象的总结分析。

懦夫博弈又名"斗鸡博弈"，公鸡甲和公鸡乙互看对方不顺眼，一场厮杀即将拉开序幕。它们面临四种可能局面。其一,两只公鸡拼个你死我活,最后两败俱伤,假定各损失 10 元。其二,两只公鸡绕道而行,各自安好,假定各收获 5 元。其三,公鸡甲进攻,公鸡乙退让,公鸡甲不费吹灰之力获得 10 元,公鸡乙毫发未损。其四,公鸡甲退让,公鸡乙进攻,公鸡甲毫发未损,公鸡乙获得 10 元。

表 2　懦夫博弈损益矩阵表

	乙 进 攻	乙 退 让
甲进攻	甲和乙各损失 10	甲获益 10,乙不变
甲退让	甲不变,乙获益 10	甲和乙各获益 5

通过表 2 可知,对两只公鸡来说,对手发起进攻,自己应明哲保身,以避免两败俱伤;若对手向后撤退,自己应乘胜追击,以获得最佳收益。因此,一方进攻一方后退是懦夫博弈的占优策略均衡,即敌退我进、敌进我退。但关键在于谁进谁退。这就需要结合具体信息,分门别类讨论。我们先把懦夫博弈转换为一般化表述形式(见表 3)。

表 3　懦夫博弈损益矩阵表(C>B>0>−A)

	乙 进 攻	乙 退 让
甲进攻	甲和乙各损失 A	甲获益 C,乙不变
甲退让	甲不变,乙获益 C	甲和乙各获益 B

若博弈有先后顺序,你又抢占先机,便可毫无顾虑进攻,对方为回避损失大概率选择退让。若博弈双方同时出牌,你就要先揣摩对方选择,分析利弊后再行动也不迟。将对方选择进攻的概率设为 α,退让的概率则为 $1-\alpha$。此时,你选进攻的损益结果为 $-A\times\alpha+C\times(1-\alpha)$,选退让的损益结果为 $B\times(1-\alpha)$。当 $\alpha = \dfrac{C-B}{C-B+A}$,选择进攻和退让的损益结果相当,你可以掷骰子随机选择进攻还是

退让。此时若 C 增加，你进攻的可能性随之增加；若 A 越大或 B 越大，你退让的可能性越大。

（五）性别战：过度为他人着想未必是好事

欧·亨利短篇小说《麦琪的礼物》讲述了一对穷困潦倒的年轻夫妇忍痛割爱互赠圣诞礼物的故事。德拉是位善良能干的主妇，丈夫吉姆是位薪金只够维持生活的小职员。两人各自拥有一件珍宝，德拉有如瀑布般美丽的秀发，吉姆有块祖传的金表。为了能在圣诞节送对方一件像样的礼物，德拉卖掉了自己的长发为吉姆买了白金表链，而吉姆卖掉了金表为德拉买了镶着珠宝的纯玳瑁梳子。他们为彼此舍弃了最宝贵的物件，而换来的礼物却毫无作用。其实，这就是典型的性别战，在缺乏信息沟通的情况下，两人绞尽脑汁为对方考虑，而忽略对方也在拼尽全力爱你，于是出现总收益为负值的结局。

以夫妻争夺电视频道为例。妻子想看偶像剧，丈夫想看足球赛，但家中只有一台电视。假设夫妻二人宁愿挨在一起看同一个电视节目，也不愿分开看各自喜欢的。那么当双方都同意看偶像剧则皆大欢喜，妻子得到 2 单位收益，丈夫得到 1 单位收益；双方都同意看球赛，妻子得到 1 单位收益，丈夫得到 2 单位收益；若双方均不肯退让，结果只能是大家都看不了电视，各自收益为 0；若双方都退让，最终意见仍不统一，各自收益也为 0。

表 4　性别战损益矩阵表

	丈夫偶像剧	丈夫足球赛
妻子偶像剧	妻子获益 2，丈夫获益 1	双方获益均为 0
妻子足球赛	双方获益均为 0	妻子获益 1，丈夫获益 2

与懦夫博弈中双方针锋相对形成的竞争关系不同，性别战更多体现具有共同利益的双方如何有进有退达成共识。从表 4 可知，若对方坚持选择自己喜欢的节目，顺从起码可以得到 1 单位收益，而反抗没有一丝好处。因此，性别战有两个占优策略均衡结果：双方都看偶像剧和双方都看足球赛。一进一退方可得

到对个人和群体而言的最佳结果,而各执己见无法解决问题,两人同时选择倒向对方观点也无法解决问题。在性别战中,既要看到所有可能结果,又要准确预测对方的意愿和行动,才能实现共赢。因此,事先沟通和适当示弱是促进双方利益最大化的法宝。

今后若在生活中遇到类似囚徒困境、懦夫博弈等情形,不必手足无措,静下心穷尽所有可能性就能灵活变通,准确考虑他人选择便能出奇制胜。

第二节　逻辑分析与相关问题讨论

在第一节中,特别强调了社会因素可能使得决策问题变得复杂。不过,不论如何复杂,理性决策的要义是一样的,即,尽量穷尽可能性,尽管有时尚无法认清每一种可能性的细节。从逻辑上看,做一位理性决策者,并不意味着我们就需要或能够知道一切,也不意味着我们的判断或行动不会出错,而是说在犯错或失误之后我们能知道错误源自哪里,从而及时得以修正。之所以能得知错误源头并及时自我修正,"穷尽可能性"乃根本秘诀。

一、选言思维中的"穷尽可能性"

过去的已经发生,无法改变,就此而言,时间是单向线性的;不过,不论是对当前事态和问题的分析认识,还是对当前所能采取行动的决策,我们所面对的往往并非仅仅一种可能性,更像是多个分支线并行。认为一切都只有一种可能性的,那是决定论(determinism)或命定论(fatalism),①此时,"决策"的意义将丧失殆尽。有多种可能性,而且我们可以从中选择一种或几种,这种"选择权"

---

① 至少在某些事情上,带有"后见之明偏差"的人相当于一位决定论者,认为现在所出现的结果都是必然如此的,不会有另外的可能性。

或"选择的机会"被哲学家认为是人之为自由人的根本体现之一。然而,当我们面临诸多可能性,并追求从中选择最适宜或最优的一种或几种时,这种"选择"就不只是一种权利,似乎更像一种责任,有时甚至成为众多困惑和烦恼的源头。一个人敢于承担这种责任,表示他不仅是自由人还是理性人,或者更恰当地说,一位真正自由的人应该同时也是理性的。因为,理性的决策首先要求我们把所有的可能性同时考虑进来,然后才去评论怎样选择才好。

（一）别忘另种可能性

穷尽可能性,并非总是容易的,它经常要求我们对现状了解得足够深入,而我们对现状往往仅有有限觉知(bounded awareness),致使我们不经意间系统性地排除了原本有能力获得的"另种可能性"。不过,在重要的情境下经常提醒我们自己莫忘另种可能性(alternatives),这是非常有益的"理性之举"。这一点是第 书中展示的心理学研究的严谨方法所提供给我们的指导意见,也体现在本书前面各章节的心理学和逻辑学分析中。

譬如,"导论"中提到富兰克林的"慎思代数法",它提醒决策者要同时考虑一种做法的支持理由和反对理由,还要过几天重新思考,因为有另一种可能性,即目前思绪之下我们可能会漏掉某些重要的"支持"或"反对"理由。

第一章中讲到对于决策所涉推理之好坏的多维度评价:不仅要看前提是否都正确,结论是否正确,更要考虑前提对于结论的支持力如何;一种合乎逻辑的推理可以是前提与结论间具有必然性联系的演绎推理,但也可以是某种非演绎推理,即我们从前提出发可以推断结论很可能如此。人在选择前提进行推理时所犯的错误,可能是源自"考虑了不该考虑的信息",但也可能是源自"没考虑该考虑的信息"。"知识的诅咒"也提示我们,一个人视作常识的当然之理,另一个人可能全然不知,甚至心存怀疑。

第二章讲到,对一种说法的认知评价活动,除了常见的"强证实"(即证明它一定为真)和"证伪"(即证明它一定为假),还有一种可能性是:当前阶段既无法"强证实"也无法"证伪",很多所谓的证据只具有"弱证实"(即表明它可能为真,但还无法证明它一定为真或假)作用。在"四卡选择任务"中,相对于既定的条件句,一张卡片所提供的信息不仅可能使得"前件真/后件真"或使得"前件真/后件假",还可能使得"前件假/后件真"或"前件假/后件假",而能证伪该条件句的不仅有正面信息使得"前件真"的卡片,还有正面信息使得"后件假"的卡片。

第三章讲到,当发现 A、B 经常伴随出现(即统计学上显著相关)时,可能是 A 因 B 果,也可能是 A 果 B 因,更有可能是 AB 间无因果联系(譬如,AB 同为第三变量的结果)。为避免"以统计相关取代因果关系",可借助四格表,综合考虑 A、B 两种现象之间各种条件概率的值。为确定它们之间是否存在因果关系,不仅要看 $P(A/B)$,更要看 $P(B/A)$、$P(A/\sim B)$、$P(\sim A/B)$ 等其他条件概率。一种意外现象的出现,其背后的原因究竟是什么,往往有多种可能性,为了增强溯因推理的可靠性,应从诸多假说中寻求具有"最佳解释力"的那个。

第四章也谈到,为了避免"过度概括",应该不仅考虑本人已知晓的实例,还应考虑那些可能存在但尚未被我们发现的实例;为了增强类比推理结论的可靠性,我们不仅应该考虑两个对象之间的"正类比"情形,更应该考虑那些"负类比"情形,并尝试进行多重类比。

另外,本章第一节提到的"群体盲思""博弈思维"以及之前的某些章节,也一直提示我们:人不仅作为孤立个体存在,也经常作为社会成员,且容易受他人影响。个体决策者所需要考虑的不仅是他自身的条件和需求,很多时候还要同时考虑另一种可能的影响因素,即社会环境以及其他人的需求。此乃决策的社会维度(the social side)。有心理学家提出,应把每一位决策者视作致力于处理与其他社会成员之间关系的"政治家"(politicians)。① 这呼应了亚里士多德"人是政治动物"(human beings are by nature political animals)的观念。

放在更大的论域下看,科学史上,决策模型的更替演进,由预期效用理论到期望理论的转变,本身就是关注更多另种可能性的结果。当前在用的某一决策

① Plous, *The Psychology of Judgment and Decision Making*, 191; P. E. Tetlock, "Accountability: The Neglected Social Context of Judgment and Choice," *Research in Organizational Behavior* 7, no. 1 (1985): 297–332.

模型遇到一系列悖论,这往往是提醒我们:我们的模型可能忽视了另一种可能性。可以说,包括认知心理学在内的所有自然和社会科学研究方法论所给予我们的最重要教训和启示就是:尽可能穷尽所有可能性。如果关于某方面(如"对于某类事件之特定结果的想象是否会影响人们对该类事件发生概率的预期?")的实验忽略了某些复杂但确实可能存在的参量或情形,同一研究团队的后续实验或后来其他参与进来的研究人员有必要在这些"另种可能性"上跟进补充,以便得出足够可信的结论。①

(二)作为假言选言推理的"选言思维"

我们的决策困难,有时是因为没有努力去实地收集更多可能有的信息,有时则是因为你没有试着通过分类讨论来缩小"可能性空间"。在后一种情形下,看似信息杂乱无序,可能性无穷多,但其实"可能结果"并不像我们想象的那么多。当我们确定了可能性数量,借助所谓的"选言思维"(disjunctive thinking),往往能作出快速而准确的决策。譬如,著名的"莱维斯克问题"(Levesque problem):

> 鸡尾酒会上,杰克在看安妮,安妮在看乔治。杰克已婚,而乔治未婚。
> 请问:现在有已婚之人在看未婚之人吗?
> 现在有三个答案选项:A. 是;B. 否;C.无法确定。你会选哪一个?

题目中的问题,初看起来无解,因为题目没有讲安妮的婚姻状态,于是很多人倾向于选择 C。但是,当你意识到婚姻状态不定的安妮不外乎"已婚"和"未

① 这方面的一个例子,参看 Plous, *The Psychology of Judgment and Decision Making*, 123-5。详情参看 J. S. Carroll, "The Effect of Imagining an Event on Expectations for the Event: An Interpretation in Terms of the Availability Heuristic," *Journal of Experimental Social Psychology* 14, no. 1 (1978): 88-96; S. J. Sherman, R. B. Cialdini, D. F. Schwartzman and K. D. Reynolds, "Imagining can Heighten or Lower the Perceived Likelihood of Contracting a Disease: The Mediating Effect of Ease of Imagery," *Personality and Social Psychology Bulletin* 11, no. 1 (1985): 118-27; S. Pious, "Thinking the Unthinkable: The Effects of Anchoring on Likelihood Estimates of Nuclear War," *Journal of Applied Social Psychology* 19, no. 1 (1989): 67-91.

婚"两种可能性时,答案就可以确定为 A 了。

从逻辑上看,此种"选言思维"实质上就是假言选言推理(即前提包含一个选言命题和两个假言命题),有时被称作"二难推理"。常见的推理形式有:

$(p \rightarrow r) \wedge (q \rightarrow r) \wedge (p \vee q) \rightarrow r$(简单建构式)

$(p \rightarrow q) \wedge (p \rightarrow r) \wedge (\neg q \vee \neg r) \rightarrow \neg p$(简单解构式)

虽然常被称作"二难"(dilemma),但是,假言选言推理所能达到的效果并不只是让人"进退二难",有时还能让人"左右逢源"。它之所以有此种修辞效果,主要是因为它穷尽了各种可能性。当然这里涉及的"穷尽可能性"是一种极简情形,即可能性总共只有两种,但更复杂的情形,原理与此类似。

对于上述问题的解答思路,我们可以通过假言选言推理的方式重构如下:

> 若安妮已婚,则有已婚之人在看未婚之人;若安妮未婚,则有已婚之人在看未婚之人;安妮或者已婚或者未婚,所以,一定有已婚之人在看未婚之人。

为进一步领会"穷尽可能性"之于我们判断和决策的重要性,我们还可以考虑:如何回应一个人通过二难推理所得到的结论?表面上看,二难推理在辩论场合的使用具有很强的说服力,似乎对方无论如何都得接受其结论。但是,从逻辑上看,我们要意识到:对于二难推理的结论,我们并非毫无选择,甚至有多个"另种可能性"。以哲学史上的"法庭悖论"(Paradox of the Court)为例:

> 普罗泰戈拉(Protagoras)与学生欧提勒士(Euathlus)订有契约:学生毕业后第一次出庭打赢官司时付清学费。但是,学生毕业后并不出庭打官司。普罗泰戈拉等得不耐烦,诉诸法庭,向欧提勒士提出"二难论证":
> 假若我打赢这官司,(根据判决)你要付学费;假若我输了这官司,(根据契约)你也要付学费;或者我赢了这官司,或者我输了这官司;所以,你都要付学费。

作为一种演绎方式,二难推理的结论被人接受,需要同时满足两个条件,即形式有效且前提均真实。所谓"形式有效"是说该推理在形式上属于有效的演绎推理,即,如果前提中的两个条件句和一个选言命题均为真,则结论命题一定为真。所谓"前提均真实"是说不仅前提中的两个假言命题要同时成立,而且那个选言命题也得成立。因此,一个人即便承认该二难推理形式有效,也可能因为质疑前提中的两个假言命题(如司法实践中可以判决契约无效)或质疑其中的选言命题(如法庭上打官司的可能是代理律师)而拒绝接受"结论":前者的策略叫作"抓犄角"(grasping by the horns),后者的策略叫作"躲犄角"(escaping between the horns)。除此之外,一个人还可能对其推理形式是否有效而表示怀疑,此时尽管说不出它到底哪里不对头,但可以"以其人之道还治其人之身",提出一个形式相仿但结论正好相反的二难推理,譬如,欧提勒士在知道老师提出的诉讼后,提出了以下反诉:

> 假若我打赢这官司,(根据判决)我不该付学费;假若我输了这官司,(根据契约)我也不该付学费;或者我赢了这官司,或者我输了这官司;所以,我不该付学费。

这种"二难推理",有时被称作"反二难"(counter dilemma)。这里需要强调的是:不论是"二难推理"还是"反二难"的提出,它们之所以能显示出更强的说服力,根本上是因为它们试图穷尽可能性然后分情况讨论。

(三) 想办法分情况讨论

选言思维法给我们的启示是:对于一些貌似无头绪的复杂问题,可以分情况讨论(argument by cases),当这些情况被认为已穷尽可能性时,我们往往能达到更有深度的分析,进而帮助我们作出更为合理的决策。

这种分情况讨论的办法,在中学数学证明题中多次出现。事实上,这种证明方法的更一般形式被称作"数学归纳法"(Proof by mathematical induction),其大意是:为了证明不论 n 为什么自然数总能使得某一命题成立,可以先证明当 n=0 时命题成立,然后再证明假若 n=m(m 代表任意自然数)时命题成立,那么 n 的后继数即 n=m+1 时命题也成立,如此相当于遍历了所有自然数 n。

历史上,建议通过分情况讨论来提升决策质量的,比较著名的是心理学家皮亚杰建议的"科学推理"(scientific reasoning)模型。[1] 本书中介绍过的富兰克林"慎思代数法"、条件概率"四格表"以及"最佳解释推理法"等属于分情况讨论的实用方法。当然,本章第一节刚讲过的博弈论方法,也是在分情况讨论。[2] 这些方法的最大好处在于:使得我们可以跳出"情景思维",借助系统性的分布式表征,鸟瞰各种相关信息,更为高效地"试错"。

二、逻辑推理作为一种对话

对于"穷尽可能性",另一种理解方式是:将逻辑推理视作一种社会活动,一种存在于推理主体与异议者之间的对话(有时可能是虚拟对话),之所以要穷尽可能性,是为了能回应来自反对者的所有可能的或实际上的怀疑。这种对话是博弈,也是一种群体合作:不同于"群体盲思",这是为了实现彼此最大程度的理性思维所采取的互助合作。

(一)对推理活动的博弈论解释

不论是演绎推理还是广义上的各类归纳推理,一场推理活动犹如两个角色(玩家)之间的博弈。推理主体从特定的前提出发想要得出某一结论,而异议者试图提出"反例"以表示无法得出相应结论,当异议者从一开始就不赞成该结论时,他提出"反例"的动机和努力往往很强。在此博弈过程中,当推理主体能回应异议者所提出的怀疑从而表明并不存在(至少暂时不存在)真正的"反例"

---

[1] 参看 Hastie & Dawes, *Rational Choice in an Uncertain World*, 4-5, 113。

[2] 可以补充提及的是,"意外考试悖论"(即教师不可能在下周内某一天进行一次出乎学生意料的考试)这种看上去难以置信的说法之所以在学术界反复讨论,正是因为当它以分情况讨论(即区分不同的工作日)的穷尽方式加以论证时,其结论简直无懈可击。有兴趣的读者,可以自行查阅了解。

时,我们可以说推理主体有了一个"赢得策略"(winning strategy),即其推理是合乎逻辑的;反过来,当异议者提出的"反例"无法被推理主体消解时,我们可以说异议者有了一个"赢得策略",即该推理并不合乎逻辑。

当然,演绎和归纳之间的"赢得策略"是有差别的:前者要求推理主体成功回应来自异议者的任何怀疑,不论此种怀疑有没有现实基础(即在当前发现某种"反例"的实际可能性有多大),因为合乎逻辑的演绎推理意味着不可能出现"前提成立而结论不同时成立"的情况;后者对推理主体的要求则没那么高,推理主体不必理会异议者所提出的那种仅具有理论可能性的"反例",他只需设法消解异议者所提出的那些被认为实际很可能出现的"反例"即可。借用刑事司法领域中的术语"合理怀疑"(reasonable doubt),也可以说:进行归纳推理时,推理主体要做的不是表明不论任何时候任何场景下都不可能出现前提成立而结论不成立的情况(因为他所追求的原本就不是必然性结论),他是要表明前提和结论之间的强关联在当前阶段"不存在合理怀疑的空间"(beyond a reasonable doubt,有时记作 BARD)。① 或许,将来会找到新的证据从而有了具体理由去怀疑,但至少就目前来看,异议者对于该归纳推理的怀疑不是"合理怀疑",因而推理主体有权利从如此前提出发认为某某结论很有可能成立。

这种博弈论解释,可以追溯至苏格拉底(Socrates)的对话法。对此"博弈"过程,不能单从竞争的角度来看,还应看到其中推理主体与异议者之间的合作。正如自称拥有"思想助产术"的苏格拉底本人经常扮演异议者但最终往往能帮助立论者接近真理一样,异议者在"推理"博弈中的作用不可低估。受"证实偏差"的驱使,推理主体天然地容易走捷径,图快图省力,往往是异议者(这种异议者角色也可能是推理主体心中的另一"自我")在督促推理主体弄清楚推理前提究竟有什么并自觉为其结论承担相应的辩护责任。

(二)合乎逻辑的推理是负责任的社会行为

有时,人们喜欢把逻辑推理的目标定位于与"上帝""客观理性"等超级智

---

① 在刑事审判领域,国际上较为通行的一个证据认定原则是"不存在合理怀疑",即,一种证据(包括证言等),假若能排除对它提出的所有合理怀疑,就应该暂时认定它为事实。

能体的推理方式相符,但是,在哪里可以找到这些超级智能体,我们又如何才能获知他们的推理方式呢? 一种比这更为真实和健全的理解可以是:把逻辑推理看作是个人在社会生活中的负责任行为。也就是说,我们之所以如此这般推理,不是因为要对"上帝"或"客观理性"(如果有的话)负责,而是要对自己所在的共同体和社会负责。我们的推理首先得能让共同体和公众理解,无法被其他更多人理解的思想,不论如何标榜,都谈不上逻辑推理,倒更像是荒唐话。

从人类推理活动的实际来看,把逻辑推理视作一种负责任的社会行为,这是有根基的。典型的推理和决策活动并非一个人智力上的自娱自乐,它具有社会性的一面。作为社会性动物,一个人的选择和行为会受他人的影响,反过来他自己的选择和行为后果也经常影响他人,因此,即便一个人独自静思,他也经常需要考虑别人是否能接受其推理前提,别人是否认同其推理方式,他希望(也相信)自己如此这般推理不仅能得到大多数人(至少是大多数理智健全之人)的理解和认可,甚至会得到更多其他人的赞赏和模仿。

也正是出于对社会负责任的态度,一个坚持逻辑推理的人不仅会指出正确的思想和行动路线是什么,还会在有机会时回应其他人的怀疑声音,以表明其他路线何以不恰当。譬如著名的"卖马问题":

一个人60美元买下一匹马,然后以70美元的价格卖掉。后来又花费80美元买回,以90美元的价格再次卖掉。他在马匹交易中赚了多少钱?

一个人听到后将其类比他的股票交易行为,最后判定"赚了10美元",其推理过程是:

假设我60美元买进股票,70美元卖出。之后我改变主意,用80美元买进了同样的股票,这时我比之前卖出时多付出了10美元,相当于抵消了我之前赚到的钱。最后以90美元卖掉时,我便赚了10美元。

这里,对一位追求逻辑性的思想者来说,重要的不只是他自己得出答案"赚了 20 美元",还要回应其他人的不同答案,以表明自己的答案才是按照逻辑推理得出的。这种关注是他作为社会性动物的一面,也正是在这种类似辩论一样的社会互动中,生动地体现着他作为理性动物的本质。

三、另一种声音:"人们并非那样不理性"

当本书围绕诸多偏差或谬误作心理学和逻辑学分析时,经常预设了人们追求理性决策但实际却存在如此多的不理性行为。对此,另一种"可能的声音"是:人们其实并非那样不理性。毕竟,理性人也不是什么不可错之人,即便大量被试在实验中被发现有犯错或事后表示后悔,那也不意味着公众不够理性。

(一)心理实验的效度和信度

心理学家们开展大量的各类"偏误"研究,并经常建议我们通过考虑其他结果或答案的可能性来减少各种判断上的偏差,但他们自己的实验研究本身是否因为忽视某些因素而使得研究结论及建议不具有重要参考价值呢? 这并非只是外行人的猜疑。因为,任何实验研究都具有两个不同层面的效度评估:一个是内部效度,关注实验研究本身的程序和方法是否以及多人程度符合规范并严格操作;另一个是外部效度(或曰生态效度),关注实验研究结论是否以及多大程度上可以由可控的实验环境推广应用至现实生活的真实情境。很多公开发表出来的经过同行评议的研究成果,大都具有较高的内部效度,但是,它们并非因此而自然地具有较高的外部效度。当实验中用以生成数据的样本无法"代表"生活世界的情形时,即便有内部效度,外部效度也会变得可疑。①

认知心理学家大都注意到了"外部效度"问题并设法提高实验结果在真实决策环境下的参考价值。譬如,为了排除一些被试因为不关心或不认真对待所以出错的可能性,实验人员会增加"物质刺激";为了排除一些被试因为话题过

---

① 一种适用于测量工具的类似区分是信度和效度。譬如,在评估某种 IQ 测试方法时,如果其测量结果给出的 IQ 值经得起反复检验,则信度较高;如果其测量结果被认为能公平反映人们真实的智力水平,则效度较高。

于抽象或不熟悉而决策出错的可能性,同时增加具体或熟悉的题目;等等。但是,这方面工作存在诸多难以克服的困难。当一个人知道自己是"被试"时其表现方式往往不再那么自然,实验人员对被试提出的任务经常无意间被当作一场"竞赛",甚至实验人员为预防此种"非自然"行为所作的指令或提醒也可能造成意想不到的"误导"。

更常见的难题,或许是出现在被试征集环节。如著名的"大二学生问题"(the college sophomore problem),即,出于便利,有大量的心理实验都是以心理学专业二年级大学生作为被试,这可能使得实验结果无法推广至大众身上。[1]倒不是说以"大二学生"作为样本的任何实验研究都会因此而降低"外部效度",但毫无疑问,它会影响特定领域问题的研究。另外,被试征集难题,也不是说光靠财力投入就能解决的。在现代民主社会里,只有志愿者才能做被试,有时被试的个人真实信息对于当前研究(如"艾滋病检测结果对一个人未来生活状态的影响程度")颇为重要,研究者又不能以强制手段获取这些信息。如果不去求证被试是否真正是艾滋病检测结果阳性,而是选择把问卷发给普通大众,询问他们"**假若**得知自己患有艾滋病,你觉得个人的生活会因此而大受影响吗?"这样的调查意义并不大,因为一个人设想自己会怎么样,远不同于他在真实情境下的决策情形。[2]

(二)或许是心理学家们高估了人的不理性

基于上述内部效度与外部效度之间可能存在的不一致,再加上以下三点考虑,似乎有理由推测"或许是心理学家们高估了人的不理性程度"。

首先,很多所谓的"偏差"和"谬误",其实我们每一个人都难以避免,即便是包括心理学家在内的专业人士。最典型的一点是,心理学家群体中也可以发现各种跟记忆提取相关的偏差,据记载:多位心理学家在参加某次学术会议2周之后,被问起当时会上所讨论的内容,他们的回忆与会议录音相差甚远,近乎一半人的回忆都是不正确的,回忆出来的有些内容完全是心理学家添

---

[1]　Stanovich, *How to Think Straight About Psychology*, 115 – 21.

[2]　参看 Hastie & Dawes, *Rational Choice in an Uncertain World*, 332 – 3。

加上去的。^① 对此,很多心理学家也是承认的,譬如,美国行为主义心理学家斯金纳(B. F. Skinner)曾坦言:"我过去常常如此描述一位演讲者来表现行为主义者对待自身的态度:他对人类行为(包括其他演讲者的行为)作出解释后离开舞台,接着他从舞台侧面探头说:'我自己也是那个样子!'"^②

第二,或许也是更重要的一点,在心理学家的关注视野之外,更多的是决策成功的案例。心理学家之所以喜欢研究"偏差"或"谬误",除了因为此种研究或许更有助于人们从"错误"中学习,还有一个令人尴尬的原因是:此类与常识相违背的研究发现更能得到出版社和读者的关注。在这一点上,学术杂志有点类似于乐于捕捉"新奇"的新闻媒体。据估测,学术杂志上引用关于人们推理有缺陷的研究成果的论文数量大约是那些引用关于人们成功推理的研究成果的六倍之多。事实上,心理学界的这种现象也可以视作一种"偏差",即"引用偏差"(citation bias)。^③ 有鉴于此,新近的一些心理学家致力于发展一种"积极心理学"(positive psychology),重点关注人们何以成功,包括人类认知能力的积极一面。^④

第三,跟第二方面的事实相关,在很多被发现有认知偏误的实验中,若给那些被判定"不理性"的被试一个自我解释机会,往往可以发现,与其说他们是不理性,不如说是他们被实验人员误会了。其实,很多认知心理实验研究有一个共同特点,即,当实验人员简单给出某方面的提醒(而不必透露答案),出现偏误的被试数量会明显减少。之所以如此,很有可能是因为被试未能完全领会实验任务本身,此种对于实验任务的"解读不准确"(或更确切说,"未按照实验人员

---

① Plous, *The Psychology of Judgment and Decision Making*, 37; I. M. L. Hunter, *Memory* (Middlesex, England: Penguin Books, 1964).

② B. F. Skinner, *Notebooks* (Englewood Cliffs, NJ: Prentice-Hall, 1980), 360.

③ Plous, *The Psychology of Judgment and Decision Making*, xv; J. J. J. Christensen-Szalanski & L. R. Beach, "The Citation Bias: Fad and Fashion in the Judgment and Decision Literature," *American Psychologist* 39, no. 1 (1984): 75–8.

④ 参看 J. I. Krueger and D. C. Funder, "Towards a Balanced Social Psychology: Causes, Consequences, and Cures for the Problem-seeking Approach to Social Behavior and Cognition," *The Behavioral and Brain Sciences* 27, no. 3 (2004): 313–27。

的预期去解读")造成被试在回答问题时偏离实验人员预定的方向,被试基于"不准确解读"而给出的答案反过来又造成心理学家对于被试行为方式的误判。[1] 譬如,在关于从众心理的研究中,大多数"旁观者"不帮助受害者,实验人员问他们为什么有如此态度,他们可能会说:假若**在现实生活中**遇到真正紧急的情况,他们还是会帮助受害者的。[2] 还有,很多人喜欢买保险或赌博,或许也并非就是不理性,尤其是,对急需一笔钱变成富人的购买者来说,赌博或能为其迅速实现社会地位提升提供一条路径,而对较为富裕而不在乎保险费的人群来说,购买保险或许能较为稳妥地让他们保持现有的财富地位。[3]

已有认知心理学家试图表明,当研究人员换个视角去看待公众的日常推理和决策现象时,可以发现更为积极的评价结果:"与通常对于人类推理能力的暗淡评价相反,人们非常有能力作到无偏见地推理,至少是当人们在评估论证而非提出论证时,当他们是在追求真理而非试图在争论中取胜时。"[4]

(三)所谓"不理性"不过是"简单快捷"的必要代价而已?

倘若有可能是部分心理学家高估了人的不理性,那么,我们似乎也有理由重新看待那些被认为容易引起"不理性"决策的各种"效应"。即便代表性启发式和易得性启发式的确会在某些情境下致人出错,这种错误或许也只是我们采取"又快又省"(fast and frugal)算法时的必要代价。毕竟,处在嘈杂的现实环境作决策,我们经常面临信息缺失以及各种干扰,为了在紧迫的时间内作出选择,

[1] 存在于专业人士与普通受众之间的误会,是普遍现象,其中一个常见原因是理论术语与日常语言之间的差异。相关讨论,参看 M. F. Schober & H. H. Clark, "Understanding by Addressees and Overhearers," *Cognitive Psychology* 21, no. 2 (1989): 211-32; H. H. Clark, "Dogmas of Understanding," *Discourse Processes* 23, no. 3 (1997): 567-98。

[2] B. Latane & J. M. Darley, *The Unresponsive Bystander: Why Doesn't He Help?* (Englewood Cliffs, NJ: Prentice-Hall, 1970), 65.

[3] 参看 Hastie & Dawes, *Rational Choice in an Uncertain World*, 288。

[4] Hugo Mercier and Dan Sperber, "Why Do Humans Reason? Arguments for an Argumentative Theory," *Behavioral and Brain Sciences* 34, no. 2 (2011): 72. 更多相关讨论,参看 Hugo Mercier and Dan Sperber, *The Enigma of Reason* (Cambridge, MA: Harvard University Press, 2017)。

我们有必要带点冒险精神：姑且根据过去熟知情形下的经验去面对陌生环境，假若正好成功便可省下了大量时间和资源，假若不幸遇到挫折再作相应调整。从生物进化的角度看，这也是人类之所以在这个星球上存活下来的重要法宝之一。当代心理学家吉仁泽（Gerd Gigerenzer）等人近些年所倡导的正是这样的一种新观念。①

当然，并没有太多心理学家像吉仁泽那样高扬启发式在人类认知中的重要性。不过，确有不少心理学家主张不要对各种"启发式"（捷思法）简单批判，而是要设法理解它们何以出现，何时有不可替代的效果。即便很多启发式直接或间接导致某些推理失误，但"人的推理失误是从我们发现人推理成功的同一块布上剪下来的"②。正如我们不会因为发现人有时出现视错觉而过度指责或弃用人的知觉力③一样，我们不必因为启发式引起的某些"偏差"或"谬误"而抛弃人类经常所用的那些推理（尤其是非演绎推理）策略。"对于人类推理犹如对于知觉，我们猜测，人类身上的许多不足最终将被发现与人类的最强优势紧密关联在一起，甚至可以说是人类拥有最强优势时不可避免要付出的代价。"④

即便就某一方面而言人类的推理和决策的确显示出"不足"，此种不足也不是不可救药的。譬如，在关于"光环效应"的实验研究中，很多被试倾向于把慷慨大方（generous）、开心（happy）、和善（good-natured）、幽默（humorous）等归为"热情"（warm）的人的特征，尽管有些被认为慷慨的人并不怎么热情。⑤ 这或许表明了有些人在语义上把热情看作慷慨大方的上位概念，但只要我们借助语言知识或词典澄清"冷漠（cold）的人也可能慷慨大方"，相信此类"错误"今后就

---

① 参看 G. Gigerenzer, P. M. Todd, & the ABC Research Group, *Simple Heuristics That Make Us Smart* (New York：Oxford University Press, 1999)；J. W. Payne, J. R. Bettman, & E. J. Johnson, *The Adaptive Decision Maker* (New York：Cambridge University Press, 1993)。

② Nisbett & Ross, *Human Inference*, xii.

③ 毕竟，我们得知那是错觉，往往还是凭借知觉力，通过再次观察并从不同角度观察。

④ Nisbett & Ross, *Human Inference*, 14.

⑤ Plous, *The Psychology of Judgment and Decision Making*, 46.

可以少发生或不发生。也就是说，一个人被发现在某些方面易犯错，但这些错误并非不可根除，随着不断获得更多的经验或知识，类似的错误完全可以逐步减少。譬如，一个人最初可能容易高估对未来某个结果的高兴或不满程度，这被心理学家称作"免疫忽视"（immune neglect）①，但当实际上经历过几次这样的"落差"之后，在将来预估某种结果的感受度时，很多人会主动调整预期。日常生活中，我们有时称此为"一个人变得更加成熟"。

四、我们走到了哪里? 现在该怎么办?

至此，读者已经看到很多心理学和逻辑学的知识对我们提升日常决策质量有些帮助，但此种帮助似乎仍不理想，因为在某些特定的问题上它们并没有明确告诉我们究竟应该怎么做。另一方面，如前所述，一个成年人不去专门修读逻辑学和心理学知识，凭借本能和经验，他似乎也能在大多数情况下作出正确决策，并能通过知错就改自然而然地提升决策水平。那么，看完本书，读者最后该如何看待这一切，面向未来该如何适从呢?

（一）知道了若干原理，但仍未达到完全的确定性

人类认知的心理学研究，仍有很多未知领域; 即便是在当前所涉足的领域，"只要我们所要处理的是处在轰隆嘈杂而混乱迷惑的真实世界中的真实人们的心理事件和决定，我们就既无法完美地作出预测，也无法完美地加以控制。'其他条件相同时'（ceteris paribus）这样的限定词总是可以适用于这些现象。② 预测真实世界中实际发生结果时的这种不确定性，不仅是决策问题本身所固有的，也内在于决策的结果。"③

---

① 参看 Hastie & Dawes, *Rational Choice in an Uncertain World*, 211。此处所谓"免疫"是指人心的"免疫系统"会让我们最初的快乐或悲伤情绪逐步（有时会很快）淡化甚至消失。

② 引者注：所谓"其他条件相同"指当我们把实验研究结论推广应用至现实生活中时，需要现实情境正好满足跟实验环境相同的条件，否则就无法推广应用。

③ 参看 Hastie & Dawes, *Rational Choice in an Uncertain World*, 188。

不止心理学家如此。包括逻辑学家在内的哲学家也经常公开承认无法获致完全的确定性。他们批评一切所谓的"不可错论者"（infallibilist），仅追求某种"有学问的无知"。在很多时候，你承认自己的推断结果具有不确定性，那倒是有学问的标识，即，你之所以无法确定某种结果，是因为你知道存在别人所忽略的另一种可能性。

在某种意义上，人类理性本身就意味着对可错论的承诺。好的决策，理性的决策，合乎逻辑的推理，并不代表推理结论或决策结果不会错。重要的是，它把出错的可能性尽量限制在我们某个阶段所获信息的不足上，而这些都有机会在未来得以弥补。就此而言，逻辑思维训练的目的，也不是减少错误。因为，不做事，不冒险，出错机会明显会减少；但由此错失的是学习机会，成长机会，以及精彩的生活。我们依照理性的思维方式和决策方法来做事，好比在沼泽地上行走，我们每一步的"支点"并非坚不可摧的基石（因为那些作为推理前提的信息并不完整甚至一直在改变），但我们依旧可以借此前行，而且很多时候只能如此获得进步。这在认识论上叫作"反基础主义"（anti-foundationalism）。

令人慰藉的是，很多人包括心理学家都已意识到，类似决定论那样完全的确定性，对我们人类来说，并非什么美好愿景。"没有了不确定性，人类将不再有希望、伦理和自由选择。正是因为我们不知道未来等待我们的是什么（譬如，我们自己死亡的精确时间和方式），我们才可能拥有希望。正是因为我们无法确切知道我们的选择在未来造成的结果，我们的选择才可能是自由的，也才可能呈现为真正的伦理困境。"①当然，未来的不确定性并非就是好事，它的不可根除性给我们的启示是：在不确定的世界上生活，我们需要自行思考，任何第三方的知识或研究成果都无法代替我们自己的思考和选择。自己的思考和选择，是最能显示人之理性能力的地方。

回到本书"导论"开篇所引用的罗素的话，哲学包括逻辑教育，在某种意义上可以减少某些问题的局部不确定性，但决不能说其目的是要消除不确定性，

---

① 参看 Hastie & Dawes, *Rational Choice in an Uncertain World*, 333。

毋宁说是指示我们：我们依然可以做到理性思考，尽管总体上仍处在一个不确定的世界。

（二）做一位积极的批判性思维者

本书写作目的（如"导论"中所言）主要是，借助当代心理实验成果，启发和激励日常决策者更自觉地开展逻辑思维。但这并不意味着我们只需要跟着某一位心理学家走即可。事实上，刚刚我们已看到心理学家们对待启发式或各种效应的态度并不完全一致。所谓坚持逻辑思维，也不是要背诵逻辑课本上几条普遍适用的推理规则即可，因为，逻辑推理从来无法从无到有。更自觉地开展逻辑思维，不仅意味着理解各种偏差或谬误何以发生，何以可能减少，更重要的是，以批判性思维者（critical thinker）的态度看待各路心理学家的研究成果及决策建议。譬如，尽管卡尼曼和特沃斯基早就提醒我们，系统 2 和系统 1 的思维方式各有优势，但我们时常会听到另一部分心理学家说：我们普通人惯用系统 1 或直觉式思维，并非就意味着不理性，因为它大多数时候都是能达到目的的。对此，我们应当以批判性态度来看待：（1）当本书（从逻辑学角度）提醒决策者使用系统 2 时，并非意味着系统 1 就弃之不用。此种提醒的要点在于：系统 1 并非总是成功的，而且会在很多重要的事情上犯错误；从推理重构的角度看，系统 1 的推理结论大都是或然性的（即便在我们看到的大多数情况下都成立），若有机会，我们应结合具体场景，审慎对待，设法增强其结论的可靠性，而不是直接把或然性推理当作必然性推理。（2）需要承认，系统 1 的优势是明显的，既快又省；而且，很多时候，我们时间和资源不够，别无选择，只能使用系统 1。不过，我们应该警惕的一点是：在日常决策中，很多人即便有充足的时间，即便面对的是对自己很重要的问题，即便他的知识储备没有提供直接答案，他也会优先使用甚至仅仅使用系统 1。他忘记了，我们基于逻辑推理这种慢思维的方式，原本可以从相关信息出发，有条理地得出更为可靠的答案。

一个善于批判性思维（critical thinking）的人，从来不是只跟着模仿，而是在学习前人成果的基础上，自己去探究和判别。许多有关人类推理的描述性或规范性理论是有用的，但理论学习取代不了我们每个人在自身决策实践中的积极思考。别人也不会替你思考,除非有人想要从你身上谋取利益。

最后,让我们结合本书读者可能有的另外几点困惑,简要提示一位批判性思维者的应有态度:

通常而言,一个人身上不仅可以发现存在这样或那样的认知偏差,我们还可以发现他会对所谓的"偏差"现象进行反思。这种反思能力,是批判性思维的原动力之一。譬如,为什么我们损失 5 万元时比获得 5 万元时的感觉更强?你或许跟很多心理学家一样认为这种感觉是不应该有的,并讲出某些理由;但在另一些时候,你又可能认为此种感觉是正常的,毕竟,对于一位储蓄额度仅有 5 万元的人,"损失 5 万元时为我们当前带来的麻烦"远比"储蓄额增加 5 万元所带来的兴奋"大得多。重要的,不是你始终不变地采取一种态度,而是当你在某种情境下采取某个态度时你心中考虑了正反两方面的理由并作了比较和评估。类似的还有,对于"边际效用递减"现象,这意味着我们不值得在某些事情上坚持追求那些正逐步递减的效用吗?除了既有的关于杀虫剂的那些经常被提到的实验案例,我们还应考虑到:学习某种东西,经常遭遇"学习高原期";某个领域的科研创新,越往后难度越大;对于美食的追求,每提升一个档次,所要付出的代价要大很多。在这些事情上是否值得坚持,就不能一概而论了。

如果到头来果真如有些人所言,一个人很少有明显不理性的行为表现,大多时候是我们误解他了,那么,为了在社会生活中对其行为表现作出恰当的评判,一位批判性思维者的态度应该是:多对话,仔细听他怎么解释,尽可能寻找对话各方的共识,然后在共识的基础上作出审慎评价。

当我们说理性的决策在于穷尽可能性时,并不意味着我们稍作努力就可以立即弄清每一种可能性的细节,更不意味着我们可以知道实际上应该排除哪些可能性。在一些糟糕的情境下，我们可能对究竟存在哪些可能性都不知晓（尚未走到布里丹之驴的境地），以至于无法分析，无法推理。① 不过，在很多情境下，不一定要确保我们所考虑的几种情况已经穷尽所有可能性，我们只要能发现之前未被注意的另种可能性，甚至只是因为换个视角而看到有新的假说，这便意味着我们的分析已经有了"新意"。相比某种确定无疑的结论，这种"新意"是一位批判性思维者更为在乎的东西。因为，正是此种"新意"，使得我们当前的探究活动得以推进。

尽管我们作为理性动物，事先有充分准备，极其审慎地坚持按照合乎逻辑的方式进行推理，并因此愿意相信自己的选择或决策不可能出错，但是正如"沉没成本"等效应所揭示的，人依旧很可能犯错。之所以如此，是因为合乎逻辑的推理并不保证结论一定成立，其结论的可靠性同时依赖于作为前提而输入的信息之质量。不过，我们可以借助逻辑推理来理解一个人的决策在什么条件下是明智的以及在什么条件下是不明智的。在此意义上而且仅仅在此意义上，逻辑推理练习明显有助于我们提升决策质量。这是一位批判性思维者眼中逻辑推理的功用及其限度。

参考心理学和逻辑学知识来提升决策质量时，并不是要弃绝感官或直觉的力量，也不是要阻挡意志力、激情等所谓的"非理性因素"。一位批判性思维者在借鉴心理学和逻辑学所提供的那些更具系统性或可控性的思维方法的同时，完全可以承认它们不是完美的，甚至在某些方面或场合下不如我们的本能或直觉，他所坚持的只是：逻辑学和心理学的知识为我们提供了新的工具和视角，从而可以帮助我们塑造比单凭直觉或本能时更为强大的决策能力。

---

① 这种情境，有时被称作"无知的无知"（the unknown unknowns）。

练习与讨论

1. 人多力量大吗？对此，一个可以拿出来讨论的例子是"头脑风暴"（brainstorming）①。你认为，为了保证群体思考效果优于每个人的独立思考，应该对头脑风暴设定什么样的规则？

2. "三十六计"中的空城计、苦肉计等是博弈策略吗？

3. 以下是一位病人同外科医生及其家人对乳房检查流程的讨论。② 你认为对话反映出谁之过？如何以批判性思维的方式看待这一切？

> "我建议你去做个 X 光乳房检查。这是乳房检查的一种新方法——拍胸片。"
>
> "这方法准吗？"
>
> 他耸了耸肩："准确率可能跟其他片子差不多吧。"接着，他警告说："你知道的，即使检查下来是阴性，就是说肿块不是恶性的，想要获得确定性的结果，唯一办法还是把肿块切除一部分取出来，然后在显微镜下查看。"
>
> 后来，这位妇女与她的丈夫对这个问题进行了讨论。
>
> "医生怎么说的？"
>
> "他想要我做一个 X 光乳房检查，然后，无论检查结果如何，都要把肿块取出来看。"
>
> "那为啥要先做 X 光啊？"
>
> "我猜，那是做完 X 光之后得继续要做的检查。医生说 X 光检查准确率大约 85%。……所以，我还是先预约去做热谱图。如果热谱图结果是阴性或阳性，而且与 X 光片的结果相吻合，最后的诊断在统计上将有 95% 的可靠性。"

4. 继卡尼曼和特沃斯基提出"琳达问题"之后，其他心理学家的实验变种得

---

① 相关实验，参看 Plous, *The Psychology of Judgment and Decision Making*, 212。

② 详情参看 Hastie & Dawes, *Rational Choice in an Uncertain World*, 184。

出了稍有不同的结果。譬如,有实验表明,仅需提示被试"一个完全合乎逻辑的人会如何回答问题?",被试出错率就明显下降。[1] 还有学者提出:琳达问题里的答案选项"琳达是一位银行出纳"在特定语境下可以被解读为"琳达是一位不积极参与女权活动的银行出纳",如果设法更为清晰地表述问题从而可以明确排除此种解读,出现"合取谬误"的被试占比在 0 到 38% 之间,还不及卡尼曼和特沃斯基当初实验时所得比率(85% 或 90%)的一半。[2] 还有实验表明,当"琳达问题"的提出方式改为频率(如"假设有 100 人符合对琳达的描述,她们中有多少是银行出纳,又有多少人既是银行出纳又积极参与女权运动?"),被试的出错率降至 20%。[3]

尝试重新设计"琳达问题"相关实验,以排除对卡尼曼和特沃斯基实验结论(即大多数人犯有"合取谬误")的可能质疑。你觉得,如此实验变种,会带来与卡尼曼和特沃斯基不一样的结论吗? 更进一步,你觉得"琳达问题"所能揭示的现象应该称作"合取谬误"(conjunction fallacy)还是"合取效应"(conjunction effect)?

5. 关于上帝信念,一种著名的论证是:"帕斯卡之赌"(Pascal's Wager)。法国哲学家帕斯卡在《思想录》一书中写道:上帝或者存在,或者不存在,无法以理性分辨。人们必须猜测,就像抛硬币猜测哪一面向上一样你必须下赌注,不能不下。让我们衡量一下赌上帝存在的利弊得失吧。如果你赌对了,你将赢得一切,如果错了,失去的都算不了什么。赢家的奖励是无限快乐的天堂生活,而唯一可能的代价与之相比都微不足道。所以,假设上帝存在与不存在的可能性一样大,既然利益无限大,赌上帝存在是最有力的选择。

---

① 参看 V. Denes-Raj & S. Epstein, "Conflict Between Intuitive and Rational Processes: When do People Behave Against Their Own Better Judgment," *Journal of Personality and Social Psychology* 66, no. 5 (1994): 819–29。

② 参看 D. L. Dulany & D. J. Hilton, "Conversational Implicature, Conscious Representation, and the Conjunction Fallacy," *Social Cognition* 9, no. 1 (1991): 85–100。

③ 参看 K. Fiedler, "Causal Schemata: Review and Criticism of Research on a Popular Construct," *Journal of Personality and Social Psychology* 42, no. 6 (1982): 1001–3。

对此分析,当然可以采用"四格表"(矩阵)更为清晰地显示。你觉得,应该如何看待其推理的前提和结论? 帕斯卡论证中最容易遭受质疑的是哪一点?

6. 有人提出如下二难推理来驳斥上帝全能论,文献中有时称之作"石头悖论"(the paradox of the stone)。作为批判性思维者,我们应如何看待其结论?

如果上帝是全能的,则他能搬得动任何石头;如果上帝是全能的,则他能创造一块连他自己也搬不动的石头;上帝或者不能搬动他所创造的那样一块石头,或者不能创造那样一块石头;所以,上帝不是全能的。

7. 试着评价以下现场实验(field experiment)的内部效度和外部效度。[1]提示:在科学研究中,有人认为,现场实验和单组前后测实验仅具有"准实验"或"探索实验"的性质,在条件成熟时应该尽量采用更为严格的受控实验,即随机对照实验,当研究对象为人时,还要借助安慰剂,实行双盲制。

91位年龄在65至90岁之间有行动能力的老人,住在美国康州一家养护机构。在该养护机构的一个楼层,管理人员提醒居住在此的老人可以控制他们自己的生活,包括如何打发时间,如何布置房间里的家具,是否想要改变养护机构的某种东西,等等。管理人员同时还给每一位老人一棵小植物,让他们照看。

在另一个楼层,管理人员告知居住在此的老人,工作人员负责照顾他们,并使得他们的生活尽可能富足。然后,管理人员给这里的每一位老人

---

① 该研究成果的详情,参看 E. J. Langer & J. Rodin, "The Effects of Choice and Enhanced Personal Responsibility for the Aged: A Field Experiment in an Institutional Setting," in *The Interface of Social and Clinical Psychology: Key Readings*, ed. R. M. Kowalski & M. R. Leary (London: Psychology Press, 2004), 339−48。

一棵小植物,由看护人员照看这些植物。

三个星期之后,那些被告知由工作人员全程"帮助"他们的老人,71%的人被认为变得更为虚弱。相比之下,那些被鼓励自己作决定的老人,93%的人显示出身体机能的全面改善。基于他们自己的判断以及看护人员(看护人员并不了解实验的目的)的判断,这些老人变得更为开心,也更为积极。同时,这些老人也被认为思维更加敏锐,他们花费较多的时间访问居住在这里的其他老人或外来宾客。

研究人员得出结论,对于那些实际上几乎不作决策的老年人,稍加改变他们的选择权或责任心,就可以给他们的健康带来巨大影响。

后　记

本书是在大学通识课"推理与决策"讲稿的基础上扩充修订而成的,课程最初是华东师范大学哲学系郁振华教授领衔的教育部"哲学课程虚拟教研室"核心课程之一。特别感谢华东师范大学心理与认知科学学院陆静怡教授和我一道建设这门新课程。她的加入,使得这本关注推理和决策的哲学著作有望呈现出一种真正意义上跨学科交叉研究的特点。

　　我本人长期从事逻辑及相关哲学问题的教学和研究,近些年开始主动了解和学习当代认知心理学,尤其是其中关于人类推理的一些理论和实验。但我作为外行通过文献阅读"间接"掌握的心理学知识,完全无法跟一位长期沉浸于"第一手"实验研究的心理学行内专家相比,我自认不足以有资格独立开设一门跨越逻辑学与认知心理学的交叉融合课程,尽管我一直觉得这样的课程可能会让逻辑思维训练变得更为有趣且富有成效。① 幸得陆静怡教授接受我的邀请,让一种可能逐步变成现实。

　　毋庸多言,跨学科的探索是困难的。逻辑学和心理学在过去很长时间内相对独立,并行发展,在概念术语、研究风格、兴趣点等方面有较大差异。为此,我们从课程大纲设计到讲义稿撰写,再到课前准备、课堂讲授和课后总结,最后把讲义稿修订成书稿,始终保持经常性沟通,就关键事宜面对面讨论,确保整体内容协调融贯。

---

① 我本人关于逻辑思维训练新路径的想法,在本书"导论"第2—3小节有详尽的交代。其中部分文字整理后,以"经由认知心理实验的逻辑思维训练新路径"为题,发表在《光明日报》2024年5月13日理论版。

作为逻辑思维训练的进阶读物，本书在写作定位上继承了我们当初设计课程时的一些想法。譬如，跟常见的逻辑读物不同，全书不引入形式演算，也不系统介绍某一分支的逻辑知识，而是从认知心理学前沿成果中挑选实证性的、更易致人出错或引起困惑的推理决策案例，通过对此类案例的心理学和逻辑学双向分析，探究人类理性的限度以及我们逻辑思维训练的关节点，启发日常决策者学会以"逻辑的观点"看待生活世界的不确定性。为了实现这样的目的，本书主体内容聚焦于"推理概述""演绎推理""溯因推理""归纳与类比""总结提升"5个模块，分别对应第一章到第五章。每一章分设两节，采用心理分析与逻辑分析交替行进、参照互动的方式。"心理分析"，重在借助新鲜生动的决策案例，介绍前沿实证研究成果；"逻辑分析"，承接心理实验中的案例和问题，回返人类推理的"逻辑内核"，多维度解析研讨。

本书章节目录由两位作者共同拟定，然后分头准备和撰写。具体分工为：第一章至第五章，每章第一节由陆静怡承担，每章第二节由张留华承担，全书"导论"部分由张留华负责，每章"练习与讨论"题目由张留华和陆静怡联合设计。初稿完成后，我们及时发给对方，相互参考和校对。在后期修改过程中，我们特别审查了前后各章，尤其同一章之下两节内容的分布和衔接，确保在关键点上的参引和呼应。不过，由于学术训练背景差异，两位作者的文风和表达习惯有所不同，在个别术语的使用上也各有坚持。在这些方面，本书不刻意统一，仅在易于引起混淆的地方作必要的注释。

我们的此次合作是一种尝试，希望能把当前逻辑学和认知心理学研究中的基本观念跟日常普通决策者的兴趣点作些深度对接，也希望借此推动国内哲学、心理学以及相关学科领域对于推理和决策问题的跨学科交流。但"尝试"往往意味着犯错。书中不当之处，责任由作者承担。

张留华

2024 年 5 月 31 日